Thilo Franke

Die Nationalität von Kunstwerken

Schriften zum Kulturgüterschutz

Cultural Property Studies

Schriften zum Kulturgüterschutz
Cultural Property Studies

Thilo Franke

Die Nationalität von Kunstwerken

De Gruyter · Berlin

Dr. iur. *Thilo Franke*, Hamburg

ISBN 978-3-11-026284-1
e-ISBN 978-3-11-026285-8

Bibliografische Information der Deutschen Nationalbibliothek

Die Deutsche Nationalbibliothek verzeichnet diese Publikation in der Deutschen Nationalbibliografie; detaillierte bibliografische Daten sind im Internet über <http://dnb.d-nb.de> abrufbar.

Datenkonvertierung: Werksatz Schmidt & Schulz GmbH, Gräfenhainichen

Druck: Hubert & Co. GmbH & Co. KG, Göttingen

∞ Gedruckt auf säurefreiem Papier

Printed in Germany

www.degruyter.com

Vorwort

Die Nationalität von Kunstwerken ist ein Thema, welches sowohl Gegenstand rechtswissenschaftlicher als auch kunstgeschichtlicher Auseinandersetzung ist. Die Beschäftigung mit den Schnittstellen dieser beiden Disziplinen hat meinen Wunsch geweckt, mich mit dem Thema dieser Arbeit intensiver auseinanderzusetzen. Eine erste Annäherung hat bereits in der Endphase meines kunstgeschichtlichen Studiums stattgefunden. Damals hat mich Prof. Dr. Werner Busch in der Auseinandersetzung mit diesem auch für Kunsthistoriker ungewöhnlichen Thema unterstützt; ihm möchte ich daher an dieser Stelle erneut danken.

Diese Arbeit beschäftigt sich im Schwerpunkt mit den rechtswissenschaftlichen Fragestellungen rund um die Nationalität von Kunstwerken. Für die Möglichkeit, diese Arbeit zu verfassen, für die Betreuung und insbesondere für die anregenden und kritischen Diskussionen meiner eigenen Überlegungen möchte ich meinem Doktorvater, Prof. Dr. Haimo Schack, herzlich danken.

Die Beschäftigung mit zwei akademischen Fächern war zeitintensiv und sicherlich auch nicht immer von einem klaren Ziel geprägt. Dennoch haben meine Eltern, Eva und Friedrich Franke, mich stets vorbehaltlos unterstützt und mir so eine wunderbare Zeit an verschiedenen Fakultäten und Universitäten ermöglicht. Ohne ihre Unterstützung hätte diese Arbeit nicht geschrieben werden können; auch ihnen sei an dieser Stelle herzlich gedankt.

Widmen möchte ich diese Arbeit jedoch meiner Frau, Cornelia Schmidt, und unseren Kindern. Nicht nur hast Du, liebe Cornelia, die sich ergebenden zusätzlichen Belastungen getragen, Du hast mich auch in meinem Vorhaben stets drangvoll bekräftigt sowie allzu weitschweifenden Gedanken Einhalt geboten und so die Fertigstellung gefördert. Auch ohne die Geburt unseres Sohnes Carlo und die sich daraus ergebenden Möglichkeiten hätte ich diese Arbeit nicht verfassen können.

Hamburg, im Juni 2011

Inhaltsverzeichnis

Vorwort V
Abkürzungsverzeichnis XI

1. Kapitel: Einleitung 1

2. Kapitel: Begriffsbestimmungen 5

I. Kunstwerk 5
1. Begriffliche Annäherung 5
2. Kunstwerk – Kulturgut – Kulturerbe 7
a. Abgrenzung der Begriffe „Kunstwerk“ und „Kulturgut“ 7
b. Der Begriff des „Kulturerbes“ 9

II. Nation 10
1. Einführung 10
2. Geschichtliche Entwicklung des Begriffs 11
3. Begriffliche Annäherung 12
a. Die für eine Nation konstitutiven Elemente 12
b. Der Staat als Zuschreibungsobjekt 14
4. Die Nation im Recht des Kulturgüterschutzes 15
a. Funktionen des Begriffs der „Nation“ im Recht des Kulturgüterschutzes 15
b. Nation im institutionellen Sinn 16
c. Nation im ideellen Sinn 17
d. Verhältnis zwischen „Staat“ und „Nation“ 17

3. Kapitel: Geschichte der nationalen Zuordnung 19

I. Erste Ansätze der Zuordnung 19
1. Ausgehendes Mittelalter – Beginn der Abgrenzung 20
2. Um 1800 – romantische Gedanken 20
a. Frühe Gedanken über nationale Kunst 20
b. Der Wunsch nach nationaler Einigung in der Kunst – zwei Werke Canovas 24
c. Weitere Folgen der Nationalisierung der Kunst 25
aa. Die Rückführung der nach Frankreich verbrachten Kunstwerke . 25
bb. Die Rückgabe von Teilen der Bibliotheca Palatina nach Heidelberg 26
cc. Der Schutz der einheimischen Kunstwerke – das Edikt Doria Pamphili 27
3. Mancini und der Rechtsbegriff der Nation 27
4. Kaiserzeit und Weimarer Republik – politische Vereinnahmung 28
5. Ab 1945 – die Zweifel der Nachkriegszeit 31
II. Die Geschichte der gesetzlichen Regelungen zum Schutz nationaler Kunstwerkc 33
1. Erste Regelungen zum Schutz von Kulturgut 33

2. Regelungen zum Schutz nationaler Kulturgüter 34
a. Die Weimarer Reichsverfassung und ihre Umsetzungsgesetze 35
b. Regelungen anderer europäischer Staaten 36
aa. Frankreich 36
bb. Italien 38
cc. Großbritannien 40

4. Kapitel: Aktuelle gesetzliche Regelungen und Diskussionen zum Schutz nationaler Kunstwerke 43

I. Nationale Regelungen 44
1. Das deutsche Kulturgutschutzgesetz 44
a. Eintragung in das Verzeichnis national wertvollen Kulturguts 45
aa. Deutscher Kulturbesitz 45
bb. Wesentlicher Verlust 48
cc. Folgen der Eintragung 49
b. Das freie Geleit 50
2. Der französische Code du patrimoine 51
a. Nationale Schätze 51
b. Rechtsfolgen einer Einstufung als nationaler Schatz 53
aa. Objekte öffentlicher Sammlungen 53
bb. Klassifizierte Objekte 53
cc. Sonstige Güter von besonderem Interesse für das nationale Kulturerbe 54
c. Fazit 54
3. Der italienische Codice Urbani 55
a. Maßnahmen des Kulturgüterschutzes 55
b. Das Erfordernis eines nationalen Bezugs des Kunstwerks 56
c. Fazit 58
4. Die britischen Regelungen zum Kulturgüterschutz 58
a. Ausfuhrgenehmigungen 59
aa. Offene Ausfuhrgenehmigungen 59
bb. Persönliche Ausfuhrgenehmigung 60
b. Verfahren zur Erteilung einer persönlichen Ausfuhrgenehmigung . . 61
c. Fazit 63

II. Europäische Regelungen 63
1. Art. 36 AEUV 63
a. Kunstwerke und die Warenverkehrsfreiheit 64
b. Anwendungsbereich des Art. 36 AEUV 65
c. Insbesondere: nationales Kulturgut 67
2. Die Richtlinie 93/7/EWG vom 15. März 1993 68
a. Anwendungsbereich der Richtlinie 69
b. Unrechtmäßiges Verbringen 71
c. Der Rückgabeanspruch 72
d. Ausschlussfrist 73
e. Folgen der Rückgabe 73
f. Die Umsetzung in deutsches Recht 73
3. Die Verordnung (EG) über die Ausfuhr von Kulturgütern 75
a. Anwendungsbereich der Verordnung 75

b. Nationales Kulturgut . . . 77
c. Erteilung der Ausfuhrgenehmigung . . . 78
d. Durchführungsverordnung (EWG) Nr. 752/93 vom 30. März 1993 . . 78
4. Zwischenergebnis . . . 79

III. Internationale Regelungen . . . 80
1. Die UNESCO-Konvention 1970 . . . 80
a. Anwendungsbereich . . . 81
aa. Die Kulturgutdefinition in Art. 1 der Konvention . . . 81
bb. Das kulturelle Erbe gemäß Art. 4 der Konvention . . . 82
b. Die wesentlichen Verpflichtungen der Vertragsstaaten . . . 84
aa. Art. 7 (a) der Konvention . . . 84
bb. Art. 7 (b) lit. (i) der Konvention . . . 85
cc. Art. 7 (b) lit. (ii) der Konvention . . . 85
dd. Art. 13 der Konvention . . . 88
c. Umsetzung in nationales Recht . . . 89
d. Fazit . . . 91
2. Die UNIDROIT-Konvention 1995 . . . 92
a. Anwendungsbereich . . . 93
b. Die Rückgabe gestohlener Kulturgüter . . . 93
c. Die Rückführung rechtswidrig ausgeführter Kulturgüter . . . 93
d. Fazit . . . 94

IV. Ungeschriebene völkerrechtliche Restitutionsansprüche . . . 95
1. Der völkergewohnheitsrechtliche Anspruch auf Restitution kriegsbedingt verbrachter Kunstwerke . . . 95
2. Restitution von sonst illegal ausgeführten Kunstwerken . . . 96
3. Insbesondere: die Nationalität des herausverlangten Kunstwerks . . . 97

V. Die Diskussion um die lex originis . . . 98

5. Kapitel: Kriterien der nationalen Zuordnung . . . 101

I. Einführung . . . 101

II. Beschaffenheit der Kriterien . . . 103

III. Einheitlicher Kriterienkatalog . . . 105

IV. Die einzelnen Kriterien der nationalen Zuordnung . . . 106
1. Nationalität des Künstlers . . . 106
2. Belegenheit des Kunstwerks . . . 109
3. Wohnsitz des Eigentümers . . . 111
4. Nationalität des Eigentümers . . . 112
5. Entstehungsort des Kunstwerks . . . 113
a. Juristische Diskussion . . . 113
b. Kunstgeschichtliche Diskussion . . . 114
aa. Kunstgeografie . . . 114
bb. Pinder . . . 118
c. Zwischenergebnis . . . 119
6. Bestimmungsort . . . 121
7. Fundort . . . 122

8. Herkunft des verwendeten Materials 123
9. Kunstwerke als Gegenstand eines fortwirkenden Kults 124
10. Rezeption des Kunstwerks 125
11. Der Inhalt der Darstellung 127
12. Für die Nationenbildung wichtige Werke 130
13. Kunst im Auftrag des Staats 133
14. Zuschreibung anhand von Eigenschaften einer Nation 135
a. Wölfflin 136
b. Die Gotik als nationaler Stil 137
c. Die deutsche Renaissance 138
d. Die Debatte um den Expressionismus 138
e. Die Zuordnung einzelner Werke 140
f. Zwischenergebnis 142
15. Zuschreibung nach dem Typus des Kunstwerks 143
16. Zuschreibung über eine herausragende Künstlerpersönlichkeit 146
17. Fazit 146

6. Kapitel: Zweifel am Konzept der nationalen Zuordnung 149

I. Die Idee des Weltkulturerbes und des Erbes der Menschheit 149

II. Keine nationale Zuordnung von Kunstwerken 151

III. Zwischenergebnis 153

7. Kapitel: Der Umgang mit den diversen Kriterien 155

I. Die Anwendung der Kriterien in Konfliktfällen 155
1. Besondere Bedeutung einzelner Kriterien 155
2. Keine Beschränkung auf einzelne Kriterien 157
3. Wertende Gesamtbetrachtung 157
4. Keine „Doppelstaater“ 159

II. Befugnis zur Bestimmung der Nationalität anhand der Kriterien 160

III. Bestimmung der zu schützenden Kunstwerke 161

IV. Die Person des Rückgabegläubigers nach der Richtlinie über die Ausfuhr von Kulturgütern 163

8. Kapitel: Schlussbetrachtung 165

Abbildungsverzeichnis 167

Literaturverzeichnis 173

Abkürzungsverzeichnis

a. A.	andere Auffassung
Abb.	Abbildung
ABlEG	Amtsblatt der Europäischen Gemeinschaften
ABlEU	Amtsblatt der Europäischen Union
AEUV	Vertrag über die Arbeitsweise der Europäischen Union
AI	Artforum International
Am.J.Comp.L.	American Journal of Comparative Law
Am.J.Int.L.	American Journal of International Law
Anm. d. Verf.	Anmerkung des Verfassers
AnnIDI	Annuaire de l'Institut de Droit International
Art., Artt.	Artikel
Aufl.	Auflage
AusführungsG zum Kulturgutübereinkommen	Gesetz vom 18. Mai 2007 zur Ausführung des Übereinkommens vom 14. November 1970 über Maßnahmen zum Verbot und zur Verhütung der rechtswidrigen Einfuhr, Ausfuhr und Übereignung von Kulturgut
BAnz	Bundesanzeiger
BayVerwBl	Bayerische Verwaltungsblätter
Bd.	Band
BGBl	Bundesgesetzblatt
BR-Ds.	Bundesratsdrucksache
BT-Ds.	Bundestagsdrucksache
BVerfG	Bundesverfassungsgericht
BVerfGE	Entscheidungen des BVerfG
Codice Urbani	Codice dei bei culturali e del paessagio
Control Order	Export of objects of Cultural Interest (Control) Order 2003 (GB)
d. Ä.	der Ältere
d. h.	das heißt
d. J.	der Jüngere
DÖV	Die öffentliche Verwaltung
DurchführungsVO	Verordnung (EWG) Nr. 752/93
DVO	Durchführungsverordnung
EGV	Vertrag zur Gründung der Europäischen Gemeinschaft (in der Fassung von Nizza)
Emory Int.L.Rev.	Emory International Law Review
endg.	endgültig
EU	Europäische Union
EuGH	Europäischer Gerichtshof
EuGHE	Sammlung der Entscheidungen des EuGH
EuR	Europarecht

EUV	Vertrag über die Europäische Union (in der Fassung von Lissabon)
EuZW	Europäische Zeitschrift für Wirtschaftsrecht
f., ff.	folgende
FAZ	Frankfurter Allgemeine Zeitung
Fn.	Fußnote
GG	Grundgesetz
Geo.L.J.	The Georgetown Law Journal
GMBl	Gemeinsames Ministerialblatt der Bundesregierung
Haager Konvention 1954	Konvention zum Schutz von Kulturgut bei bewaffneten Konflikten vom 14. Mai 1954
Haager LKO 1899	Bestimmungen betreffend die Gesetze und Gebräuche des Landkriegs
Haager LKO 1907	Ordnung der Gesetze und Gebräuche des Landkriegs
Harv.Int.L.J.	Harvard International Law Journal
h. M.	herrschende Meinung
Houst.J.Int.L.	Houston Journal of International Law
Hrsg.	Herausgeber
ICLQ	International and Comparative Law Quarterly
IGH	Internationaler Gerichtshof
IJCP	International Journal of Cultural Property
ILM	International Legal Materials
IPRax	Praxis des internationalen Privat- und Verfahrensrechts
JuS	Juristische Schulung
JZ	Juristenzeitung
KOM	Veröffentlichungen der Europäischen Kommission
Konvention	UNESCO-Konvention 1970
KultGüRückG	Kulturgüterrückgabegesetz Gesetz zur Ausführung des UNESCO-Übereinkommens vom 14. November 1970 über Maßnahmen zum Verbot und zur Verhütung der rechtswidrigen Einfuhr, Ausfuhr und Übereignung von Kulturgut und zur Umsetzung der Richtlinie 93/7/EWG des Rates vom 15. März 1993 über die Rückgabe von unrechtmäßig aus dem Hoheitsgebiet eines Mitgliedstaates verbrachten Kulturgütern
Kulturgutschutzgesetz	Gesetz zum Schutz des Deutschen Kulturguts gegen Abwanderung
lit.	Buchstabe
Mich.L.Rev	Michigan Law Review
mwN	mit weiteren Nachweisen
n. Chr.	nach Christi Geburt
NJ	Neue Justiz

NJW	Neue Juristische Wochenschrift
NVwZ	Neue Zeitschrift für Verwaltungsrecht
NVwZ-RR	NVwZ Rechtsprechungs-Report
N.Y.U. JILP	New York University Journal of International Law and Politics
OGEL	Open General Export Licence (GB)
OIEL	Open Individual Export Licence (GB)
ÖJZ	Österreichische Juristenzeitung
OVG	Oberverwaltungsgericht
Pol.Yb.Int.L.	Polish Yearbook of International Law
RdC	Recueil des Cours de l'Académie de Droit International
RGBl	Reichsgesetzblatt
Richtlinie	Richtlinie 93/7/EWG
RL	Richtlinie
Rn.	Randnummer
Römische Verträge	Verträge zur Gründung der Europäischen Wirtschaftsgemeinschaft und der Europäischen Atomgemeinschaft vom 25. März 1957
S.	Seite
Stan.L.Rev.	Stanford Law Review
UNESCO	Organisation der Vereinten Nationen für Erziehung, Wissenschaft und Kultur
UNESCO-Konvention 1970	UNESCO-Konvention über Maßnahmen zum Verbot und zur Verhütung der unzulässigen Einfuhr, Ausfuhr und Übereignung von Kulturgut vom 17. November 1970
UNESCO-Konvention 1972	UNESCO-Konvention über den Schutz des Kultur- und Naturerbes der Welt vom 16. November 1972
UNIDROIT	Internationales Institut für die Vereinheitlichung des Privatrechts
UNIDROIT-Konvention 1995	UNIDROIT-Übereinkommen über gestohlene oder rechtswidrig ausgeführte Kulturgüter vom 24. Juni 1995
UNTS	United Nation Treaty Series
UWG	Gesetz gegen den unlauteren Wettbewerb
v.	versus (zwischen Parteibezeichnungen)
v. Chr.	vor Christi Geburt
Verf.	Verfasser/Verfassers
Verordnung	Verordnung (EG) Nr. 116/2009
VG	Verwaltungsgericht
VGH	Verwaltungsgerichtshof
vgl.	vergleiche
VO	Verordnung
WRV	Weimarer Reichsverfassung
ZVglRWiss	Zeitschrift für vergleichende Rechtswissenschaft

1. Kapitel: Einleitung

„Kunst ist schön, macht aber viel Arbeit!“, soll Karl Valentin einmal zum Besten gegeben haben. Mit diesem Satz lässt sich jedoch nicht nur die Kunstbetrachtung, sondern auch die rechtswissenschaftliche Auseinandersetzung mit der Kunst, vor allem wohl die „brisante“[1] Frage nach der Nationalität von Kunstwerken trefflich umschreiben.

Schön ist diese rechtliche Auseinandersetzung insbesondere, weil sie es dem Juristen erlaubt, sich intensiv mit Kunstwerken auseinanderzusetzen und dabei ihre Entstehung, ihren Inhalt und auch ihre Geschichte zu erkunden. Für Juristen ist diese Auseinandersetzung mit einer völlig andersartigen Materie in besonderem Maße befruchtend, da sie offenbart, wie unvollkommen die Ausdrucksformen des Juristen, Wort und Schrift, in vielen Fällen sind.

Dass die Auseinandersetzung mit Kunstwerken auch viel Arbeit macht, vermag kunstinteressierte Leser(innen) ebenfalls nicht zu verwundern. Wer hat nicht bereits mehrfach und umgeben von wissend scheinenden Begleitern vor einem Kunstwerk gestanden und den Eindruck gehabt, nichts zu verstehen. Schon die eigentliche Auseinandersetzung mit der Kunst erfordert sehr viel Wissen. Soll ein Kunstwerk mit all seinen – oder besser: trotz all seiner – Facetten zudem rechtlichen Regelungen unterworfen werden, wird sofort deutlich, dass dies nur nach umfangreicher Recherche möglich ist und das Beschreiten für Rechtswissenschaftler ungewohnter Wege erfordert.

Es mag den Leser verwundern, dass gerade die Nationalität von Kunstwerken eine Rechtsfrage ist, da sämtliche Betrachtungen von Kunstwerken regelmäßig in erster Linie die Kunstgeschichte und nicht die Rechtswissenschaft auf den Plan rufen. Im vorliegenden Fall kommt noch der kaum greifbare Begriff der „Nation“ hinzu und hat zur Folge, dass Juristen mit ihrem aus Definition und Subsumtion bestehenden „Latein“ häufig am Ende sind. Die Frage nach der Nationalität von Kunstwerken taucht allerdings in verschiedenen Regelungen und akademischen Diskussionen auf und bereitet dort Juristen große Schwierigkeiten, da sie dann diesen (reichlich) unbestimmten Rechtsbegriff mit Leben füllen müssen. Dies führt zu teilweise eigenartig anmutenden Ergebnissen. Einem Gemälde von *Matisse*, dem *„Portrait sur fond jaune“*, wird die Ausreise aus Italien mit der Begründung verwehrt, es gehöre zum italienischen Kulturerbe,[2] und im deutschen Verzeichnis national wertvollen Kulturguts fand sich bis vor weni-

---

[1] *Schack*, Kunst und Recht, Rn. 542.

[2] Hierzu S. 107.

gen Jahren ein Gemälde von *Watteau*, die „*Einschiffung nach Kythera*"[3]. Diese Einschätzungen sind Ausfluss einer weitenteils anhand formeller Kriterien vorgenommenen nationalen Zuordnung von Kunstwerken. Nur einige Stimmen fordern vor allem in jüngerer Zeit, dass auch – und nach der hier vertretenen Auffassung vor allem – materielle Kriterien zur rechtlichen Bestimmung der Nationalität herangezogen werden müssen, die zur Vermeidung solch verwunderlicher Ergebnisse beitragen sollen.

Um diesem Postulat nachkommen zu können, ist die Rechtswissenschaft auf die Unterstützung weiterer akademischer Disziplinen, allen voran der Kunstgeschichte, angewiesen. Hierzu möchte die vorliegende Arbeit beitragen. Neben der Darstellung der rechtswissenschaftlichen Auseinandersetzung mit der Frage der Nationalität von Kunstwerken soll daher auch die kunstgeschichtliche Auseinandersetzung mit dieser Frage in die Erörterung eingeflochten werden. Unter besonderer Beachtung des deutschen Rechts- und Kulturraums wird so die Synopse zweier Diskussionen versucht, die bisher – mit wenigen Ausnahmen[4] – keinerlei Austausch miteinander pflegten, obwohl sie sich doch der gleichen Frage widmen.

Diese Abhandlung wird nach einer begrifflichen und geschichtlichen Einführung in die Thematik zunächst einen Überblick über die Regelungen und sonstigen Anwendungsfälle geben, die auf den Rechtsbegriff der Nationalität von Kunstwerken rekurrieren. In der Folge werden sowohl aus der rechtswissenschaftlichen als auch der kunsthistorischen Diskussion diejenigen Kriterien gewonnen, die zur Bestimmung der Nationalität herangezogen werden können. Den Schluss bildet die Erörterung der Anwendung dieser Kriterien.

Einer reichhaltigen Bebilderung dieses Werkes, die für jede Auseinandersetzung mit der Kunst fast unabdingbar, jedenfalls aber eine große Bereicherung ist, stehen leider urheberrechtliche wie finanzielle Hindernisse entgegen. Um dem Leser dennoch einen unkomplizierten Zugriff auf die erwähnten Kunstwerke zu ermöglichen, enthält diese Abhandlung an ihrem Ende ein Abbildungsverzeichnis, aus dem sich neben den wesentlichen Informationen (soweit verfügbar) über jedes der zitierten Werke auch eine Fundstelle ergibt, an der eine möglichst gute Abbildung zu finden ist. Soweit möglich wurden für die gedruckten Medien die jeweiligen Standardwerke gewählt; die dort ebenfalls zitierten Links wurden so ausgesucht, dass sie nicht nur zu einer guten Abbildung führen, sondern auch vermuten lassen, dass sie von gewisser Dauer sind.

Das Kunstrecht erfreut sich derzeit großer Beliebtheit, die sich auch in der großen Anzahl ihm gewidmeter wissenschaftlicher Arbeiten zeigt. Auch das hier

---

3 Abb. 1.

4 *Jayme*, Rechtsbegriffe und Kunstgeschichte, dort insbesondere S. 239.

zu behandelnde Thema ist bereits Gegenstand einer im Jahr 2007 erschienenen Arbeit von *Blume*, die sich ebenfalls der *„Nationalität von Kulturgut"* zuwendet. Leider bleiben dort viele Aussagen im Unklaren und lassen daher eine wissenschaftliche Auseinandersetzung nicht immer zu.

2. Kapitel: Begriffsbestimmungen

Die Beschäftigung mit der „Nationalität von Kunstwerken“ erfordert eine Annäherung an die Begriffe „Kunstwerk“ und „Nation“.

I. Kunstwerk

Eine allgemeingültige Definition, was unter einem „Kunstwerk“ zu verstehen ist, gibt es nicht. Dennoch finden sich vereinzelt immer noch Regelungen, die – wie beispielsweise § 1 Kulturgutschutzgesetz[5] – auf dieses Wort Bezug nehmen. Gebräuchlicher ist in der heutigen Gesetzessprache der weiter verstandene Begriff des „Kulturguts“,[6] dessen genauer Inhalt jedoch ebenso unklar bleibt.

1. Begriffliche Annäherung

Der Begriff des „Kunstwerks“ setzt die Begriffe „Kunst“ und „Werk“ voraus. Vor allem Ersterer ist sehr schwer abgrenzbar und daher auch die Ursache dafür, dass eine begriffliche Annäherung an das „Kunstwerk“ schwierig und stets unbefriedigend ist. In seiner Zitatensammlung gibt *Mäckler* nicht weniger als 1460 Antworten auf die Frage, was Kunst ist.[7] Das *Bundesverfassungsgericht*, das sich in mehreren Entscheidungen mit dem Kunstbegriff auseinandersetzen musste, kam gar zu dem Ergebnis, dass es unmöglich ist, Kunst zu definieren.[8]

Hinzu kommt, dass der Kunstbegriff nicht isoliert, sondern nur in seinem jeweiligen Funktionszusammenhang definiert werden kann. Für die in Art. 5 Abs. 3 Satz 1 GG verankerte Kunstfreiheit wird beispielsweise ein möglichst weiter Kunstbegriff gefordert, um so zu verhindern, dass Unliebsames dem grundrechtlichen Schutzbereich entzogen wird.[9] Als Korrektiv wirkt hier nicht der Begriff der „Kunst“, sondern die verfassungsrechtlich ebenfalls geschützten

---

5 BGBl 1955 I 501; idF der Bekanntmachung vom 8. Juli 1999 (BGBl I 1754), zuletzt geändert durch Art. 2 des Gesetzes zur Ausführung des UNESCO-Übereinkommens vom 14. November 1970 über Maßnahmen zum Verbot und zur Verhütung der rechtswidrigen Einfuhr, Ausfuhr und Übereignung von Kulturgut vom 18. Mai 2007 (BGBl I 757, 2547).

6 Vgl. insoweit *Odendahl,* Kulturgüterschutz, S. 398 mwN.

7 *Mäckler,* 1460 Antworten auf die Frage: was ist Kunst?

8 BVerfGE 67, 213 = NJW 1985, 261, 262 – „Anachronistischer Zug“

9 *Schack,* Kunst und Recht, Rn. 3 mwN; insoweit irreführend *Bernsdorff/Kleine-Tebbe,* Kulturgutschutz in Deutschland, Teil A, § 1, Rn. 12.

Rechte Dritter. Anders ist es im Kulturgüterschutz; hier wird über den Begriff des Kunstwerks der Schutzgegenstand umschrieben. Ein Rückgriff auf den weiten grundgesetzlichen Kunstbegriff ist daher aufgrund der unterschiedlichen Funktionszusammenhänge nicht zielführend.

Anders verhält es sich mit dem deutschen Urheberrecht, das dem Schöpfer von Werken der Kunst das ausschließliche Recht verleiht, sein Werk wirtschaftlich zu verwerten, und daher in seiner Zielrichtung mit derjenigen des Kulturgüterschutzrechts durchaus vergleichbar ist: In beiden Rechtsgebieten werden über den Begriff des „Kunstwerks" die zu schützenden Gegenstände definiert und bestimmte Rechte an diesen Werken bestimmten Rechtssubjekten zugeordnet. Auch im Urheberrecht findet sich jedoch keine Definition dessen, was als Kunst oder als Kunstwerk anzusehen ist (vgl. § 2 Abs. 1 Nr. 4 UWG). Allerdings finden sich hier verschiedene von der Literatur und Rechtsprechung entwickelte Ansätze, mit deren Hilfe der Kunstbegriff eingegrenzt, wenn auch nicht abschließend definiert werden kann.

Ein erster Ansatz ist, sämtliche Werke eines *Künstlers* zu Kunstwerken zu erklären. Dies hätte zur Folge, dass man nunmehr definieren müsste, wer Künstler ist – eine Frage, die nicht minder schwierig zu beantworten ist. Man kann auch dem vermeintlichen Künstler die Antwort nicht selbst überlassen, da dies im Ergebnis dazu führen würde, dass jede Person sich selbst mit der Folge zum Künstler erklären könnte, dass jeder von ihm geschaffene Gegenstand als ein Kunstwerk zu gelten hätte.[10]

Maßgeblich muss also das Kunstwerk selbst sein, dessen Eigenschaft als solches es anhand möglichst objektiver Kriterien so genau wie möglich zu umreißen gilt. Zunächst ist festzuhalten, dass ein Kunstwerk ein von einem Menschen – dem Künstler – geschaffener Gegenstand sein muss. Ein in der Natur vorgefundener ist kein Kunstwerk. Der Künstler muss dabei nicht unmittelbar handeln, sondern kann sich verschiedenster Hilfsmittel bedienen, solange der Schöpfungsprozess von ihm gesteuert wird.[11] Wie hoch jedoch die schöpferische Schwelle sein muss, ab der das Geschaffene ein Kunstwerk ist, ist kaum abstrakt zu beschreiben.

Der „Fountain" von *Duchamp*[12], ein sogenanntes *Ready-made*, ist ein gutes Beispiel für einen schwierig zu beurteilenden Grenzfall. Es handelt sich um ein alltägliches Urinal, welches *Duchamp* ganz bewusst ausgesucht, mit der Signatur „R. Mutt" versehen und sodann liegend und unter diesem Künstlernamen als Werk für die Jahresausstellung der *Society of Independent Artists* im Jahr 1917 in New York eingereicht hatte. *Duchamps* Werk wurde von der Jury, der er selbst angehörte und aus der er in der Folge austrat, zurückgewiesen.

---

10 *Schack,* Kunst und Recht, Rn. 5 mwN.

11 *Schack,* Kunst und Recht, Rn. 14.

12 Abb. 2.

Man mag unterschiedlicher Meinung sein, ob *Duchamps* „Fountain“ der Status eines Kunstwerks im urheberrechtlichen Sinne zuteil wird.[13] Vom Standpunkt des Kulturgüterschutzes aus ist dies anzunehmen. Über den urheberrechtlichen Aspekt hinaus ist hier nämlich zu berücksichtigen, dass auch der Schutz solcher Werke bezweckt ist, die kunsthistorische Bedeutung erlangt haben. Dies ist bei *Duchamps* „Fountain“ eindeutig der Fall.

Dieser Grenzfall zeigt jedoch, dass jeder Versuch einer Definition zu Zweifelsfällen führt, deren Beurteilung schwierig ist. Im Bereich des Kulturgüterschutzes sind diese Zweifelsfälle jedoch selten, da weit überwiegend ohnehin nur Werke unter Schutz gestellt werden, bei denen es sich nach einhelliger Ansicht um Kunstwerke handelt. Dieser „common sense“ dürfte ein starkes Indiz dafür sein, dass das jeweilige Werk vor dem Hintergrund des Kulturgutschutzrechts tatsächlich ein Kunstwerk darstellt.[14]

2. Kunstwerk – Kulturgut – Kulturerbe

a. Abgrenzung der Begriffe „Kunstwerk“ und „Kulturgut“

Und noch ein weiterer Umstand vermag die mit der Definition des Begriffs des „Kunstwerks“ verbundenen Schwierigkeiten für die Zwecke dieser Arbeit abzumildern. Die meisten der Kulturgüter schützenden Regelungen stellen statt auf den Begriff des „Kunstwerks“ auf denjenigen des „Kulturguts“ ab, wenn es darum geht, die zu schützenden Werke zu bestimmen. Häufig wird man bei Werken, bei denen die Eigenschaft als Kunstwerk fraglich ist, ohne große Zweifel zu dem Ergebnis gelangen können, dass sie jedenfalls als Kulturgut anzusehen sind. Dieser Gedanke vermag jedoch nicht darüber hinwegzutäuschen, dass sich auch der Begriff des „Kulturguts“ kaum in allgemeingültiger Form definieren lässt.

Es ist nicht die Aufgabe dieser Arbeit, eine Definition des Begriffs „Kulturgut“ zu wagen. Dies ist in der Vergangenheit bereits vielfach geschehen, sodass auf diese – teilweise sehr umfangreichen – Darstellungen verwiesen werden kann.[15]

---

[13] Dafür: *Fuchs,* Avantgarde und erweiterter Kunstbegriff, S. 146; dagegen: *Schack,* Kunst und Recht, S. 13.

[14] *Bernsdorff/Kleine-Tebbe,* Kulturgutschutz in Deutschland, Teil A, § 1, Rn. 12.

[15] Umfassende hierzu *Odendahl,* Kulturgüterschutz, S. 375 ff.; auch *v. Schorlemer,* Internationaler Kulturgüterschutz, S. 46 ff.; *Thorn,* Internationaler Kulturgüterschutz, S. 17 ff.; *Schuschke-Nehen,* Kulturgüterschutz, S. 22 ff.; *Bernsdorff/Kleine-Tebbe,* Kulturgutschutz in Deutschland, Teil A, § 1, Rn. 2 ff.; *Weber,* Kulturgut, S. 7 ff.; *Boguslavsky,* Der Begriff des Kulturguts und seine rechtliche Relevanz, S. 3 ff.; *Blume,* Nationalität von Kulturgut, S. 40 ff.; *Jaeger,* Internationaler Kulturgüterschutz, S. 9 ff.; *Schmeinck,* Internationalprivatrechtliche Aspekte des Kulturgüterschutzes, S. 46 ff.; *Müller-Katzenburg,* Internationale Standards, S. 131 ff.; *Strauch,* Rechtsverhältnisse, S. 9 ff.; *Pabst,* Kulturgüterschutz, S. 31 ff. jeweils mwN.

Weil sich diese Arbeit mit der Frage der Nationalität von *Kunstwerken* beschäftigt, ist aber an dieser Stelle kurz auf das Verhältnis der Begriffe „Kulturgut" und „Kunstwerk" einzugehen. Einigkeit besteht insoweit, dass Kulturgut der weitere der beiden Begriffe ist.[16] Kontrovers wird jedoch die Frage behandelt, ob Kunstwerke eine Untergruppe der Kulturgüter darstellen oder ob es auch Kunstwerke gibt, die nicht dem Kulturgutbegriff unterfallen.

Das deutsche Kulturgutschutzgesetz geht davon aus, dass alle Kunstwerke auch Kulturgut sind. In § 1 heißt es:

> „Kunstwerke und anderes Kulturgut [...], deren Abwanderung aus dem Geltungsbereich dieses Gesetzes einen wesentlichen Verlust für den deutschen Kulturbesitz bedeuten würde, werden [...] in ein ‚Verzeichnis national wertvollen Kulturgutes' eingetragen."

Gleiches gilt für die Haager Konvention von 1954,[17] deren Art. 1a ebenfalls ausdrücklich festlegt, dass Kunstwerke als Kulturgut anzusehen sind. Dieser Auffassung hat sich ein großer Teil der – auch internationalen – Literatur angeschlossen.[18]

Allerdings ist dieses Verhältnis nicht unbestritten. *Odendahl* beispielsweise kommt zu dem Ergebnis, dass die beiden Begriffe „nur sich in weiten Teilen überschneidende Kreise" darstellen, da nicht allen Kunstwerken ein „so hoher kultureller Wert" zukomme, dass diese zugleich als Kulturgut anzusehen seien.[19] Wie allerdings die aus dem Kreis der Kulturgüter auszunehmenden Werke zu bestimmen sind, sagt *Odendahl* nicht.

Eine exakte Bestimmung des Verhältnisses der Begriffe „Kulturgut" und „Kunstwerk" zueinander ist aufgrund der mit beiden Begriffen verbundenen definitorischen Schwierigkeiten kaum möglich. Aus den vorstehenden Ausführungen ist jedoch klar geworden, dass – möglicherweise von wenigen Ausnahmen abgesehen – Kunstwerke auch Kulturgüter sind. Das gilt für die herausragenden Werke der Kunst, die Gegenstand dieser Arbeit sind, ausnahmslos. Sofern also im Folgenden – insbesondere den Vorgaben der einschlägigen rechtlichen Regelungen

---

[16] v. *Schorlemer,* Internationaler Kulturgüterschutz, S. 82; *Blume,* Nationalität von Kulturgut, S. 61.

[17] Konvention zum Schutz von Kulturgut bei bewaffneten Konflikten vom 14. Mai 1954, BGBl 1967 II 1235.

[18] *Mußgnug,* Kunstwerke und anderes Kulturgut, S. 1818 ff.; *Jaeger,* Internationaler Kulturgüterschutz, S. 9; *Byrne-Sutton,* Le trafic international des biens culturels sous l'angle de leur revendication par l'Etat d'origine, S. 61; *Pabst,* Kulturgüterschutz, S. 38 f.; *Müller,* Kulturgüterschutz, S. 259; *Jaeger,* Internationaler Kulturgüterschutz, S. 9; wohl auch *Blume,* Nationalität von Kulturgut, S. 61.

[19] *Odendahl,* Kulturgüterschutz, S. 398, wobei der dortige Hinweis auf *Taschner,* Kulturgüterschutz, S. 98 jedoch an der Sache vorbeigeht; vgl. auch *v. Schorlemer,* Internationaler Kulturgüterschutz, S. 82.

folgend – von Kulturgut gesprochen wird, fallen darunter in jedem Fall die von dieser Arbeit erfassten Kunstwerke.

b. Der Begriff des „Kulturerbes"

Mit dem Begriff des „Kulturguts" eng verwandt ist derjenige des „Kulturerbes". Beide Begriffe finden in verschiedenen rechtlichen Regelungen Verwendung, wobei die Regelungen zum Schutz nationaler Kunstwerke regelmäßig auf den Begriff des „Kulturguts" zurückgreifen. Der Begriff des „Kulturerbes" hingegen findet häufig im Zusammenhang mit solchen Regelungen Verwendung, die den überstaatlichen Kulturgüterschutz zum Gegenstand haben und dann beispielsweise das „Weltkulturerbe" schützen.[20]

Allerdings bestehen zwischen beiden Begriffen auch inhaltliche Differenzen, die im Folgenden kurz skizziert werden sollen. Bereits der Begriff des „Kultur*guts*" legt nahe, dass er nur „verdinglichte" Kultur erfasst.[21] Kulturerbe hingegen sind neben den dinglichen auch immaterielle kulturelle Ausdrucksformen. Mit anderen Worten: „Kulturgut" ist eine Teilmenge allen „Kulturerbes".[22]

Allerdings sind diese im Völkerrecht weit verbreiteten Begriffsbestimmungen nicht ohne Kritik geblieben.[23] Vor allem der im Englischen gebräuchliche Begriff des „cultural property", der regelmäßig als Synonym für „Kulturgut" verwendet wird, wurde aufgrund seiner Nähe zum zivilrechtlichen Eigentumsbegriff („property") angegriffen, da dieser zu kommerziell sei und impliziere, dass der „Eigentümer" das Kulturgut ausbeuten und Dritte von seinem Genuss ausschließen dürfe. Daher schlagen *Prott* und *O'Keefe* den Begriff „cultural heritage" vor,[24] wobei auch dies wiederum auf Kritik gestoßen ist.[25]

Die zuvor beschriebene grobe Abgrenzung zwischen Kulturgut und Kulturerbe reicht für die Zwecke dieser Arbeit, die sich ausschließlich mit der Nationalität von Kunstwerken beschäftigt, aus. Die hier behandelten Kunstwerke sind danach nicht nur Kulturgut, sondern auch Kulturerbe.

---

[20] Zu diesem Schutzkonzept siehe unten S. 149.

[21] v. *Schorlemer,* Internationaler Kulturgüterschutz, S. 50; *Pabst,* Kulturgüterschutz, S. 40; vgl. auch *Wyss,* Kultur als eine Dimension der Völkerrechtsordnung, S. 11, der von „Materialisierung" spricht; *Merryman,* Am.J.Comp.L. 1990, 513.

[22] *Odendahl,* Kulturgüterschutz, S. 391 f.; *Fechner,* Prinzipien des Kulturgüterschutzes, S. 19; *Pabst,* Kulturgüterschutz, S. 40.

[23] *Pabst,* Kulturgüterschutz, S. 40 f.

[24] *Prott/O'Keefe,* IJCP, 307, 521 f.

[25] *Merryman,* Am.J.Comp.L. 1990, 513 f. mwN.

II. Nation

1. Einführung

Die Anzahl derer, die sich mit der Nationalität von Kunstwerken wissenschaftlich auseinandersetzen, hat in jüngerer Zeit zugenommen. Dies legt die Vermutung nahe, dass auch die Zahl derjenigen, die sich dem Begriff der Nation jedenfalls anzunähern versuchen, in gleicher Weise gestiegen ist. Das Gegenteil ist der Fall. In den meisten Abhandlungen finden sich keine Aussagen dazu, was unter einer Nation zu verstehen ist.[26] Grund hierfür dürfte das Wesen der Nation sein, die ist nämlich kein klar umrissenes Rechtssubjekt, sondern eine in ihren Umrissen verschwommene Personengruppe. Hinzu kommt, dass die Nation selbst – wie *Hofmann* zutreffend ausführt[27] – keine Bilder malt, sondern diese ihr lediglich zugeschrieben werden. Ehe man sich aber dieser Zuschreibung widmen kann, ist festzulegen, worum es sich bei einer Nation handelt.

Eine der wenigen in der juristischen Auseinandersetzung um die Nationalität von Kunstwerken zu findenden Definitionen stammt aus einem nicht veröffentlichten Urteil des *VG Sigmaringen*, welches *Bernsdorff/Kleine-Tebbe* und auch *Blume*[28] zitieren. Danach wird als eine Nation „herkömmlicherweise eine soziale Großgruppe angesehen, die durch gemeinsame Abstammung, Wohngebiet, Sprache, Religion, Welt- und Gesellschaftsvorstellungen, Rechts- und Staatsordnung, Kultur und Geschichte sowie durch die Intensität der Kommunikation verbunden ist".[29] Eine weitere Definition führt *Berndt* in die Diskussion ein, der unter einer Nation kurz eine „politische Gemeinschaft mit staatstragender Kraft" verstanden wissen will.[30] Den von *Herder* geprägten Begriff der Kulturnation, verstanden als „Zugehörigkeit zu einer sich auf gemeinsame Sprache und Kultur stützenden Gemeinschaft", sieht *Weidner* als für die nationale Zuschreibung von Kunstwerken maßgeblich an.[31]

Jayme, in seinem Beitrag zur „Nationalität eines Kunstwerks als Rechtsfrage", setzt sich zwar nicht mit dem Begriff der Nation auseinander, führt aber aus, dass sich Staat und Nation nicht decken, dass der Staat jedoch die Interessen der Nation nach außen vertritt.[32]

---

[26] Siehe beispielsweise *Mußgnug*, Staatsangehörigkeit; *Müller*, Kulturgüterschutz; *Fechner*, Wohin gehören Kulturgüter?; *Müller-Katzenburg*, Internationale Standards, S. 143 ff.; *Odendahl*, Kulturgüterschutz.

[27] *Hofmann*, Wie deutsch ist die deutsche Kunst?, S. 43 ff.

[28] *Blume*, Nationalität von Kulturgut, S. 65.

[29] Zitiert nach *Bernsdorff/Kleine-Tebbe*, Kulturgutschutz in Deutschland, Teil A, § 1, Rn. 55.

[30] *Berndt*, Internationaler Kulturgüterschutz, S. 145.

[31] *Weidner*, Kulturgüter, S. 196.

[32] *Jayme*, Rechtsfrage, S. 134.

Diese verschiedenen Ansätze zeigen, wie verschwommen und lückenhaft das Bild der Nation bereits innerhalb der rechtwissenschaftlichen Diskussion zum Kulturgüterschutz ist.[33] In anderen Rechtsgebieten ist die Lage ähnlich schwierig. So stellt beispielsweise *Fiedler* fest, dass sich auch im (allgemeinen) Völkerrecht zwar viele Merkmale finden lassen, die eine Nation ausmachen, es eine allgemein akzeptierte Definition jedoch nicht gebe.[34] Verlässt man gar den Bereich der Rechtswissenschaft und versucht den Begriff der Nation fächerübergreifend zu fassen, werden die begrifflichen Unklarheiten nur noch größer.

Vor diesem Hintergrund kann es nur darum gehen, eine Definition zu entwickeln, die dem Rechtsanwender jedenfalls die Möglichkeit gibt, einzelne Kunstwerke nach eingehender Auseinandersetzung einer Nation zuschreiben zu können. Allgemeinverbindlichkeit können jedoch auch die folgenden Ausführungen nicht beanspruchen.

2. Geschichtliche Entwicklung des Begriffs

Die Vielschichtigkeit des Begriffs der „Nation" ist weitgehend seiner geschichtlichen Entwicklung geschuldet.[35] Seit seiner Entstehung war er fast immer mit politischen Forderungen behaftet, häufig sollte seine Verwendung zu einem Umsturz der bestehenden Gesellschaftsordnung führen.

Diese Forderungen änderten sich jedoch stetig, und so war auch der Begriff der „Nation" stetigem Wandel unterworfen. Bis gegen Ende des 18. Jahrhunderts verstand man unter einer Nation nur die herrschende Klasse. Dieses Verständnis hat dazu geführt, dass für diese Zeit der Begriff der „Adelsnationen" geprägt wurde.[36] Mit der Französischen Revolution wurde der Begriff zu einem Bestandteil der Forderung nach politischer Mitbestimmung des dritten Stands. Die Nation verkörperte zu dieser Zeit das Ideal einer Solidargemeinschaft, die sich durch Gleichberechtigung auszeichnen sollte. Spätestens in der Folge der Befreiungskriege und aufgrund der Unzufriedenheit der Bevölkerung mit dem Deutschen Bund wurde dieser Ruf auch in Deutschland immer lauter. Die Nation verkörperte hier den Wunsch nach einem Ende der deutschen Kleinstaaterei und der Gründung eines Nationalstaats, in welchem die junge deutsche Nation ihre Identität finden sollte. Dabei ging man davon aus, dass dieser Zustand im Deutschen Reich für alle Deutschen erreicht werden könne.[37] Im Zusammenhang mit

---

33 *Jayme,* JuS 1988, 933, 934; *Müller-Katzenburg,* Internationale Standards, S. 143.

34 *Fiedler,* Die Nation als Rechtsbegriff, S. 48.

35 Zur Geschichte des Begriffs der „Nation" als Rechtsbegriff siehe unten S. 27 f.

36 *Schulze,* Staat und Nation in der europäischen Geschichte, S. 117.

37 *Stern,* Staatsrecht, S. 348.

der Reichsgründung war die Nation also Synonym für das „Reichsvolk“, an das die Staatenbildung anknüpfte.[38]

Während die Errichtung eines Nationalstaats nach der Revolution 1848/49 noch scheiterte, wurde er schließlich im Jahre 1871 als Deutsches Reich etabliert. Wenig später und noch in der Kaiserzeit kam es jedoch bereits zu einer Radikalisierung des nationalen Gedankens bis hin zu einem Nationalismus. Während der Weimarer Republik wurde die Idee der Nation sogar zu einem wichtigen Kampfmittel, da sich unter ihrem Deckmantel politischer Widerstand verschiedener Gruppen formieren konnte. Wer sich nicht zur Nation bekannte, wurde ausgegrenzt.[39] Auf dieser Grundlage konnte im Dritten Reich die Nationalidee in eine Rassenideologie umgedeutet werden.[40]

Eine weitere Wandlung erfuhr der Begriff der Nation mit der deutschen Teilung. Mit der Gründung der beiden deutschen Staaten war die Frage gestellt, ob es von nun an auch zwei deutsche Nationen gebe. Diese Frage verschärfte sich 1969 unter der Regierung *Brandts*, der die Existenz zweier deutscher Staaten auch politisch anerkannte. Um dieses schwierige Verhältnis zu umschreiben, kam es in der Folge zu der politischen Formel zweier deutscher Staaten einer Nation.[41]

3. Begriffliche Annäherung

Auch wenn die Auffassungen über das Wesen der Nation unüberschaubar sind,[42] soll im Folgenden versucht werden, die wesentlichen Elemente darzustellen, die eine Nation ausmachen. Wie schwierig dies ist, mag ein Zitat von *Jellinek* verdeutlichen:

> „Das Wesen einer Nation festzustellen, gehört, wie alles Fixieren von Erscheinungen, die in den ununterbrochenen Fluss des geschichtlichen Geschehens gestellt sind, zu den schwierigsten wissenschaftlichen Aufgaben.“[43]

a. Die für eine Nation konstitutiven Elemente

Einigkeit besteht jedenfalls insoweit, als Nationen anhand verschiedener Faktoren beschrieben werden können.[44] Einen einheitlichen Kanon dieser Faktoren

---

38 *Grawert,* Staatsvolk und Staatsangehörigkeit, S. 116.

39 *Langewiesche,* Nation, Nationalismus, Nationalstaat in Deutschland und Europa, S. 213.

40 *Langewiesche,* Nation, Nationalismus, Nationalstaat in Deutschland und Europa, S. 214.

41 *Lepsius,* Demokratie in Deutschland, S. 206.

42 *Stern,* Staatsrecht, S. 349 mit zahlreichen weiteren Nachweisen.

43 *Jellinek,* Allgemeine Staatslehre, S. 117; vgl. zum allgemeinen Völkerrecht beispielsweise auch *Fiedler,* Die Nation als Rechtsbegriff, S. 48.

44 Siehe z. B. *Stern,* Staatsrecht, S. 349 f.; *Grawert,* Staatsvolk und Staatsangehörigkeit, S. 114; *Fiedler,* Die Nation als Rechtsbegriff, S. 48; *Böckenförde,* Staat, Nation, Europa, S. 34; *Jayme,* JuS 1988, 933, 934; *Leibholz,* Nation, S. 1589.

gibt es jedoch nicht. Abweichend von der bereits genannten und sehr weit reichenden Definition des *VG Sigmaringen*[45] sind nach *Stern* als konstituierende Faktoren „vor allem Sprache, Kultur, geschichtliches Erleben, Zusammengehörigkeitsgefühl und -bewusstsein, teilweise auch Religion" anzusehen.[46]

Fiedler benennt über den üblichen Kanon der Faktoren hinaus zwei weitere Elemente, die eine Nation ebenfalls charakterisieren sollen: zum einen die Wechselwirkungen zwischen einer Nation und „ihrem" Staat, zum anderen die territoriale Einheit,[47] die auch bereits in der vom *VG Sigmaringen* angeführten Definition über den Begriff des „Wohnorts" anklingt. Insbesondere durch diese beiden Faktoren wird der Begriff der Nation mit einem Staat in Verbindung gebracht und so dem Umstand Rechnung getragen, dass die Entwicklung der Nationen ohne die teilweise parallel verlaufende Entwicklung der (National-) Staaten nicht denkbar gewesen wäre.

Die vorstehende Definition von *Stern* macht darüber hinaus deutlich, dass zur Bestimmung des Begriffs der Nation auch subjektive Elemente herangezogen werden können und nach der hier vertretenen Auffassung auch müssen.[48] Teilweise wird – vor allem in Frankreich und den USA – sogar versucht, die Nation ausschließlich subjektiv zu bestimmen,[49] teilweise werden objektive wie subjektive Kriterien herangezogen.[50] Letzteres ist – insoweit hinausgehend über die ausschließlich objektiv ausgerichtete Definition des *VG Sigmaringen* – zutreffend. Denn ohne den Willen zusammenzugehören bleiben die objektiven Kriterien nur ein Indiz. Dies bedeutet jedoch im Umkehrschluss nicht, dass sich die Nation (auch im ideellen Sinne) ausschließlich anhand subjektiver Elemente beschreiben lässt. Ein nur *„geistiger Konsens"*[51] ohne die zahlreichen objektiven Anknüpfungspunkte reicht hierfür nicht aus.

Über dieses subjektive Moment hinaus zeichnet sich die Nation durch einen politischen Willen aus, der über das allgemeine Zusammengehörigkeitsgefühl hinausgeht. Dieser – in zahlreichen Ausprägungen denkbare – politische Wille ist es, der – auch wenn einige Autoren dieser Differenzierung nicht folgen[52] – die

---

45 Siehe oben S. 10.

46 *Stern,* Staatsrecht, S. 349.

47 *Fiedler,* Die Nation als Rechtsbegriff, S. 48 f., unter Hinweis auf *Lemberg,* Nationalismus I, S. 20.

48 So bezüglich des Begriffs der „Nation" auch *Fiedler,* Die Nation als Rechtsbegriff, S. 48 f.; bezüglich des Begriffs des „Volks" auch *Grawert,* Staatsvolk und Staatsangehörigkeit, S. 114 f.; *Stern,* Staatsrecht, S. 7 f., 349; *Jayme,* JuS 1988, 933, 934.

49 *Böckenförde,* Staat, Nation, Europa, S. 34.

50 *Fiedler,* Die Nation als Rechtsbegriff, S. 48 f.

51 *Fiedler,* Die Nation als Rechtsbegriff, S. 49.

52 Beispielsweise *Leibholz,* Nation, S. 1589 f.

Nation von einem Volk abgrenzt.[53] Anders gesagt: Fehlt dieser politische Wille, so ist diese Gruppierung nicht als „Nation“, sondern als „Volk“ zu bezeichnen.[54] *Renan* hat diesen politischen Willen bereits im Jahr 1882 mit der kurzen, aber prägnanten – und häufig auch falsch verstandenen[55] – Formel *„L'existence d'une nation est un plébiscite de tous les jours“* umschrieben.[56]

Zusammenfassend stellt eine Nation also eine soziale Großgruppe dar, die sich aufgrund objektiver und subjektiver Kriterien von anderen Gruppierungen unterscheidet und die von einem politischen Willen getragen wird.

b. Der Staat als Zuschreibungsobjekt

Aber nicht nur das Verhältnis von Volk und Nation bedarf der Aufmerksamkeit. In der Diskussion um die nationale Zuordnung von Kunstwerken findet sich gelegentlich der Ansatz, dass diese keiner Nation, sondern einem Staat zugeschrieben werden sollen. *Odendahl* beispielsweise betrachtet die Gesellschaft als Träger der Kultur und damit auch als Zuschreibungsobjekt. Da die Gesellschaft aber kein anerkanntes Rechtssubjekt darstelle, müsse der „Staat zum rechtlichen Anknüpfungspunkt für die kulturelle Bindung“ gemacht werden, auch wenn dies nur einen „Notbehelf“ darstelle.[57] Den Begriff der Nation vermeidet *Odendahl* vollständig, obwohl dieser in zahlreichen rechtlichen Regelungen Verwendung findet. In die gleiche Richtung geht *Mußgnug*, der Kunstwerken eine Staatsangehörigkeit geben und sie auf diese Weise einem Staat zuordnen will.[58]

Alle anderen Autoren jedoch gehen – in Einklang mit dem Wortlaut zahlreicher kulturgutschützender Regelungen – davon aus, dass Kunstwerke nicht einem Staat, sondern einer Nation zuzuschreiben sind. *Jayme* ergänzt, dass die Interessen der Nation durch den Staat als Rechtssubjekt nach außen vertreten werden.[59]

---

[53] *Heller/Niemeyer*, Staatslehre, S. 161; *Böckenförde*, Staat, Nation, Europa, S. 35.

[54] Siehe beispielsweise *Stern*, Staatsrecht, S. 25 f.; *Grawert*, Staatsvolk und Staatsangehörigkeit, S. 116; *Böckenförde*, Staat, Nation, Europa, S. 35; anders allerdings *Fiedler*, Die Nation als Rechtsbegriff, der statt des Begriffs des „Volks“ den der „Nation“ verwendet.

[55] *Fiedler*, Die Nation als Rechtsbegriff, S. 50 mwN.

[56] *Renan*, Qu'est-ce qu'une nation?, S. 26.

[57] *Odendahl*, Kulturgüterschutz, S. 628 f.

[58] *Mußgnug*, Staatsangehörigkeit, S. 1531.

[59] *Jayme*, Rechtsfrage, S. 134; zur Relevanz des Staats im Rahmen der Zuschreibung von Kunstwerken an eine Nation siehe unten S. 17 f.

4. Die Nation im Recht des Kulturgüterschutzes

Die vorstehenden Ausführungen haben gezeigt, dass es unmöglich ist, den Begriff der „Nation“ allgemeingültig zu definieren.[60] Da jedoch die Nationalität im Recht des Kulturgüterschutzes an verschiedener Stelle die Qualität eines Rechtsbegriffs erlangt und als Zuschreibungskriterium für Kunstwerke normiert wird, ist eine begriffliche Bestimmung zwingend erforderlich. Da juristische Begriffe Zweckbegriffe sind, deren Inhalt maßgeblich durch ihren „Einsatzort“ bestimmt wird,[61] soll im Folgenden eine begriffliche Bestimmung vorgenommen werden, die sich an der Systematik und der Struktur des Rechts des Kulturgüterschutzes orientiert.

a. Funktionen des Begriffs der „Nation“ im Recht des Kulturgüterschutzes

Bereits die erste Betrachtung dieses „Einsatzortes“ macht deutlich, dass der Begriff des „Nationalen“ im Kulturgüterschutz verschiedene Aufgaben haben kann. Die erste ist, diejenige Nation zu bestimmen, die berechtigt ist, das in Rede stehende Kunstwerk zu schützen. Aus der Reihe derjenigen Staaten, die ein Kunstwerk als „ihr“ nationales beanspruchen, gilt es denjenigen herauszufinden, zu dem das Kunstwerk die relativ engste Verbindung aufweist und dessen nationalem Kulturgut es daher zuzurechnen ist.[62]

Nicht alle nationalen Kulturgüter sind jedoch schützenswert. Da jedes Kunstwerk eine Nationalität hat,[63] würde dies dazu führen, dass sämtliche Kunstwerke geschützt würden. Es gilt vielmehr eine enge Auswahl zu treffen. Die korrekte Auslegung des deutschen Kulturgutschutzgesetzes beispielsweise ergibt, dass schützenswert nur solche Kunstwerke sind, die über einen besonderen nationalen Bezug verfügen.[64]

Man kann also vor dem Hintergrund des deutschen Kulturgutschutzrechts feststellen, dass dem Begriff des Nationalen eine „Doppelfunktion“[65] zukommt. Einerseits dient er der Zuordnung von Kunstwerken an eine Nation, andererseits werden mit seiner Hilfe auch diejenigen Kunstwerke bezeichnet, die es zu schützen gilt.[66] Allerdings gilt dies nicht uneingeschränkt. Maßgeblich für die Frage, welche Kunstwerke geschützt werden sollen, ist nämlich in erster Linie das nationale Recht des Belegenheitsstaats, welches bei Weitem nicht überall vorsieht,

---

60 So auch ausdrücklich *Fiedler,* Die Nation als Rechtsbegriff, S. 48.

61 *Jayme,* Kunstwerk und Nation, S. 57; *ders.*, Rechtsfrage, S. 133.

62 H. M.; siehe unten S. 155 ff.

63 Siehe unten S. 160.

64 Siehe unten S. 47 f.

65 *Jayme,* Kunstwerk und Nation, S. 62.

66 *Jayme,* Kunstwerk und Nation, S. 62; *Müller-Katzenburg,* Internationale Standards, S. 151 f.

dass der Kreis der zu schützenden Kunstwerke anhand dieses besonderen nationalen Bezugs zu bestimmen ist. Vielfach wird stattdessen oft auf die allgemeine künstlerische oder wissenschaftliche Bedeutung des jeweiligen Kunstwerks abgestellt.

Aber damit nicht genug: Nicht nur gibt es zwei Funktionen des Begriffs der „Nation", auch der Begriff selber muss im Rahmen des Kulturgüterschutzrechts in zweierlei Weise verstanden werden. Während die Nation einerseits ideell als eine Art Bewusstseins- und Willensgemeinschaft zu sehen ist, ist sie andererseits institutionell das Staatsvolk, welches ein wesentliches Element eines jeden Staates ist.

Dieses zweischichtige Verständnis des Begriffs der „Nation" findet seine Entsprechung in den Kriterien, die für die Nationalitätsbestimmung herangezogen werden. Einige dieser Kriterien stellen auf „äußere"[67] Umstände ab, andere hingegen verlangen nach einer materiellen Auseinandersetzung mit dem Werk. Soll die Nationalität eines Kunstwerks anhand territorialer Aspekte wie beispielsweise dem Entstehungs- oder dem Bestimmungsort bestimmt werden, so betrifft dies die institutionelle Seite des kulturgutschutzrechtlichen Nationenbegriffs. Die darüber hinaus nach der hier vertretenen Auffassung geforderte besondere Beziehung eines Kunstwerks zu „seiner" Nation kann aber nicht allein anhand „äußerer" Faktoren bestimmt werden, sondern bedarf der materiellen Auseinandersetzung mit der Folge, dass hier die ideelle Seite des Nationenbegriffs betroffen ist.

b. Nation im institutionellen Sinn

Nun ist mit dieser Unterscheidung noch nicht viel gewonnen. Statt des einen Begriffs der Nation gilt es nun, zwei Teilbegriffe hinreichend präzise zu beschreiben. Allerdings ist diese Beschreibung für die institutionelle Seite des Begriffs ohne größere Schwierigkeiten zu leisten, da das Staatsvolk, das insoweit mit der Nation gleichzusetzen ist, ohne größere Schwierigkeiten zu bestimmen ist. Gleiches gilt für den Staat, dem das Staatsvolk zuzurechnen ist. Neben dem Staatsvolk verfügt dieser Staat über ein Staatsgebiet, welches insbesondere im Hinblick auf die zahlreichen Kriterien, die an geografische Orte anknüpfen, eine Zuordnung ohne große Schwierigkeiten ermöglicht. Die folgenden Erörterungen werden zeigen, dass dieses institutionelle Verständnis der Nation Ausgangspunkt für die Anwendung zahlreicher Kriterien ist.[68]

Noch unter einem weiteren Gesichtspunkt kommt jedoch dem hinter einem Staatsvolk stehenden Staat eine wesentliche Funktion im Rahmen der nationa-

---

67 Vgl. zu dieser Terminologie im Zusammenhang mit dem Begriff des „Volks" *Grawert*, Staatsvolk und Staatsangehörigkeit, S. 119.

68 Siehe unten S. 101 ff.

len Zuschreibung von Kunstwerken zu. Er (und nicht die Nation im ideellen Sinne) ist ein anerkanntes Rechtssubjekt, dem die Aufgabe zuteil wird, die Nation rechtlich zu repräsentieren.[69]

c. Nation im ideellen Sinn

Die Zuschreibung an die Nation im institutionellen Sinne kann jedoch nicht überzeugen, wenn es um die materielle Beziehung eines Kunstwerks zu einer Nation geht. Dies hat seine Ursache darin, dass „Kulturträger" niemals ein Staat selbst und regelmäßig auch nicht eine „zwangsweise" als Staatsvolk zusammengefasste soziale Gruppierung, sondern immer nur eine auf einem freiwilligen Zusammenschluss beruhende soziale Gruppe sein kann.[70] Maßgebliches Zuschreibungsobjekt ist daher die Nation dergestalt, wie sie zuvor beschrieben wurde[71] und die in dieser Arbeit – in Abgrenzung zum institutionellen Nationenbegriff – als Nation im ideellen Sinne bezeichnet wird.

d. Verhältnis zwischen „Staat" und „Nation"

Die Zuschreibung eines Kunstwerks anhand materieller Ansatzpunkte erfolgt also zu einer Nation im ideellen Sinne. Dies führt zu einem Spannungsverhältnis zwischen demjenigen Staat, der nach dem institutionellen Verständnis der Nation ermittelt wurde, und der Nation im ideellen Sinne, die sich gerade nicht als Staat, sondern als Menschengruppe darstellt und kein Rechtssubjekt ist. Dieses Spannungsverhältnis ist dadurch aufzulösen, dass auch die Nation im ideellen Sinne mittelbar diesem Staat zugeordnet wird, welcher die so verstandene Nation mediatisiert. Denn es ist *Odendahl* im Ergebnis recht zu geben, dass es letztlich ein Staat sein muss, dem ein Kunstwerk zugeordnet wird.[72] Dieser Staat erlässt kulturgutschützende Gesetze für „sein" nationales Kulturgut und er ist Adressat internationaler Regelungen.

Welcher Staat hinter einer Nation steht, lässt sich in den meisten Fällen ohne größere Schwierigkeiten feststellen. So sind es insbesondere territoriale Bezüge sowie der für die Nationenbildung wesentliche Aspekt des Staatsbezugs, die auf denjenigen Staat hindeuten, welcher hinter der jeweiligen Nation steht.[73] Dabei ist der einfachste Fall derjenige, in dem eine Nation im ideellen Sinne – man mag hier an Frankreich oder Italien denken – zugleich ihre Verkörperung in einer „Staatsnation" gefunden hat und beide sich auch territorial decken. Das muss jedoch nicht immer so sein. Auch wenn eine Nation im ideellen Sinne sich „in

---

[69] *Jayme,* Rechtsfrage, S. 134.

[70] Vgl. *Odendahl,* Kulturgüterschutz, S. 628 f.

[71] Siehe oben S. 12 ff.

[72] *Odendahl,* Kulturgüterschutz, S. 628 f.; wohl auch *Turner,* Restitutionsrecht, S. 182.

[73] Siehe oben S. 14.

einer konkreten Beziehung zu einem existierenden Staat befindet, also etwa als Minderheit oder Volksgruppe innerhalb eines national anders orientierten Gemeinwesens",[74] wird man hieraus ableiten können, dass dieser Staat die Nation nach außen vertritt.

Allerdings kann diese Zuordnung einer Nation im ideellen Sinne zu einem Staat in einigen Fällen problematisch sein, etwa wenn eine Nation zwar territorial und auch staatsorganisatorisch mit einem Staat verbunden ist, sich aber von diesem abspalten möchte. In diesem Fall wird man nicht annehmen können, dass gerade dieser Staat die Nation rechtlich repräsentieren soll. Noch schwieriger wird die Lage, wenn Nationen durch geschichtliche Ereignisse auseinandergerissen worden sind und daher seit geraumer Zeit sowohl territorial als auch staatsorganisatorisch verschiedenen Staaten zugeordnet werden.[75] In diesen sehr seltenen Fällen wird der hinter diesen Nationen stehende Staat nicht eindeutig bestimmbar sein. Es bleibt dem Rechtsanwender dann nichts anderes übrig, als diesen Befund zu akzeptieren und bei der Bestimmung der Nationalität eines Kunstwerks nolens volens die objektiven Kriterien stärker in den Vordergrund zu rücken. Dass sodann einige der Kriterien der Nationalitätsbestimmung in diesen raren Fällen leerlaufen, ist der Preis dafür, dass die Nationalität in der Mehrheit der Fälle auch anhand materieller Kriterien bestimmt und dem komplexen Begriff der Nation auf diese Weise Rechnung getragen wird.

Es hätte den verschiedenen Normgebern freigestanden, statt auf die Nation sogleich auf den Staat oder ausschließlich auf die Menschheit als Zuschreibungsobjekt abzustellen.[76] Gerade die Zuordnung zu einem Staat hätte jedoch zahlreiche andere Probleme nach sich gezogen. Exemplarisch sei hier nur erwähnt, dass viele Kunstwerke bereits deutlich vor der Entstehung der heutigen Staaten entstanden sind und daher ohne den „Umweg" über die Nationen kaum einem Staat eindeutig zugeordnet werden könnten.[77]

---

[74] *Fiedler,* Die Nation als Rechtsbegriff, S. 49.

[75] *Fiedler,* Die Nation als Rechtsbegriff, S. 49.

[76] Eine Vielzahl möglicher Personengruppen nennt *Fechner,* Prinzipien des Kulturgüterschutzes, S. 29 ff.

[77] *Jayme,* Rechtsfrage, S. 134; *Weidner,* Kulturgüter, S. 196.

3. Kapitel: Geschichte der nationalen Zuordnung

Die Geschichte des Rechts des Kulturgüterschutzes ist bereits häufig niedergeschrieben worden.[78] Von einer weiteren allgemein gehaltenen Darstellung soll daher – insbesondere angesichts der sehr umfassenden und gelungenen Darstellung von *Odendahl*[79] – an dieser Stelle abgesehen werden.

Bisher noch nicht geschrieben ist jedoch die Geschichte der nationalen Zuordnung von Kunstwerken. Dies nachzuholen soll im Folgenden versucht werden. Der Beginn der Aufarbeitung dieser Geschichte vor allem aus rechtshistorischer Sicht ist im wesentlichen *Jayme* zu verdanken, der durch seine zahlreichen Schriften den Grundstein der wissenschaftlichen Auseinandersetzung mit dieser Thematik gelegt hat.[80]

An dieser Stelle nur die Geschichte all jener Rechtssetzungen aufzuzeigen, die auf die nationale Zuordnung von Kunstwerken Bezug nehmen, würde jedoch einen wichtigen Aspekt unbeleuchtet lassen: Auch jenseits der rein juristischen Diskussion wurde und wird auch heute noch teils heftig um die Frage der Nationalität von Kunstwerken gerungen. So soll auch dieser Teil der Geschichte der nationalen Zuordnung im Folgenden beleuchtet werden, da auch er für das Verständnis der zu erörternden Kriterien der Zuschreibung eine wesentliche – und leider in der juristischen Diskussion weiterhin unbeachtete – Rolle spielt.

I. Erste Ansätze der Zuordnung

Voraussetzung für eine Zuschreibung eines Kunstwerks an eine Nation ist, dass sich diese Nation bereits – jedenfalls als ein gedankliches Konstrukt – gebildet hat. Eine zeitliche Einordnung der Nationenbildung wurde bereits vorgenom-

---

[78] *Schuschke-Nehen*, Kulturgüterschutz, S. 3 ff.; *Hipp*, Schutz, S. 49 ff.; *Blume*, Nationalität von Kulturgut, S. 3 ff.; *v. Schorlemer*, Internationaler Kulturgüterschutz, S. 36 ff.; *Berndt*, Internationaler Kulturgüterschutz, S. 7 ff.; *Thorn*, Internationaler Kulturgüterschutz, S. 21 ff.; *Jaeger*, Internationaler Kulturgüterschutz, S. 13 ff.; *Pabst*, Kulturgüterschutz, S. 52 ff.; *Rietschel*, Kulturgüterschutz, S. 1 ff.; *Turner*, Die Zuordnung beweglicher Kulturgüter im Völkerrecht, S. 24 ff. unter besonderer Berücksichtigung des Kirchenstaats; *Weber*, Kulturgut, S. 219 ff.

[79] *Odendahl*, Kulturgüterschutz, S. 7 ff.

[80] *Jayme*, Rechtsfrage, 140 ff.; *ders.*, Antonio Canova und das nationale Kunstwerk, 171 ff.; *ders.*, Antonio Canova: Die politische Dimension der Kunst, S. 9 ff.

men und es wurde aufgezeigt, dass sich der Begriff der Nation, wie wir ihn heute verstehen, gegen Ende des 18. Jahrhunderts zunächst als politische Forderung herausbildete.[81]

1. Ausgehendes Mittelalter – Beginn der Abgrenzung

Allerdings gab es auch früher schon Gedanken, das „Deutsche“ in der Kunst zu beschreiben und somit eine Abgrenzung von anderen Völkern zu erreichen. Erstmals propagierten die Humanisten um 1500 durch einen Rückgriff auf die „Germania“ des *Tacitus* das „Deutsche“ als etwas Eigenes.[82] Die Kunst *Dürers* wurde zur Abgrenzung gegenüber Rom nutzbar gemacht, und bereits damals wurde in Kauf genommen, dass sich in seiner Kunst nicht nur spätgotisch-deutsche, sondern auch der italienischen Renaissance entstammende Einflüsse ausmachen lassen.[83] Im Gegenzug schreibt *Vasari* in seinen berühmten Viten, dass die gotische Baukunst, die (auch) er für deutsch hielt, eine Unart sei.[84]

Bereits diese kurzen Ausführungen machen deutlich, dass die Vereinnahmung der Kunst regelmäßig politisch nutzbar gemacht werden sollte. So lässt sich auch erklären, dass die Auseinandersetzung um die „deutsche“ Kunst zu Beginn des 16. Jahrhunderts an Intensität zunahm, ging es doch zu dieser Zeit darum, auch auf dem Rücken der Kunst die Vormachtstellung der Protestanten gegenüber dem Papst in Rom zu belegen.

2. Um 1800 – romantische Gedanken

Im ausgehenden 18. Jahrhundert fand die nationale Idee zunehmende Verbreitung. Es verwundert daher nicht, dass zu dieser Zeit auch die ersten Versuche unternommen wurden, Kunstwerke in den Dienst der nationalen Einigung zu stellen, sie als kulturelle Errungenschaft für diese Nation zu vereinnahmen und gegenüber anderen Nationen politisch in Stellung zu bringen.

a. Frühe Gedanken über nationale Kunst

In Deutschland kam es um 1770 zu einer ersten Welle der Beschäftigung mit der und Begeisterung für die Identität der deutschen Kultur. Die Verherrlichung des gotischen Straßburger Münsters durch den jungen *Goethe* im Jahr 1772 ist zwar nicht das einzige, sicher aber das bedeutendste Zeugnis dieser Welle, das mitursächlich für eine breite Begeisterung für die Gotik in Deutschland war.[85]

---

[81] Vgl. oben S. 11 ff.

[82] *Gebhardt,* Das Deutsche in der deutschen Kunst, S. 28.

[83] *Gebhardt,* Das Deutsche in der deutschen Kunst, S. 465.

[84] Vgl. zur Frage der Gotik als deutscher Baukunst insbesondere unten S. 137 f.

[85] *Hammer,* Denkmalrecht, S. 48 f.

Goethe erklärte die Gotik kurzerhand zum deutschen Nationalstil, und die Begeisterung für die Gotik führte zu regen Anstrengungen, gotische Bauwerke wiederzuerrichten oder zu vollenden. Eines dieser „Projekte" war die seit Beginn des 19. Jahrhunderts geforderte Fertigstellung des Kölner Doms, für den es eine breite Welle der Unterstützung gab: Unter anderem *Schelling, Schlegel, Brentano* und *Görres* machten sich hierfür stark.[86] Ein weiteres Beispiel ist der Wiederaufbau der Marienburg, dem ehemaligen Sitz des Deutschen Ordens, im heutigen Polen. Auch er zeugt von der großen Begeisterung für gotische Bauwerke in dieser Zeit.[87] Selbst in die Malerei hat die Verehrung und Bewunderung gotischer Bauwerke Eingang gefunden, wie die in zahlreichen Werken *Schinkels* zu findenden Darstellungen – häufig fiktiver – gotischer Kathedralen illustrieren.[88]

Ein zeitlicher Vorgriff sei an dieser Stelle erlaubt. Bereits in der zweiten Hälfte des 19. Jahrhunderts wich die Begeisterung für die Gotik als deutschem Nationalstil der Erkenntnis, dass gerade die hochgotischen Kathedralen eher französische Vorbilder paraphrasierten als dass sie eine genuin deutsche Leistung darstellten. Besonders schmerzlich war diese Erkenntnis im Hinblick auf das „Nationaldenkmal" Kölner Dom. Noch vor seiner Fertigstellung im Jahr 1880 stellte sich immer mehr und mehr heraus, dass das direkte Vorbild für den Kölner Dom die Kathedrale von Amiens war.[89] Der französische Einfluss wurde als so übermächtig empfunden, dass selbst die letzten Verfechter Abstand von der Idee der Gotik als deutschem Nationalstil nehmen mussten.

Zunächst aber nahm die Begeisterung für die nationale Kunst in der Romantik vor dem Hintergrund der französischen Besetzung deutscher Gebiete und der Befreiungskriege noch zu. Es kam zu einer „Emotionalisierung" der Kunstbetrachtung,[90] die dazu führte, dass insbesondere die deutsche Kunst des 16. Jahrhunderts als Vorbild für das zeitgenössische Kunstschaffen verstanden wurde und die Kunst damit auf ein nationales Fundament gestellt werden konnte. Die sentimentalen Ideale der Romantik, ein „ernsthaftes, grades und kräftiges Wesen",[91] ein „fühlendes Gemüt", eine „fromme Redlichkeit" sowie das „religiöse Gefühl, Andacht und Liebe"[92] sahen die Romantiker vor allem in der deutschen Kunst des 16. Jahrhunderts verwirklicht. In dieser verklärten Wahrnehmung der Kunst des späten Mittelalters und der frühen Neuzeit hoffte man eine nationale

---

86 *Buberl,* Sehnsucht nach Identität und Freiheit, S. 486.

87 *Engels,* Auf der Suche nach einer „deutschen" Kunst, S. 49.

88 Vgl. beispielsweise Abb. 3.

89 *Belting,* Die Deutschen und ihre Kunst, S. 21.

90 *Hammer,* Denkmalrecht, S. 53.

91 *Wackenroder,* Ehrengedächtnis unseres ehrenwerten Ahnherrn Albrecht Dürers, S. 57.

92 *Schlegel,* Europa. Eine Zeitschrift 1805, 109, 115, 122, 143.

Identität zu finden, die man der allgegenwärtigen „civilisation française“ entgegenstellen konnte.[93]

Das rationale Fundament dieser Tendenz lieferten die Gedanken *Winckelmanns*. Dieser hatte in den 1750er Jahren in Abkehr von der bisherigen Weise der Kunstbetrachtung formuliert, dass die Werke der zeitgenössischen Künstler nur dann vollkommen werden konnten, wenn sie die schönsten Teile der Natur in idealisierender Weise miteinander verbanden. „Eine edle Einfalt und eine stille Größe“[94] waren nach seiner Auffassung das Ideal, nach dem es zu streben galt. Als Vorbild konnte nach *Winckelmann* nur die Kunst der Griechen dienen, da sich ausschließlich an deren Werken die künstlerische Vollkommenheit studieren ließ.[95] Die Romantik konnte an diese Gedanken problemlos anknüpfen, es musste nur der Gegenstand der Bewunderung ausgewechselt werden: Statt griechischer Kunst wurden nunmehr die mittelalterlichen Kunstwerke verehrt, die damit zum wesentlichen Vorbild zeitgenössischen Kunstschaffens wurden.[96]

Man ging sogar noch weiter. Es wurden bestimmte Züge des deutschen Wesens identifiziert, die sich in der mittelalterlichen deutschen Kunst ausmachen ließen und die es erlaubten, sie als national zu vereinnahmen. Eine besondere Naturverbundenheit wurde als ein solcher Wesenszug angesehen und sogleich ins Feld geführt, um beispielsweise die Kunst *Altdorfers* und einiger seiner Zeitgenossen als national zu reklamieren.[97] Gleiches galt für die Gotik, die als der Natur nachempfundener Baustil angesehen und daher – entgegen den historischen Tatsachen – als ein deutscher Nationalstil umgedeutet wurde. *Schlegel* lieferte 1804 eine Begründung, warum es sich bei *Dürer* um einen nationalen Künstler handeln müsse: Dieser habe nämlich „in der Lebendigkeit des mannichfachen Ausdrucks [...] dieses Nationaldeutsche aufgefasst und ausgedrückt“.[98]

Auf die Kunst *Dürers* rekurrierte aber nicht nur *Schlegel* bei dem Versuch, ein geschichtliches Fundament für eine nationale deutsche Kunst darzulegen. *Wackenroder* hatte bereits 1797 mit dem *„Ehrengedächtnis unseres ehrwürdigen Ahnherrn Albrecht Dürers“* ein Loblied auf den Künstler und die Blütezeit Nürnbergs sowie die dort entstandene „vaterländische Kunst“ gesungen.[99] Jedoch lässt es *Wackenroder* dabei nicht bewenden: In der Form eines Traums schildert

---

[93] *Belting,* Die Deutschen und ihre Kunst, S. 21.

[94] *Winckelmann,* Gedanken über die Nachahmung der griechischen Werke in der Malerei und der Bildhauerkunst, S. 21.

[95] *Winckelmann,* Gedanken über die Nachahmung der griechischen Werke in der Malerei und der Bildhauerkunst, S. 3.

[96] *Hammer,* Denkmalrecht, S. 46.

[97] *Belting,* Die Deutschen und ihre Kunst, S. 16.

[98] *Schlegel,* Ansichten und Ideen von der christlichen Kunst, S. 122.

[99] *Wackenroder,* Ehrengedächtnis unseres ehrenwerten Ahnherrn Albrecht Dürers, S. 57.

er, wie *Raffael* und *Dürer* einträchtig Hand in Hand ihre Werke betrachten.[100] In der Nachfolge führt *Tieck* diesen Gedanken sogar noch weiter, indem er in „Franz Sternbalds Wanderungen" einen fiktiven Schüler Dürers auf die Wanderschaft nach Italien schickt.[101]

Auf den ersten Blick mag es merkwürdig erscheinen, dass beim Versuch, der deutschen nationalen Kunst ein geschichtliches Fundament zu verleihen, auch die italienische Kunst bemüht wird, wo die Schriften doch in erster Linie der Bewunderung einer großartigen Epoche der deutschen Kunst gewidmet waren. Dieses Nebeneinander wird beispielsweise in den Wanderungen Franz Sternbalds deutlich, in denen *Tieck* dem – tatsächlich existenten – Kupferstecher *Lucas van Leyden* folgende Worte in den Mund legt:

> „Nicht als ob ich die großen Künstler Italiens nicht schätzte und liebte, aber man mag sagen, was man will, so hat doch jedes Land seine eigene Kunst, und es ist gut, dass es sie hat. [...] Wir sind nun mal keine Italiener, und ein Italiener wird nimmermehr deutsch empfinden."[102]

Trotzdem wollte man die italienische Kunst ganz bewusst nicht verdrängen, sondern vielmehr mit der deutschen Kunst versöhnen. Dieser Wunsch ging so weit, dass man zwischen den Werken einiger Künstler der italienischen Frührenaissance und der altdeutschen Malerei allerlei Gemeinsamkeiten ausmachte, die eine Verbindung ohne Weiteres möglich machten.[103] Allerdings verschob sich der Fokus dieser Italienverehrung zusehends. Immer öfter suchte man in der italienischen Kunst nicht mehr in erster Linie nach Vorbildern für den eigenen Klassizismus, sondern sah die italienische Kunst als Verkörperung der eigenen Sehnsüchte.[104]

Dem Anliegen, „Germania" und „Italia" zu versöhnen, hatten sich besonders die Nazarener verschrieben.[105] Die Mitglieder der von *Overbeck* und *Pforr* als Lukasbrüderschaft in Wien 1809 gegründeten und ab 1810 in Rom ansässigen Künstlergruppe einten gemeinsame malerische Ideale, eine strikte Kleider- und Verhaltensordnung sowie ein sentimental verstandener Katholizismus. Ihre künstlerischen Vorbilder fanden die Nazarener in der Kunst der italienischen Frührenaissance sowie den Werken *Dürers* und seiner Vorgänger. Religion und Nationalität waren nach ihrer Ansicht die Basis aller Kunst und konnten von dieser nicht getrennt werden. Lange dauerte das deutsche Gastspiel in Rom jedoch nicht; bereits 1830 lösten sich die Nazarener wieder auf. Wie intensiv die

---

[100] *Wackenroder,* ebd., S. 65.

[101] *Tieck,* Franz Sternbalds Wanderungen (1798).

[102] *Tieck,* Franz Sternbalds Wanderungen, S. 100.

[103] *Gebhardt,* Das Deutsche in der deutschen Kunst, S. 282 f.

[104] *Gebhardt,* Das Deutsche in der deutschen Kunst, S. 279, 288.

[105] Hier insbesondere *Hollein/Steinle,* Religion, Macht, Kunst. Die Nazarener, 2005.

Nazarener während dieser kurzen Zeit die Freundschaft zwischen Deutschland und Italien empfunden haben, mag das von *Overbeck* in den Jahren 1811–1828 geschaffene Gemälde „Italia und Germania“[106] verdeutlichen, das als eine allegorische Darstellung dieser innigen Beziehung zu lesen ist.

Mit den Nazarenern verlor sich auch die Idee der Versöhnung von „Italia“ und „Germania“. Die deutsche Kunst wurde immer stärker politisiert und gegen die französische in Stellung gebracht. Gewünscht waren nunmehr Darstellungen der mystifizierten deutschen Geschichte und deutsche Sagen in der Form von Historienbildern, die auch bei denjenigen Künstlern in Auftrag gegeben wurden, die zuvor noch als Nazarener in Rom gewirkt hatten.[107] Kurz gesagt ging es nun vermehrt darum, die vermeintliche deutsche Vormachtstellung in Bilder zu fassen.

b. Der Wunsch nach nationaler Einigung in der Kunst – zwei Werke Canovas

Nicht nur Werke aus vergangenen Zeiten, sondern auch zeitgenössische Kunst wurde in den Dienst der Bildung und Festigung der eigenen Nation gestellt. In vielen der Kunstwerke der damaligen Zeit lässt sich heute noch erkennen, dass aus ihnen gerade dieser Wunsch spricht. Besonders gut verdeutlichen dies zwei Werke von *Antonio Canova.*

Für das Grabmal des Dichters *Alfieri* in der Kirche Santa Croce in Florenz schuf *Canova* die *„trauernde Italia“*[108], eine weibliche Figur, die eine Mauerkrone mit Türmen trägt. Bereits in der „Iconologia“ von *Ripa* wird diese Art der Darstellung als Allegorie der Darstellung der Italia beschrieben.[109] *Canova* wurde mit der Aufstellung der „trauernden Italia“ der erste nicht toskanische Künstler, dessen Skulptur in der Kirche Santa Croce in Florenz ihren Platz fand.[110] Er vermochte mit seinem Werk zum Ausdruck zu bringen, dass nicht nur die Republik Florenz um *Alfieri*, der in seinen Werken stets die Freiheit Italiens gefordert hatte, trauerte, sondern ganz Italien. Dass dieses Ansinnen nicht im Verborgenen blieb, sondern die Gedanken *Canovas* von den Zeitgenossen auch verstanden wurden, zeigt ein Zitat aus einem 1809 erschienenen Buch über die Werke Canovas.

> „Ach! Könnten diese teuren, und dem Vaterland so lieben Namen Alfieri und Canova, für immer vereint, und von der alles verschlingenden Zeit verschont, den Ruhm und den Glanz Italiens für die Nachwelt erhalten und bezeugen.“[111]

---

[106] Abb. 4.

[107] *Gebhardt,* Das Deutsche in der deutschen Kunst, S. 287 f.

[108] Abb. 5.

[109] *Ripa,* Iconologia, S. 247 (1593).

[110] *Jayme,* Antonio Canova und die Nationalisierung der Kunst, S. 284.

[111] Zitiert nach *Jayme,* Antonio Canova: Die politische Dimension der Kunst, S. 11.

Die trauernde Italia wurde also bereits zu Beginn des 19. Jahrhunderts von den Zeitgenossen als ein Kunstwerk begriffen, aus dem der Wunsch nach einer nationalen Einigung Italiens sprach.

Ähnlich verhielt es sich mit einer weiteren Plastik *Canovas*, die er für den Palazzo Pitti in Florenz geschaffen hatte. Sein Auftrag lautete, die von den Franzosen nach Paris verbrachte Venus von Medici zu kopieren. *Canova* entschied sich jedoch dafür, stattdessen eine neue Skulptur anzufertigen, die bald schon den Beinamen *„Venere italica"* trug.[112] Auch an diesem Beispiel lässt sich der soeben bereits geschilderte Gedanke ablesen: Die junge italienische Nation – und nicht nur eine der Republiken – betrauerte den Verlust der Venus.

c. Weitere Folgen der Nationalisierung der Kunst

Die zunehmende Nationalisierung der Kunst um 1800 hatte noch weitere Folgen, die uns bis heute in den Regelungen des Kulturgüterschutzes begegnen. Die Abwanderung nationaler Kunstwerke sollte verhindert und das, was geraubt worden war, zurückgeführt werden.[113]

aa. Die Rückführung der nach Frankreich verbrachten Kunstwerke

Im Jahr 1796 hatten napoleonische Truppen Rom besetzt. Um das Fortbestehen des Kirchenstaats zu sichern, musste *Papst Pius IV.* im Vertrag von Tolentino (1797) nicht nur Teile seines Reichs an Frankreich abtreten, sondern darüber hinaus eine hohe Geldbuße zahlen. Da jedoch die Staatskassen nicht zuletzt aufgrund der vergangenen kriegerischen Auseinandersetzungen leer waren, konnte er die Zahlungen nur in Form von Kunstschätzen leisten. Auf diese Weise kamen einige der wichtigsten Kunstschätze Roms, unter anderem der „Apoll von Belvedere" und *Raffaels* „Verklärung", nach Paris.[114]

Das Verbringen der römischen Kunstwerke nach Paris blieb jedoch nicht folgenlos. *Quatremère de Quincy*, ein französischer Gelehrter, der verschiedene Schriften über die Kunstgeschichte verfasst hat, machte sich in einer Streitschrift aus dem Jahr 1796 für den Verbleib der Kunstwerke in Rom stark. Da die Kunstwerke nur in ihrem Zusammenhang verstanden werden könnten, habe Rom ein „heiliges, natürliches Recht auf die Kunstwerke".[115] Allerdings blieben diese Bemühungen zunächst erfolglos, und zahlreiche römische Werke gelangten nach Paris.

---

[112] *Jayme,* Antonio Canova und das nationale Kunstwerk, S. 176.

[113] *Jayme,* Antonio Canova und die Nationalisierung der Kunst, S. 282.

[114] *Jayme,* Rechtsfrage, S. 141 f.

[115] *Jayme,* Rechtsfrage, S. 142.

Die Lage änderte sich nach der Schlacht von Waterloo im Jahr 1815. Mit der Rückführung der in Paris befindlichen Kunstwerke beauftragte *Papst Pius VII.* den bereits als „nationalen" Bildhauer erwähnten *Canova*. *Canova* war für diese Aufgabe prädestiniert. Nicht nur war er 1802 bereits zum „Ispettore generale delle Belle Arti, e Antichità di Roma, e in tuto Stato Pontificio" ernannt worden und damit ohnehin für die Kunstbelange des Vatikans zuständig,[116] er verfügte zudem als Bildhauer über eine ausgezeichnete Kunstkenntnis, die ihm bei diesem Auftrag sehr hilfreich war.[117] Im Zusammenhang mit der Rückführung der Kunstwerke aus Paris betonte wie *Quincy* auch *Canova* mehrfach, dass Kunstwerke nicht aus ihrer Umgebung herausgerissen werden dürften und daher die von Napoleon nach Paris verbrachten Kunstwerke nach Rom zurückkehren müssten.

Canova war es auch, der im Rahmen der Rückgabeverhandlungen gegenüber *Talleyrand* den Gedanken ins Feld führte, dass Kunstwerke eine „Heimat" hätten, in vielen Fällen nur an ihrem Ursprungsort richtig verstanden werden könnten und daher zurückzugeben seien.[118] Ohnehin – so stellte *Canova* fest – stünden Kunstwerke außerhalb des Kriegsrechts, sodass auch das Beuterecht des Siegers auf sie nicht anzuwenden sei.[119] Mit dieser Idee vermochte er die Verhandlungsführer zu überzeugen, sodass ein großer Teil der nach Frankreich verbrachten Kulturgüter in ihre „Heimat" Italien zurückkehren konnte.[120]

Der Gedanke, dass Ensembles von Kunstwerken in ihrer Gesamtheit zu schützen und an ihrem angestammten Ort zu erhalten sind, findet sich heute als „Ensembleschutz" in vielen rechtlichen Regelungen zum Kulturgüterschutz.[121]

bb. Die Rückgabe von Teilen der Bibliotheca Palatina nach Heidelberg

Ein weiteres prominentes Beispiel für die praktische Anwendung dieser frühen Gedanken über die Nationalität von Kunstwerken sind die Verhandlungen über die Rückführung einiger der 1622 von Tilly aus Heidelberg geraubten und – als Schenkung Maximilians von Bayern an den Papst – nach Rom verbrachten Werke der Heidelberger Bibliotheca Palatina.[122] Diese befanden sich überwiegend noch in Rom, einige dieser Werke waren jedoch von Napoleon aus Rom nach Paris geschafft worden. Dieser Pariser Teil der Bibliotheca Palatina wurde

---

116 *Weber,* Kulturgut, S. 225 f.

117 *Jayme,* Rechtsfrage, S. 144.

118 *Jayme,* Antonio Canova und das nationale Kunstwerk, S. 182.

119 *Jayme,* Antonio Canova: Die politische Dimension der Kunst, S. 5.

120 *Jayme,* Antonio Canova: Die politische Dimension der Kunst, S. 4.

121 *Jayme,* Rechtsfrage, S. 145.

122 Über diese allgemein *Berschin,* Die Palatina in der Vaticana.

1815 auf Bitten der Heidelberger Universität an diese zurückgegeben. Der Papst, aus dessen Sammlung die Werke nach Paris gelangt waren, konnte nunmehr – da er auf der Grundlage der Gedanken *Canovas* zur Nationalität von Kunstwerken die Rückgabe der ihm genommenen Werke erreicht hatte – nicht umhin, der Rückführung der Werke nach Heidelberg zuzustimmen.[123]

Dieser Erfolg bestärkte die Heidelberger darin, die gesamte Bibliotheca Palatina zurückzufordern. Der Heidelberger Bibliothekar und Professor *Wilken* wandte sich mit diesem Anliegen an Papst Pius VII., der es jedoch weitenteils ablehnte und auf die Legalität der Schenkung Maximilians von Bayern, den Zeitablauf, die Rechtssicherheit und die Bedeutung der Werke der Palatina für die Kirche und den römischen Staat verwies. Lediglich bezüglich 847 Büchern, die in deutscher Sprache verfasst waren, setzte sich *Wilken* mit dem Argument der nationalen „Heimat" von Kunstwerken gegenüber dem Papst durch.[124] Diese Werke, die einen wesentlichen Teil der deutschen Literatur des Mittelalters und wichtige Materialien zur deutschen und pfälzischen Geschichte enthalten, kehrten 1816 nach Heidelberg zurück.[125]

cc. Der Schutz der einheimischen Kunstwerke – das Edikt Doria Pamphili

Auch das erste Beispiel für ein Exportverbot für Kunstwerke stammt aus Rom aus der Zeit um 1800. Dort bestand aufgrund der großen Verluste an Kunstwerken, die Rom infolge der Niederlage gegen die Franzosen und des Vertrags von Tolentino erlitten hatte, der Wunsch, Regelungen zum Schutz von Antiken und Kunstwerken zu erlassen. Der Kämmerer von Papst Pius VII., Kardinal *Doria Pamphili*, erließ am 1. Oktober 1802 ein nach ihm benanntes Edikt, das die Ausfuhr von Antiken aus Rom verbot und zugleich den Schutz von in Rom befindlichen Denkmälern anordnete. Dieses Edikt beschrieb bereits detailliert, welche antiken Gegenstände nicht exportiert werden durften. Auch Gemälde waren von diesem Edikt erfasst. Allerdings war nicht die Ausfuhr sämtlicher Gemälde untersagt, sondern nur solcher, die für die Ausbildung bedeutsam oder aus anderen Gründen berühmt waren. Die Ausfuhr anderer Gemälde bedurfte einer Genehmigung.[126]

3. Mancini und der Rechtsbegriff der Nation

Nachdem die Idee nationaler Kunst an vielen Orten Europas Fuß gefasst hatte, ließ die durch die Kunst vielfach geforderte nationale Einigung auf politischer Ebene vielerorts noch Jahrzehnte auf sich warten. Bereits vor der Gründung vie-

---

[123] *Jayme,* Rechtsfrage, S. 146.

[124] *Jayme,* Rechtsfrage, S. 147.

[125] *Mittler,* Raub oder Rettung, S. 478.

[126] *Jayme,* Antonio Canova und das nationale Kunstwerk, S. 172.

ler der Nationalstaaten hatte jedoch ein weiterer Italiener, der Jurist *Mancini*, den Rechtsbegriff der Nation geprägt.

In seiner 1851 gehaltenen Antrittsvorlesung an der Universität von Turin sprach *Mancini* über die *„Nationalität als Grundlage des Völkerrechts"*. Ausgangspunkt seiner Betrachtungen zur Nation war das Individuum. Der Zusammenschluss verschiedener Individuen führt nach seiner Auffassung zur Bildung einer „Nation", die über ein Selbstbestimmungsrecht nach innen wie nach außen gegenüber anderen Staaten verfüge.[127]

Die Nation war *Mancini* zufolge strikt vom „Staat" zu unterscheiden, dem seine Macht durch einen Gesellschaftsvertrag übertragen werde und der sich darin auch von der Nation unterscheide. Deren Grundlage seien nämlich verbindende objektive Merkmale wie Rasse, Sprache, Lebensgewohnheiten und Gesetze und darüber hinaus das Bewusstsein einer gemeinsamen Nation.[128]

Indem *Mancini* den Begriff der „Nation" erstmals in die rechtswissenschaftliche Diskussion einführte, erhielt dieser die Qualität eines Rechtsbegriffs. *Mancini* hat damit einen wesentlichen Beitrag dafür geleistet, dass Kunstwerke heute auch in rechtlicher Hinsicht einer Nation zugeschrieben werden können.

4. Kaiserzeit und Weimarer Republik – politische Vereinnahmung

Lässt man den Blick zurück nach Deutschland schweifen, kann man feststellen, dass es mit der Reichsgründung 1871 in Deutschland zu einer neuen Welle von politischem Nationalismus und Imperialismus kam, der sich nicht mehr nur gegen Frankreich, sondern verstärkt auch gegen England richtete, das in jüngerer Zeit erhebliche Erfolge in seiner Kolonialpolitik verzeichnen konnte. Dieses politische Umfeld führte dazu, dass auch die Auseinandersetzung mit der Kunst wieder einen verstärkt nationalen Charakter annahm.[129] Abermals versuchte man, möglichst viele Kunstwerke für die deutsche Nation zu vereinnahmen, um die eigene Vormachtstellung auch in kultureller Hinsicht zu begründen.[130] Dass dies teilweise zu aus heutiger Sicht erstaunlichen Ergebnissen führte, mag *Langbehns* erfolgreiches Werk „Rembrandt als Erzieher" verdeutlichen, das damals weite Verbreitung fand. *Langbehn* kam darin zum Ergebnis, dass es sich bei *Rembrandt* um einen deutschen Künstler handele.

Neben der großen Begeisterung für *Rembrandt* gab es einen weiteren Künstler, der, obwohl nicht deutscher Staatsangehörigkeit, im Deutschland der Kaiserzeit

---

127 *Jayme,* JuS 1988, 933, 934; *ders.*, Nation und Staat im internationalen Privatrecht, S. 6.

128 *Jayme,* JuS 1988, 933, 934.

129 *Nipperdey,* Arbeitswelt und Bürgergeist, S. 813 f.

130 *Halbertsma,* Wilhelm Pinder, S. 106.

sehr verehrt wurde: der Schweizer *Böcklin*. Der romantische Charakter seiner Werke passte sehr gut in die neuromantische Grundstimmung der damaligen Zeit. *Böcklin* verkörperte nach Auffassung seiner Zeitgenossen die als typisch deutsch geltende Eigenschaft des tief empfindenden Menschen.[131] So wurden seine Werke von den konservativen Kunstkritikern als deutsche Kunst gepriesen.[132]

Die Vereinnahmung eines Schweizers für die deutsche Kunst blieb jedoch nicht ohne Widerrede. Unter anderen wandte sich in seiner polemischen Schrift *„Der Fall Böcklin und die Lehre von den Einheiten"*[133] der Kunsthistoriker *Maier-Graefe* gegen dieses deutschtümelnde Kunstverständnis. In der überbordenden Bewunderung *Böcklins* sah er einen Fall nationaler Borniertheit, die mit einem Niedergang des Geschmacks nicht nur in der Kunstbetrachtung einherging. Stattdessen forderte *Maier-Graefe* die Anerkennung der wichtigen Errungenschaften des französischen Impressionismus auch in Deutschland.[134] Dieser Protest mag auch verdeutlichen, wie sehr damals politische Grundhaltungen Eingang in die Kunstkritik fanden und umgesetzt wurden.

Aber auch im Ausland lässt sich die Tendenz ausmachen, die eigene Kunst und Kultur – teilweise übermäßig und nicht immer mit ganz lauteren Mitteln – zu loben und ihre Überlegenheit darzustellen. Auf die verschiedenen Versuche deutscher Autoren, die Eigenständigkeit der deutschen Kunst zu belegen, antwortete im Jahr 1916 *Mâle*, ein bekannter französischer Kunstkritiker. Er veröffentlichte eine Reihe von Studien, deren Ziel es war, der deutschen Kunst und Architektur jegliche Eigenständigkeit streitig zu machen. Der Protest der deutschen Seite auf diese Provokation ließ nicht lange auf sich warten. Zahlreiche deutsche Autoren kritisierten *Mâles* Ausführungen zum Teil sehr heftig. Ein wesentlicher Angriffspunkt war, dass die Auswahl der Werke, mit deren Hilfe *Mâle* die Ideenlosigkeit der deutschen Kunst nachweisen wollte, nicht repräsentativ für die deutsche Kunst sei.[135]

Den Überlegungen zum Verhältnis von Kunst und Nation fehlte zunächst häufig ein wissenschaftlich-methodisches Fundament. Die Forschung in anderen wissenschaftlichen Disziplinen machte es jedoch zunehmend möglich, auch in der Kunstgeschichte in eine tiefere Diskussion über dieses Verhältnis einzusteigen. So gewann die Vorstellung an Bedeutung, dass der Künstler durch seine Umwelt beeinflusst wird und sich diese Einflüsse auch in seinen Werken wiederfinden. Maßgeblich beeinflusst haben diese Vorstellung die „Anthropo-Geographie"

---

[131] *Engels,* Auf der Suche nach einer „deutschen" Kunst, S. 79 f.

[132] *Engels,* Auf der Suche nach einer „deutschen" Kunst, S. 78 f.

[133] *Maier-Gräfe,* Der Fall Böcklin und die Lehre von den Einheiten.

[134] *Maier-Gräfe,* Der Fall Böcklin und die Lehre von den Einheiten, S. 270 f.

[135] *Gebhardt,* Das Deutsche in der deutschen Kunst, S. 16.

von *Ratzel* sowie die „Völkerpsychologie" von Wundt, die damit die Grundlage für die zu Beginn des 20. Jahrhunderts weit verbreitete und ab 1916 als „Kunstgeographie" bezeichnete Auffassung legten, dass die Kunst auch geografisch beeinflusst sei.[136]

Zu Beginn des 20. Jahrhunderts lässt sich in der kunstgeschichtlichen Forschung noch eine weitere Tendenz ausmachen: das akribische Erfassen von Kunstdenkmälern in Deutschland. Einen wesentlichen Beitrag hierfür leistete *Dehio*, der in seinem *„Handbuch der deutschen Kunstdenkmäler"* eine Vielzahl bedeutender Gebäude aufnahm und diese auch beschrieb. *Dehios* Handbuch war in der Folgezeit die Grundlage für viele Publikationen über die deutsche Kunstgeschichte. Auch er selbst verfasste mit der *„Geschichte der deutschen Kunst"* eine Abhandlung, die auf dem von ihm geschaffenen Grundstock aufbaute.

Jedoch waren nicht alle Autoren der damaligen Zeit damit beschäftigt, das Fundament für ihre Publikationen ständig zu vergrößern. Es lässt sich vielmehr auch die gegenläufige Tendenz ausmachen. So griffen einige Autoren für ihre Veröffentlichungen nur auf eine sehr kleine Auswahl an Kunstwerken zurück, die sie sodann einer nationalistischen Betrachtung unterzogen. Es versteht sich, dass dies stets solche Werke waren, an denen sich das Gewünschte – häufig bestimmte nationale Eigenschaften von Kunstwerken – besonders gut darstellen ließ. Werke, die sich hierfür nicht so gut eigneten, fanden hingegen keine Erwähnung. Als Beispiel für diese unrühmliche Tendenz mag ein für den Schulgebrauch gedachter Bildatlas von *Jantzen* aus dem Jahr 1913 dienen, der ein unvollständiges und daher verzerrtes Bild der nationalen Kunst zeichnet.[137] Sicher war auch in *Dehios* Schriften ein gewisser Nationalstolz zu finden, und auch ihm war daran gelegen, die besonderen Leistungen des deutschen Volkes in Kunst und Architektur aufzuzeigen. Seine Schlussfolgerungen hingegen blieben stets auf der Grundlage seiner sehr umfangreichen Beobachtungen. Engführungen der zuvor beschriebenen Art, wie sie sich bei anderen – und wie das Beispiel *Mâles* zeigt, nicht immer nur deutschen – Autoren finden, lassen sich bei *Dehio* nicht ausmachen. Er wollte die Kunstwerke vielmehr aus ihrem geschichtlichen Umfeld, für das sie gemacht worden waren, heraus beschreiben und erklären. Nationale Eigenarten des deutschen Volkes spielten dabei nur eine untergeordnete Rolle. Mit dieser akribischen Arbeitsweise wandte er sich gegen die pauschale und teilweise unreflektierte Vereinnahmung zahlreicher Kunstwerke als deutsche Kunst.[138]

---

136 Siehe unten S. 114 ff.

137 *Gebhardt,* Das Deutsche in der deutschen Kunst, S. 30.

138 *Gebhardt,* Das Deutsche in der deutschen Kunst, S. 20 f.

Die vorstehenden Ausführungen machen deutlich, dass es viele Versuche gab, eine deutsche Vorherrschaft über den „Umweg" der Kunst zu begründen. Es liegt daher im Ergebnis sehr nahe, die Schriften all derjenigen, die nach dem nationalen, nordischen oder germanischen Wesen der Kunst fragen, in die nationalistische Ecke zu verbannen.[139] Bei vielen der genannten Autoren kann man diesen Schluss in der Tat ziehen. So versucht beispielsweise *Eberlein* in seinem 1934 erschienenen Werk *„Was ist deutsch in der deutschen Kunst"* eine Definition des Begriffs: Sie „ist die in Deutschland von deutschen Menschen deutsch geschaffene Kunst, die gewachsene, nicht die gezüchtete Kunst".[140] Nicht nur ist die Definition tautologisch, in ihr atmet auch der Geist nationalsozialistischer Verklärung des Deutschen. Ein weiteres schlimmes Beispiel ist das Buch „Kunst und Rasse" von *Schultze-Naumburg*, der sich hierin insbesondere gegen die moderne Kunst und Architektur wendet und diese mit nationalsozialistischen Gedanken zu denunzieren versucht. Einigen Bildern aus dem Almanach des Blauen Reiters[141] stellt er Darstellungen schwer kranker Menschen gegenüber und will so die Kunst der Maler des Blauen Reiters ebenfalls in den Bereich des Kranken verweisen.

Sämtliche der in dieser Zeit erschienenen Ausführungen, die sich mit der Frage nach der Nationalität von Kunstwerken beschäftigen, müssen also präzise danach untersucht werden, ob sie nur politische Propaganda oder aber kunstgeschichtliche Abhandlungen sind. Ein pauschales Urteil verbietet sich, doch liegt bei allen Schriften, die in der Zeit des Nationalsozialismus entstanden sind, der Verdacht eines – nationalsozialistischen – politischen Hintergrunds sehr nahe.

5. Ab 1945 – die Zweifel der Nachkriegszeit

Unmittelbar nach dem Ende des Zweiten Weltkriegs fand in Deutschland kaum eine Auseinandersetzung mit der Frage der „nationalen Kunst" statt. Der Missbrauch, den die Nationalsozialisten mit dem Begriff der „Nation" getrieben hatten, machte es für Künstler wie für Kunstkritiker und -historiker beinahe unmöglich, die Frage nach dem Deutschen in der Kunst zu stellen.[142]

Einige Autoren und auch Künstler gingen aufgrund der jüngsten Geschichte sogar so weit, dass sie den stark belasteten Begriff der „deutschen Kunst" in übergeordneten Bezeichnungen wie „Westkunst"[143] oder „abendländische

---

[139] Hierzu von *Halbertsma,* Wilhelm Pinder, S. 83.

[140] *Eberlein,* Was ist deutsch in der deutschen Kunst?, S. 16.

[141] *Kandinsky/Marc,* Der Blaue Reiter.

[142] *Bürger,* Die Zeit 4. Mai 2000, S. 53.

[143] Vgl. zu diesem Begriff etwa die gleichnamige Ausstellung von Laszlo Glozer und Kasper König in Köln im Jahr 1981, die sich ausweislich ihres Untertitels mit zeitgenössischer Kunst

Kunst" aufgehen lassen wollten. Man hoffte, sich der schwierigen Vergangenheit dadurch entledigen zu können, dass man die eigenen Werke als einen Teil der übernationalen, modernen Kunst begriff und so die Auseinandersetzung mit der jüngsten deutschen Geschichte vermeiden konnte.[144]

Aber nicht nur die Vergangenheit erschwerte die Auseinandersetzung mit der nationalen Kunst. Hinzu kam, dass es bald nach dem Ende des Zweiten Weltkriegs zwei deutsche Staaten gab. Die bereits existierenden Zweifel, ob es in der Kunst in Deutschland eine nationale Identität gab, wurden durch die Teilung Deutschlands noch verstärkt. Da jedoch nach Meinung vieler gerade diese Identität Voraussetzung einer nationalen Kunst war, war eine Auseinandersetzung mit der deutschen Kunst in dieser Zeit kaum möglich.

Erst in den 1980er-Jahren wagten einige Künstler im Fahrwasser der Kunstszene in England und Italien eine Abkehr vom internationalen Formalismus und schufen eine neue Form des deutschen Expressionismus, die in Berlin 1982 im Rahmen der Ausstellung *„Zeitgeist"* der Welt präsentiert wurde. *Beuys* wurde zu einer „Vaterfigur" dieser Entwicklung.[145]

Der Erste, der sich nach dem Ende des Zweiten Weltkriegs wieder aus akademischer Sicht mit der deutschen Kunst auseinandersetzte, war *Bandmann* im Jahr 1968.[146] Seitdem sind zwar einige Publikationen zu diesem Thema erschienen, aber auch heute noch ist die Frage nach der deutschen Kunst problembeladen. Als Beispiel mag ein Zitat aus dem Vorwort zum zweiten Band der erstmals 1999 erschienenen *„Geschichte der Kunst"* von *Warnke* dienen:

> „Dieses Buch über die deutsche Kunst verwendet nicht einen Satz auf die Frage, was das Wesen der deutschen Kunst ausmache."[147]

Seit dem Ende der Teilung Deutschlands hat das Interesse an dieser Frage wieder zugenommen. Die Kunsthistoriker *Clair,*[148] *Hofmann*[149] und *Belting*[150] haben sich in „Streitschriften" der Frage nach der Nationalität von Kunstwerken und der deutschen Kunst gewidmet, *Gebhard*[151] hat sich im Jahr 2004 sogar – erstmals nach dem Ende des Zweiten Weltkriegs wieder – der Aufgabe gewidmet, zu definieren, welche Kunstwerke seit den Ottonen als deutsch anzusehen sind.

---

seit 1939 beschäftigt. Als Rechtfertigung für die Bezeichnung wurde insbesondere darauf verwiesen, dass auch Kunst aus den Vereinigten Staaten von Amerika gezeigt werde.

144 *Belting,* Identität im Zweifel, S. 25.

145 *Belting,* Identität im Zweifel, S. 25 f.

146 *Bandmann,* Über das deutsche in der deutschen Kunst.

147 *Warnke,* Spätmittelalter und frühe Neuzeit, S. 8.

148 *Clair,* Die Verantwortung des Künstlers (1997).

149 *Hofmann,* Wie deutsch ist die deutsche Kunst? (1999).

150 *Belting,* Die Deutschen und ihre Kunst; *Belting,* Identität im Zweifel.

151 *Gebhardt,* Das Deutsche in der deutschen Kunst.

Eine weitere Auseinandersetzung mit diesen sehr aufschlussreichen Werken soll jedoch nicht an dieser Stelle, sondern im Zusammenhang mit den Kriterien zur Bestimmung der Nationalität von Kunstwerken und der hieran geäußerten Kritik erfolgen.[152]

II. Die Geschichte der gesetzlichen Regelungen zum Schutz nationaler Kunstwerke

1. Erste Regelungen zum Schutz von Kulturgut

Unbewegliches Kulturgut wurde bereits seit dem 15. Jahrhundert rechtlich geschützt. Dies zeigen zwei päpstliche Bullen von 1425 und 1462, welche die in Rom vorhandenen antiken Denkmäler vor ihrer Zerstörung schützen sollten.[153]

Der Gedanke, dass auch bewegliche Kulturgüter schützenswert sind, setzte sich erst im Laufe des 19. Jahrhunderts durch. Mit der Lex Pacca hatte der Kirchenstaat bereits im Jahr 1820 ein umfassendes Denkmalschutzgesetz vorgelegt, das – insoweit mag die Bezeichnung als Denkmalschutzgesetz irreführend sein – auch bewegliches Kulturgut schützt. Das Gesetz ordnete die Klassifizierung wertvoller Kunstwerke an und sah ein Vorkaufsrecht vor.[154] Zahlreiche europäische Staaten folgten diesem Beispiel und erließen ähnliche Regelungen.[155]

Im deutschen Kaiserreich hingegen ließ die Einführung entsprechender gesetzlicher Regelungen noch auf sich warten. Erst zu Beginn des 20. Jahrhunderts kam es auch in Deutschland auf Länderebene zu den ersten Denkmalschutzgesetzen – beispielsweise im Großherzogtum Hessen-Darmstadt (1902) und im Herzogtum Oldenburg (1911) –, die ebenfalls neben unbeweglichem auch bewegliches Kulturgut unter Schutz stellten. Mit maßgeblich dafür, dass trotz verschiedener auch weiterhin bestehender Vorbehalte gegenüber einer gesetzlichen Normierung des Kulturgüterschutzes auch in Deutschland zu dieser Zeit verschiedene gesetzliche Regelungen in Kraft treten konnten, war, dass der nationalen Frage zunehmend mehr Bedeutung zukam.[156] Da wichtige Kunstwerke als Zeichen nationaler Größe verstanden wurden,[157] konnte sich auch immer mehr die

---

[152] Vgl. insbesondere unten S. 153 f.

[153] *Thorn,* Internationaler Kulturgüterschutz, S. 38.

[154] *Uhl,* Handel, S. 74.

[155] Umfassende Aufzählung bei *Odendahl,* Kulturgüterschutz, S. 41.

[156] *Odendahl,* Kulturgüterschutz, S. 44.

[157] *Hammer,* Denkmalrecht, S. 134 ff.

Auffassung durchsetzen, dass es eine wichtige Aufgabe des Staats sei, für die Erhaltung dieser Werke zu sorgen.[158]

Ebenfalls am Übergang vom 19. zum 20. Jahrhundert fand der Kulturgüterschutz Eingang in das Kriegsvölkerrecht. Im Jahr 1899 wurden von 26 Staaten verschiedene Regelungen verabschiedet, zu denen auch das zweite Haager Abkommen betreffend die Gesetze und Gebräuche des Landkriegs zählte,[159] in welchem sich die Vertragsstaaten verpflichteten, die als Anlage zu dem Abkommen aufgenommenen Bestimmungen zu beachten. Diese Anlage wird bis heute als Haager Landkriegsordnung 1899 bezeichnet und enthält zahlreiche Vorschriften, die sich mit dem Schutz von Kulturgütern vor Zerstörung und vor Wegnahme in Kriegszeiten befassen.[160] Bereits wenig später, im Jahr 1907, wurde von 44 Teilnehmerstaaten das vierte Haager Abkommen betreffend die Gesetze und Gebräuche des Landkriegs beschlossen.[161] Auch dieses Abkommen enthielt eine Anlage, die bis heute als Haager Landkriegsordnung 1907 bezeichnet wird.[162]

Inhaltlich basierten die Regelungen der Haager Landkriegsordnung 1907 in weiten Teilen auf ihrer Vorgängerin von 1899, große Änderungen gab es nicht. Festzuhalten ist jedoch, dass der Schutzbereich in einigen Bereichen ausgeweitet wurde und die Neufassung ausdrücklich auch „geschichtliche Denkmäler" erfasste.[163]

2. Regelungen zum Schutz nationaler Kulturgüter

Die hier nur kurz vorgestellten gesetzlichen Regelungen haben sämtlich den Schutz von bestimmten Kulturgütern zum Gegenstand, zumeist jedoch ungeachtet dessen, ob es sich bei diesen Werken um *nationales* Kulturgut handelt. Da jedoch – nicht zuletzt aufgrund der Erfahrungen während und unmittelbar nach dem Zweiten Weltkrieg – in vielen Staaten zunehmend der Wunsch aufkam, bestimmte für die jeweilige Nation besonders bedeutende Kunstwerke auf dem eigenen Staatsgebiet zu halten, wurden verschiedene nationale gesetzliche Regelungen erlassen.[164] Diese unterscheiden sich insoweit in ihrer Zielrichtung etwas

---

[158] *Odendahl,* Kulturgüterschutz, S. 44.

[159] Abkommen, betreffend die Gesetze und Gebräuche des Landkriegs, RGBl 1901, 423.

[160] Bestimmungen betreffend die Gesetze und Gebräuche des Landkriegs, RGBl 1901, 436; vgl. hierzu *Odendahl,* Kulturgüterschutz, S. 108 f. mwN.

[161] Abkommen, betreffend die Gesetze und Gebräuche des Landkriegs, RGBl 1910, 107.

[162] Ordnung der Gesetze und Gebräuche des Landkriegs, RGBl 1910, 132.

[163] *Odendahl,* Kulturgüterschutz, S. 110.

[164] *Fechner,* Prinzipien des Kulturgüterschutzes, S. 12; *Thorn,* Internationaler Kulturgüterschutz, S. 42 f.

von den zuvor genannten Gesetzen, als sie nicht in erster Linie die Zerstörung oder sonstige Gefährdung von Kulturgütern, sondern deren Abwanderung verhindern wollen.

a. Die Weimarer Reichsverfassung und ihre Umsetzungsgesetze

Verfassungsrang erhielt der Kulturgüterschutz in Deutschland erstmals in der Weimarer Reichsverfassung (WRV) vom 11. August 1919.[165] Art. 150 Abs. 1 erklärte den Schutz von Kulturgütern zum Staatsziel[166] und erlegte dem Staat eine Schutzpflicht für die Denkmäler der Kunst, der Geschichte und der Natur auf. Art. 150 Abs. 2 WRV enthielt darüber hinaus eine Kompetenzzuweisung zugunsten des Reichs, Regelungen zur Verhütung der Abwanderung deutschen Kunstbesitzes in das Ausland zu treffen. Die Umsetzung dieser Ausfuhrkontrolle erfolgte durch die Verordnung über die Ausfuhr von Kunstwerken vom 11. Dezember 1919[167] nebst Ausführungsbestimmungen,[168] die auf der Grundlage eines Gesetzes über die vereinfachte Form der Gesetzgebung erlassen worden war.[169] Es führte einen Genehmigungsvorbehalt für die Ausfuhr solcher Kunstwerke ein, die in das „Verzeichnis der national wertvollen Kunstwerke" eingetragen waren und deren „Verbringung in das Ausland einen wesentlichen Verlust für den nationalen Kunstbesitz bedeuten würde".[170]

Im Jahr 1920 folgte auf derselben Ermächtigungsgrundlage eine weitergehende Verordnung zum Schutz solcher Denkmäler und Kunstwerke, die sich seit einiger Zeit in Gemeingebrauch befanden.[171] Nach dieser Verordnung[172] durften sämtliche beweglichen Gegenstände, die einen geschichtlichen, wissenschaftlichen oder künstlerischen Wert hatten, nur mit vorheriger Genehmigung veräußert, verpfändet, wesentlich verändert oder aus dem Reichsgebiet ausgeführt werden. Einen besonderen nationalen Bezug forderte diese Verordnung allerdings nicht.

---

165 *Hipp,* Schutz, S. 49.

166 *Odendahl,* Kulturgüterschutz, S. 58.

167 RGBl 1919, 1961. Der Wortlaut der Verordnung ist abgedruckt bei *Bernsdorff/Kleine-Tebbe,* Kulturgutschutz in Deutschland, S. 2 f.

168 Ausführungsbestimmungen zur Verordnung über die Ausfuhr von Kunstwerken vom 11. Dezember 1919, RGBl 1919, 1962. Der Wortlaut der Verordnung ist abgedruckt bei *Bernsdorff/Kleine-Tebbe,* Kulturgutschutz in Deutschland, S. 3.

169 Gesetz über eine vereinfachte Form der Gesetzgebung für die Zwecke der Übergangswirtschaft vom 17. April 1919, RGBl 1919, 394. Vgl. zu dieser Thematik *Odendahl,* Kulturgüterschutz, S. 60; *Hipp,* Schutz, S. 49 ff.; *Berndt,* Internationaler Kulturgüterschutz, S. 74 ff.

170 § 1 der Verordnung über die Ausfuhr von Kunstwerken vom 11. Dezember 1919 iVm § 1 Abs. 1 der Ausführungsbestimmungen zur Verordnung über die Ausfuhr von Kunstwerken vom 11. Dezember 1919.

171 *Berndt,* Internationaler Kulturgüterschutz, S. 77 ff.; *Hipp,* Schutz, S. 51.

172 Verordnung über den Schutz von Denkmalen und Kunstwerken vom 8. Mai 1920 I, 913 f.

Einige Länder – insbesondere Lippe (1920), Hamburg (1920) und Mecklenburg-Schwerin (1929) – erließen darüber hinaus eigene Gesetze zum Kulturgüterschutz, die als Voraussetzung für die Unterschutzstellung ebenfalls keinen besonderen Bezug des Werkes zur Nation verlangten.[173]

b. Regelungen anderer europäischer Staaten

Die Regelungen zum Schutz nationaler Kunstwerke waren nicht auf das Deutsche Reich beschränkt. Auch andere europäische Staaten haben – zum Teil fast zeitgleich – vergleichbare Regelungen erlassen. Pars pro Toto soll an dieser Stelle die Geschichte der französischen, italienischen und britischen Gesetzgebung zum Schutze nationalen Kulturguts im Überblick dargestellt werden.

aa. Frankreich

Grundstein der französischen Gesetzgebung zum Kulturgüterschutz ist das Gesetz über historische Denkmale vom 31. Dezember 1913.[174] Es führte Regelungen zur Klassifizierung – d. h. zur Unterschutzstellung – von beweglichen und unbeweglichen Gegenständen ein, an deren „Erhaltung aus historischen, künstlerischen, wissenschaftlichen oder technischen Gründen ein besonderes Interesse besteht“,[175] wobei als Interesse im Sinne dieser Vorschrift „ein gesteigertes Interesse für das nationale Kulturerbe“ zu verstehen war.[176]

Klassifizierte Gegenstände durften nicht ausgeführt werden. Im Gegenzug hatte der Eigentümer eines Werks, das gegen seinen Willen klassifiziert worden war, gemäß Art. 16 Abs. 2 Satz 2 des Gesetzes vom 31. Dezember 1913 einen Anspruch auf Zahlung einer Entschädigung, sofern ihm durch die Klassifizierung ein Schaden entstanden war.[177]

Kunstgegenstände, die nicht aufgrund des Gesetzes vom 31. Dezember 1913 unter Schutz standen, schützte erstmals das Gesetz vom 1. Mai 1920 über das Ausfuhrverbot von Kunstwerken und antiken Möbeln.[178] Die Ausfuhr der geschützten Werke blieb danach zwar möglich, erforderte allerdings die Zahlung einer teils erheblichen Exportsteuer.[179] Dies führte zu einer Verlagerung des

---

173 *Odendahl,* Kulturgüterschutz, S. 61 ff. mwN.

174 Loi du 31.12.1913 sur les monuments historiques, modifiziert durch Loi du 23.12.1970.

175 Art. 14 Abs. 1 der Loi du 31.12.1913 sur les monuments historiques.

176 *El-Bitar,* Der deutsche und der französische Kulturgüterschutz nach der Umsetzung der Kulturgüterrückgaberichtlinie, S. 32.

177 *Weber,* Kulturgut, S. 293; *Uhl,* Handel, S. 79 f.; *El-Bitar,* Der deutsche und der französische Kulturgüterschutz nach der Umsetzung der Kulturgüterrückgaberichtlinie, S. 37.

178 Loi du 1.5.1920 prohibitant l'exportation des objets d'art et ameublement anciens et soumettant à des droits des sortie ceux de ces objets dont l'exportation aura été autorisée.

179 *Weber,* Kulturgut, S. 281.

Kunsthandels aus Frankreich nach London und Genf und dazu, dass der Anwendungsbereich des Gesetzes bereits ein Jahr später erheblich eingeschränkt wurde.

Das erste Gesetz, das ausdrücklich *nationales* Kulturgut als Schutzgut bezeichnete, war das von der Vichy-Regierung erlassene Gesetz Nr. 41-2595 vom 23. Juni 1941 über die Ausfuhr von Kunstwerken.[180] Nach Art. 1 Abs. 1 dieses Gesetzes war die Ausfuhr von „Objekten nationaler geschichtlicher oder künstlerischer Bedeutung" genehmigungspflichtig.[181] Es umfasste nur fünf Artikel, in welchen die grundlegenden Fragen der Ausfuhr von Kulturgütern festgelegt waren. Die Details wurden durch sogenannte Exportmitteilungen *(„avis aux exportateurs")* auf der Grundlage eines Dekrets vom 30. November 1944 geregelt.[182] In diesen Exportmitteilungen wurde der Genehmigungsvorbehalt auf Objekte ohne besondere nationale Bedeutung ausgedehnt.[183] Über die Möglichkeit, die Ausfuhr – ohne Entschädigung – zu versagen, hinaus hatte der Staat gemäß Art. 2 Abs. 1 des Gesetzes vom 23. Juni 1941 die Möglichkeit, das zum Export vorgesehene Werk zu dem im Ausfuhrgesuch genannten Wert zu erwerben.

Das Gesetz vom 23. Juni 1941 bestand auch nach dem Ende des Zweiten Weltkriegs noch längere Zeit fort. Erst 1993 wurde es durch das Gesetz Nr. 92-1477 vom 31. Dezember 1992 betreffend die im Warenverkehr bestimmten Beschränkungen unterliegenden Güter sowie durch die begleitende Verfügung vom 29. Januar 1993 aufgehoben.[184]

Das Gesetz vom 31. Dezember 1992 enthielt viele Regelungen der europäischen Verordnung Nr. 3911/92/EWG[185] und integrierte diese (überflüssigerweise) in das französische Recht. Es kannte drei verschiedene Arten von Kulturgütern, für die jeweils unterschiedliche Bestimmungen galten.

---

[180] Loi n° 41-2595 du 23.6.1941 relative à l'exportation des œuvres d'art; geändert durch Décret n° 58-1063 du 7.11.1958.

[181] Art. 1 Abs. 1 dieses Gesetzes lautet wie folgt: „Les objets présentant un intérêt national d'histoire ou d'art ne pourront être exportés sans une autorisation du secrétaire d'Etat à l'education nationale et à la jeunesse."

[182] Décret du 30.11.1944 fixant les conditions d'exportation et de réexportation des marchandises hors de France et des territoires d'outre-mer à destination d'étranger, et établissant certaines formalités au point de vue des échanges entre la France et les territoires français d'outre-mer; zitiert nach *Weber,* Kulturgut, S. 282.

[183] *Weber,* Kulturgut, S. 283 f.

[184] Loi n° 92-1447 du 31.12.1992 relative aux produits soumis à certaines restrictions de circulation et à la complementarité entre les services de police, de gendarmerie et de douane; Décret n° 93-124 du 29.1.1993 relatif aux biens culturels soumis à certaines restrictions, modifiziert durch Décret n° 95-24 und 2001-894.

[185] Verordnung (EWG) Nr. 3911/92 des Rates vom 9. Dezember 1992 über die Ausfuhr von Kulturgütern, ABlEG Nr. L 395, S. 1; siehe unten S. 75 ff.

Die erste Gruppe bildeten die nationalen Schätze *(„trésors nationaux")*, wobei dieser Begriff in Art. 4 des Gesetzes vom 31. Dezember 1992 erstmals legal definiert wurde.[186] Als nationale Schätze galten danach einerseits Kulturgüter, die zu öffentlichen Sammlungen *(„collections publics")* oder zu den Sammlungen der französischen Museen *(„collections des musées de France")* zählten, andererseits Gegenstände, die nach dem Gesetz über historische Denkmale vom 31. Dezember 1913 oder dem Archivgesetz Nr. 79-18 vom 3. Januar 1979[187] klassifiziert worden waren, sowie solche Kulturgüter *(„biens culturels")*, die für das nationale Erbe *(„patrimoine national")* von besonderem Interesse *(„intérêt majeur")* waren. Ein Export der nationalen Schätze war aufgrund der Fortgeltung des Gesetzes vom 31. Dezember 1913 nach wie vor verboten. Die nationalen Schätze bilden außerdem zugleich diejenige Gruppe von Kulturgütern, die aufgrund von Art. 36 AEUV von der Warenverkehrsfreiheit ausgenommen sind.[188]

Daneben standen diejenigen Kulturgüter, die zwar nicht als nationaler Schatz anzusehen waren, die aber dem Anwendungsbereich der Verordnung Nr. 3911/92/EWG unterfallen und für die damit bei der Ausfuhr aus dem Gebiet der Europäischen Union besondere Regeln gelten.

Alle weiteren Kulturgüter bilden schließlich die dritte Gruppe. Sie können aus Frankreich wie aus der Europäischen Union ohne Weiteres exportiert werden.

Die bisherigen Regelungen wurden weitenteils mit der Einführung des Code du patrimoine[189] im Jahr 2004 außer Kraft gesetzt. Da allerdings noch nicht alle Ausführungsvorschriften zum Code du patrimoine vorliegen, gelten die früheren Regelungen – und damit auch einige Regelungen des Gesetzes vom 31. Dezember 1992 – so lange fort, bis die entsprechenden Regelungen auf der neuen Rechtsgrundlage erlassen worden sind.

bb. Italien

Beschränkungen der Ausfuhr von Kunstwerken haben in Italien eine lange Tradition. Bereits 1602 wurde in der Toskana ein Gesetz erlassen, das den Export von Gemälden aus Florenz beschränkte. Die Ausfuhr von Gemälden von 18 bekannten Künstlern, unter ihnen *Correggio, Michelangelo, Raffael, Leonardo da Vinci* und *Tizian*, war damals bereits vollständig verboten.[190]

---

[186] *El-Bitar,* Der deutsche und der französische Kulturgüterschutz nach der Umsetzung der Kulturgüterrückgaberichtlinie, S. 57.

[187] Loi n° 79-18 du 3.1.1979 sur les archives.

[188] Siehe zu Art. 36 AEUV unten S. 65 ff.

[189] Code du patrimoine – Partie Législative, Loi n° 2004-1343 du 9.12.2004; die derzeit gültige Fassung des Code du patrimoine kann im Internet unter http://www.culture.gouv.fr/culture/infos-pratiques/droit-culture/patrimoine/pdf/code_du_patrimoine.pdf abgerufen werden. Zu den Regelungen des Code du patrimoine siehe unten S. 51 ff.

[190] *Weber,* Kulturgut, S. 307 f.; *Uhl,* Handel, S. 74.

Nach der Einigung Italiens im Jahr 1851 dauerte es einige Zeit, bis einheitliche Regelungen zum Schutz von Kulturgütern erlassen wurden. Im Jahr 1902 trat mit Art. 23 des Gesetzes vom 12. Juni 1902[191] eine Regelung in Kraft, aufgrund derer besonders wichtige Kulturgüter katalogisiert werden mussten. Deren Ausfuhr war verboten, wenn sie „einen großen Schaden für das künstlerische Vermögen und die Geschichte" darstellen würde.[192] Wenige Jahre später wurde durch Art. 8 Abs. 1 des Gesetzes vom 20. Juni 1909[193] die Ausfuhr weiterer Kunstwerke verboten, wenn diese einen wesentlichen Verlust für die Archäologie oder die Kunst zur Folge hätte.[194]

Die Regelungen zu Beginn des 20. Jahrhunderts stellten Kunstwerke auch dann unter Schutz, wenn diese über keinen besonderen nationalen Bezug verfügten. Einen solchen forderte hingegen das Gesetz Nr. 1089 vom 1. Juni 1939[195] durch einen Verweis auf Art. 9 Abs. 2 der italienischen Verfassung, wo festgelegt ist, dass das nationale geschichtliche und künstlerische Erbe zu schützen ist.[196] Dieses Gesetz galt bis 1999. Allerdings bestanden daneben zahlreiche weitere Regelungen, deren Anzahl – so *Asam* – an die Anzahl der nationalen Kulturgüter erinnerte.[197]

Abgelöst wurde das Gesetz durch die Rechtsverordnung vom 29. Oktober 1999,[198] die auf der Grundlage des Gesetzes vom 8. Oktober 1999, Nr. 352 erlassen worden war.[199] Nach Art. 65 Abs. 1 dieser Verordnung war die dauerhafte Ausfuhr von geschützten Kulturgütern verboten, wenn sie einen Schaden für das nationale geschichtliche und kulturelle Erbe begründen würde. Selbst die nur vorübergehende Ausfuhr bedurfte nach Art. 69 der Genehmigung. Von den Beschränkungen ausgenommen waren gemäß Art. 2 Abs. 6 der Verordnung ins-

---

191 Legge 12.6.1902, n. 185, portante disposizioni circa la tutela e la conservazione dei monumenti ed oggetti aventi preggio d'arte o d'antiquità.

192 In der italienischen Originalfassung: „un danno grave per il patrimonio artistico e per la storia"; *Weber,* Kulturgut, S. 309.

193 Legge 20.6.1909, n. 364, Norme per l'inalienabilità delle antichità e delle belli arti.

194 *Weber,* Kulturgut, S. 309.

195 Legge 1089/1939, Tutela delle cose di interesse artistico e storico, Gazetta Ufficiale Nr. 184 vom 8. August 1939.

196 *Jayme,* Rechtsfrage, S. 131; zu den Regelungen dieses Gesetzes ausführlich *Uhl,* Handel, S. 74 ff.

197 *Asam,* Rechtsfragen des illegalen Handels mit Kulturgütern, S. 1659; einen Überblick über diese Regelungen gibt *Uhl,* Handel, S. 74, insbesondere Fn. 252.

198 Decreto legislativo 29.10.1999, n. 490, Testo unico delle disposizioni legislative in materia di beni culturali e ambientali, e norma dell'articolo I della legge 8 ottobre 1999, n. 352.

199 Vgl. zu diesem Gesetz umfassend *Ulmar,* Rechtsverkehr und Handel mit Kulturgütern aus Italien; ferner *Weber,* Kulturgut, S. 317 ff.; *Asam,* Rechtsfragen des illegalen Handels mit Kulturgütern, S. 1659 f.

besondere Werke noch lebender Künstler sowie solche Werke, die vor weniger als 50 Jahren geschaffen wurden.

Bereits 2004 kam es jedoch abermals zu einer umfassenden Neuregelung des italienischen Kulturgüterschutzes durch den Codice dei beni culturali e del paesaggio vom 22. Januar 2004, der nach dem verantwortlichen Minister auch als Codice Urbani bezeichnet wird.[200]

Vielfach wird die in Italien bestehende lange Tradition besonders strenger Ausfuhrregeln als Ausfluss eines „nationalistischen Kulturprotektionismus"[201] gesehen. Dieser vordergründig plausiblen Vermutung ist jedoch entgegenzuhalten, dass Italien aufgrund seiner besonders hohen Anzahl wertvoller Kunstwerke stets besonders von Kunstdiebstählen und Raubgrabungen betroffen war. Noch heute werden in Italien jährlich mehr als zwanzigtausend Kulturgüter gestohlen.[202] Auch wenn man also ein gewisses Maß an Kulturprotektionismus nicht in Abrede stellen kann, mag man in dieser unglaublich hohen Anzahl an Diebstählen jedenfalls auch einen Grund für strenge Regeln zum Schutz des einheimischen Kulturguts sehen.

cc. Großbritannien

Die erste Regelung zum Schutz von Kulturgütern trat in Großbritannien zu Beginn des Zweiten Weltkriegs in Kraft.[203] Der Import, Export and Custom Power (Defence) Act 1939 galt ursprünglich als Notgesetz, um in Kriegszeiten die Versorgung mit Rohstoffen sicherzustellen und die Kapitalflucht einzudämmen. Erst seit 1940 unterfielen auch Kunstgegenstände dieser Regelung, die dem Staat die Möglichkeit einräumte, deren Ausfuhr entschädigungslos zu verhindern.[204] Auf der Grundlage des Gesetzes von 1939 ergingen im Laufe der Zeit verschiedene „Export of Goods (Control) Orders",[205] welche die Details der Ausfuhr regelten. Erst im Jahr 1990 kam es zu einer Ergänzung des Import, Export and Custom Power (Defence) Act 1939 dahingehend, dass dieser nunmehr auf unbestimmte Zeit – und damit unabhängig vom Vorhandensein der Notsituation des Jahres 1939 – galt.[206]

---

[200] Zu den Regelungen des Codice dei beni culturali e del paessagio siehe *Thorn*, Internationaler Kulturgüterschutz, S. 212 ff., sowie unten S. 55 ff.

[201] *Thorn*, Internationaler Kulturgüterschutz, S. 212.

[202] *Prott*, Commentary on the Unidroit Convention on Stolen and Illegally Exported Cultural Objects 1995, S. 89.

[203] *Polonsky/Canat*, ICLQ 1996, 557, 561 f.

[204] *Weber*, Kulturgut, S. 332; *Thorn*, Internationaler Kulturgüterschutz, S. 198.

[205] Statutory Instrument 2003 No. 2759.

[206] Explanatory Notes to Export Control Act 2002, No. 3.

Zu Beginn des 21. Jahrhunderts wurde auch in Großbritannien der Kulturgüterschutz für Exporte innerhalb der Europäischen Union auf eine neue gesetzliche Grundlage gestellt. Auf der Grundlage des „Export Control Act 2002“ erging die „Export of Objects of Cultural Interest (Control) Order 2003“, die am 1. Mai 2004 in Kraft getreten ist.[207]

Wann ein Kunstwerk Teil des britischen Kulturerbes und ihm die Ausfuhr damit zu verweigern ist, beurteilt sich seit den 1950er Jahren bis heute nach den drei *„Waverley Kriterien“* – benannt nach *Viscount Waverley*, dem Vorsitzenden einer Kommission, die Vorschläge zur Regelung der Ausfuhr von Kulturgütern unterbreiten sollte.[208] Die *Waverley-Kriterien* sollen im Zusammenhang mit den aktuellen rechtlichen Regelungen zum Kulturgüterschutz beleuchtet werden.

---

[207] Zu diesen Regelungen siehe die nachfolgenden Ausführungen S. 58 ff.

[208] *Weber*, Kulturgut, S. 333; zur Geschichte der *Waverley-Kriterien* insbesondere Wang, IJCP 2008, 227, 228 ff.

4. Kapitel: Aktuelle gesetzliche Regelungen und Diskussionen zum Schutz nationaler Kunstwerke

Regelungen zum Schutz nationalen Kulturguts finden sich auf verschiedenen rechtlichen Ebenen. Auf der Ebene des nationalen Rechts verfügen sehr viele Staaten über entsprechende Regelungen. Im deutschen Recht übernimmt diese Aufgabe im Wesentlichen das Kulturgutschutzgesetz, in Frankreich der Code du patrimoine, in Italien der Codice Urbani und in Großbritannien die Export of Objects of Cultural Interest (Control) Order 2003. Auf europäischer Ebene findet sich nicht nur in Art. 36 AEUV ein Ausnahmetatbestand für nationale Kulturgüter, sondern deren Schutz bezwecken vor allem auch die Richtlinie 93/7/EWG und die Verordnung (EG) Nr. 116/2009. Im internationalen Bereich ist es vor allem die UNESCO-Konvention über Maßnahmen zum Verbot und zur Verhütung der rechtswidrigen Einfuhr, Ausfuhr und Übereignung von Kulturgut vom 14. November 1970[209], die den Schutz nationaler Kulturgüter sicherstellen soll. Darüber hinaus wird auf akademischer Ebene diskutiert, ob die Nationalität von Kunstwerken einen Restitutionsanspruch auslösen oder Einfluss auf die kollisionsrechtliche Frage haben kann, welcher Rechtsordnung dieses Kunstwerk unterliegt.

Im Folgenden sollen diese Regelungen und Diskussionen dargestellt werden. Dies ist unerlässlich, weil die Bedeutung eines juristischen Begriffs nicht zuletzt durch Inhalt und Ziel der jeweiligen Rechtsnormen bestimmt wird.[210] So ist es möglich, dass demselben Rechtsbegriff an verschiedenen Stellen unterschiedliche Bedeutungen beigemessen werden, insbesondere wenn hier verschiedene Rechtskreise betroffen sind.

Diese verschiedenen Rechtskreise führen noch zu einem weiteren, darstellungstechnischen Problem. Da die europäische Richtlinie und die UNESCO-Konvention 1970 der Umsetzung in nationales Recht bedurften, lassen sich diese sowohl der nationalen als auch einer internationalen Ebene zuordnen. Um Doppelungen zu vermeiden, werden diese Regelungen ausführlich in demjenigen Rechtskreis dargestellt, dem sie ursprünglich angehören.[211] Auf der nationalen Ebene werden nur noch die jeweiligen Besonderheiten der Umsetzungsgesetze gewürdigt.

---

[209] BGBl 2007 II 626, für Deutschland in Kraft seit dem 29. Februar 2008.

[210] *Hanisch,* Der Fall Liotard, S. 22.

[211] Siehe unten S. 68 ff. und S. 80 ff.

Der folgende Kriterienkatalog befasst sich wie die gesamte vorliegende Arbeit überwiegend mit solchen Regelungen oder Diskussionen, die an die Nationalität von Kunstwerken anknüpfen. Daneben bestehen zahlreiche weitere Regelungen kulturgüterschützender Natur, die verschiedenste Rechtsfolgen an zahlreiche andere Merkmale knüpfen, die jedoch nicht Gegenstand dieser Arbeit sind.

I. Nationale Regelungen

1. Das deutsche Kulturgutschutzgesetz

In der Bundesrepublik Deutschland wird der Schutz des nationalen Kulturerbes vor allem durch das Kulturgutschutzgesetz vom 6. August 1955 gewährleistet.[212] Obwohl die Verordnung über die Ausfuhr von Kulturgütern vom 11. Dezember 1919[213] zunächst auch nach dem Inkrafttreten des Grundgesetzes ihre Geltung behielt, bestand die formale Notwendigkeit, den Kulturgüterschutz in Deutschland auf eine neue gesetzliche Grundlage zu stellen.[214] Ausweislich der Begründung zum Kulturgutschutzgesetz wollte man zwar einerseits alle Arten von Kulturgütern unter Schutz stellen,[215] andererseits entschied man sich in Anlehnung an die Verordnung über die Ausfuhr von Kulturgütern vom 11. Dezember 1919, diesen Schutz nur bedeutenden Werken zuteil werden zu lassen.

Das Kulturgutschutzgesetz entstand unter dem Eindruck des Zweiten Weltkriegs. Viele Kunstwerke waren zerstört oder geplündert worden, sodass die verbliebenen nunmehr in Deutschland gehalten werden sollten. Hinzu kam ein weiterer, sehr bedeutender Umstand: Aufgrund der in der unmittelbaren Nachkriegszeit angespannten wirtschaftlichen Verhältnisse nicht zuletzt wegen der grassierenden Geldentwertung bis zur Währungsreform kam es zu einem Ausverkauf von Kunstwerken in Deutschland. Auch ihn wollte das Kulturgutschutzgesetz verhindern.[216]

Die Gesetzgebungskompetenz für den „Schutz deutschen Kulturguts gegen Abwanderung ins Ausland" liegt heute gemäß Art. 73 Abs. 1 Nr. 5a GG beim Bund. Jedoch war dies nicht immer so. In der Nachkriegszeit war der Kulturgüterschutz zunächst Gegenstand der konkurrierenden Gesetzgebung (Art. 74 Abs. 1 Nr. 5 GG), wurde aber 1994 in die Rahmenkompetenz überführt und war

---

212 BGBl 1955 I 501, idF der Bekanntmachung vom 8. Juli 1999 (BGBl I, 1754).

213 Siehe oben S. 35.

214 *Hipp*, Schutz, S. 66.

215 BT-Ds. II/76, S. 6.

216 *Jaeger*, Internationaler Kulturgüterschutz, S. 25; *Uhl*, Handel, S. 49; *Bila*, Kulturgüterschutz, S. 57.

fortan in Art. 75 Abs. 1 Nr. 6 GG zu finden. Seit der Föderalismusreform von 2006 befindet sich die Materie in der ausschließlichen Gesetzgebungskompetenz des Bundes.[217]

a. Eintragung in das Verzeichnis national wertvollen Kulturguts

Dem Kulturgutschutzgesetz unterfallen sämtliche Gegenstände, die – ähnlich dem Schutzkonzept der Verordnung über die Ausfuhr von Kunstwerken vom 11. Dezember 1919 – im *„Verzeichnis national wertvollen Kulturgutes"* aufgeführt sind.[218] In dieses Verzeichnis können Werke aufgenommen werden, deren „Abwanderung aus dem Geltungsbereich des Gesetzes einen wesentlichen Verlust für den deutschen Kulturbesitz" bedeuten würde.[219]

§ 18 Abs. 1 Kulturgutschutzgesetz schränkt den Kreis der eintragungsfähigen Werke jedoch insoweit ein, als national wertvolles Kulturgut, welches sich im öffentlichen Eigentum befindet und über dessen Veräußerung nur eine oberste Landes- oder Bundesbehörde entscheiden kann, nicht in den Anwendungsbereich des Kulturgutschutzgesetzes fällt und daher auch nicht eingetragen werden kann. Anderes national wertvolles Kulturgut im öffentlichen Eigentum kann (nunmehr[220]) gemäß § 18 Abs. 2 KulturgutschutzG auf Antrag in das Verzeichnis national wertvollen Kulturguts aufgenommen werden, sofern die allgemeinen Voraussetzungen der Eintragung erfüllt sind. Für kirchliche Kulturgüter gelten ebenfalls Sonderregeln in § 19 KulturgutschutzG.

aa. Deutscher Kulturbesitz

Was als *deutscher Kulturbesitz* anzusehen ist, definiert das Kulturgutschutzgesetz nicht. Der amtlichen Begründung lässt sich immerhin entnehmen, dass es der Gesetzgeber für unbeachtlich hielt, ob ein Gegenstand von einem Deutschen oder im deutschen Kulturkreis geschaffen wurde.[221] Auch Werke ausländischer Künstler sollen folglich in den Anwendungsbereich des Gesetzes fallen, wenn diese Werke als besonders wertvoller Bestandteil des deutschen Kulturbesitzes anzusehen sind.[222]

---

[217] Vgl. *Schack*, Kunst und Recht, Rn. 541, 704.

[218] Zuletzt als „Gesamtverzeichnis national wertvollen Kulturgutes und national wertvoller Archive" bekannt gegeben am 19. November 2008, BAnz Nr. 196a vom 24. Dezember 2008.

[219] § 1 Abs. 1 KulturgutschutzG.

[220] Diese Änderung des Kulturgutschutzgesetzes geht auf Art. 2 des Gesetzes zur Ausführung des UNESCO-Übereinkommens von 1970 über Maßnahmen zum Verbot und zur Verhütung der rechtswidrigen Einfuhr, Ausfuhr und Übereignung von Kulturgut vom 18. Mai 2007 (BGBl 2007 I 757, 2547) zurück; vgl. *Schuschke-Nehen*, Kulturgüterschutz, S. 169.

[221] BT-Ds. II/76, S. 15; so auch *Bernsdorff/Kleine-Tebbe*, Kulturgutschutz in Deutschland Teil A, § 1, Rn. 49.

[222] BT-Ds. II/76, S. 7.

Einigkeit hinsichtlich der Auslegung des Begriffs des „deutschen Kulturbesitzes" besteht insoweit, dass das Wort *deutsch* eine Ortsbestimmung ist, also nur solche Werke erfasst sind, die sich auf dem Territorium der Bundesrepublik Deutschland befinden.[223] Sobald ein Werk hingegen dauerhaft ins Ausland verbracht worden ist, zählt es nicht mehr zum deutschen Kulturbesitz.[224]

Allerdings zählt dazu nicht jedes in Deutschland dauerhaft belegene Kunstwerk. Dies ergibt sich aus der Begründung zum Kulturgutschutzgesetz, das nur Gegenstände schützen soll, die „nach ihrer künstlerischen Eigenart, nach ihrem kulturellen Wert oder durch ihre Bedeutung für die kulturelle Entwicklung in Deutschland"[225] zum deutschen Kulturbesitz zählen.

In die gleiche Richtung geht ein Beschluss der Kultusministerkonferenz vom 3. Dezember 1976,[226] der einen einheitlichen Vollzug des Kulturgutschutzgesetzes in den Ländern erreichen will.[227] Der Bezug eines Kunstwerks zur deutschen Kultur wird dort wie folgt umschrieben:

> „Als national wertvolles Kulturgut im Sinne von § 1 Abs. 1 des Gesetzes ist neben Kulturgut, das aus dem deutschen Kulturkreis stammt oder von einem Deutschen geschaffen wurde, insbesondere auch solches Kulturgut anzusehen, das (z. B. durch die Geschichte) mit Deutschland so stark verbunden ist, dass es zum deutschen Kulturbesitz gehört."[228]

Durch einen weiteren Beschluss der Kultusministerkonferenz vom 20. Mai 1983 sollte der Anwendungsbereich des Kulturgutschutzgesetzes erweitert und somit der bis dahin eher restriktiven Eintragungspraxis der Länder begegnet werden. Gemäß Nummer 6 dieses Beschlusses sollen überwiegend solche Werke in das Verzeichnis national wertvollen Kulturguts eingetragen werden, die über einen Bezug zur deutschen Kunst, Kultur oder Geschichte verfügen. Einzig bei Werken von „Künstlern, die einen internationalen Rang haben", soll gemäß Nummer 1 des Beschlusses dieser Bezug nicht erforderlich sein, was jedoch im Hinblick auf den Gesetzeszweck von verschiedenen Autoren für zu weitgehend gehalten wird.[229]

Darüber hinaus mag man sich die Frage stellen, ob ein besonderer *nationaler* Bezug eines Kunstwerks erforderlich ist, um den Schutz des Kulturgutschutz-

---

223 VGH Mannheim, NJW 1987, 1440; VG Hannover, NVwZ-RR 1991, 643, 644; OVG Lüneburg, NVwZ-RR 1993, 79, 82; siehe auch *Bernsdorff/Kleine-Tebbe*, Kulturgutschutz in Deutschland, Teil A, § 1, Rn. 51.

224 BT-Ds. 10/1098, S. 12 f.

225 BT-Ds. II/76, S. 7.

226 GMBl 1977, 85.

227 *Hönes*, BayVerwBl 1989, 38, 39.

228 GMBl 1983, 442.

229 So beispielsweise *Bernsdorff/Kleine-Tebbe*, Kulturgutschutz in Deutschland, Teil A, § 1, Rn. 54; *Uhl*, Handel, S. 156.

gesetzes auszulösen. Nach dem Gesetzeswortlaut ist dies zwar nicht der Fall, die vollständige Bezeichnung des Verzeichnisses *national* wertvollen Kulturguts weist aber darauf hin, dass eine nationale Beziehung gegeben sein muss, damit ein Gegenstand eingetragen werden kann. Gleiches ergibt sich aus der Begründung zum Kulturgutschutzgesetz, dass nur solches Kulturgut geschützt werden soll, das „national wertvoll" ist.[230]

Ein solcher nationaler Bezug wird weithin auch im Schrifttum zum Kulturgutschutzgesetz gefordert, häufig unter Nennung von möglichen Kriterien, die zur Beurteilung dieses Bezugs maßgeblich sein sollen.[231]

Eine weitere Begründung für das Erfordernis eines nationalen Bezugs ergibt sich aus den europarechtlichen Vorgaben. Ein auf der Grundlage des Kulturgutschutzgesetzes erlassenes Ausfuhrverbot widerspricht nämlich zunächst einmal der von Art. 34 ff. AEUV garantierten Warenverkehrsfreiheit.[232] Aufgrund des Anwendungsvorrangs des Europarechts hat dies grundsätzlich zur Folge, dass das deutsche Kulturgutschutzgesetz insoweit unanwendbar ist, wie es den Vorgaben des Europarechts widerspricht.[233] Allerdings statuiert Art. 36 AEUV eine Ausnahme vom Grundsatz der Warenverkehrsfreiheit, wenn das fragliche Ausfuhrverbot „zum Schutze [...] des nationalen Kulturguts von künstlerischem, geschichtlichem oder archäologischem Wert [...] gerechtfertigt" ist. Dieser Ausnahme unterfällt also nur „nationales Kulturgut". Weist also der zu schützende Gegenstand diesen nationalen Bezug nicht auf, dann greift auch die Ausnahme des Art. 36 AEUV nicht und ein aufgrund des Kulturgutschutzgesetzes verhängtes Ausfuhrverbot wäre rechtswidrig. Legt man das Kulturgutschutzgesetz hingegen europarechtskonform aus und versucht auf diese Weise, dessen teilweise Unanwendbarkeit zu vermeiden, hat dies zur Folge, dass nur nationales Kulturgut vom Kulturgutschutzgesetz erfasst ist.

Schwerer als die unklaren Vorgaben zu einem besonderen kulturellen Bezug wiegen jedoch die unterschiedlichen Ansätze bezüglich des Zuschreibungsobjekts. Vermutlich um den mit dem Begriff der Nation verbundenen Schwierigkeiten auszuweichen, verlangen verschiedene Autoren sowie Teile der deutschen Rechtsprechung – terminologisch nicht einheitlich – statt eines nationalen Bezugs eine besondere Verbindung zur deutschen Kultur. Sicher ist die Nation als Zuschreibungsobjekt schwer zu fassen.[234] Gleiches gilt allerdings für den Begriff des

230 BT-Ds. II/76, S. 7.

231 *Bernsdorff/Kleine-Tebbe,* Kulturgutschutz in Deutschland, Teil A, § 1, Rn. 55; vgl. zudem *Hönes,* BayVerwBl 1989, 38, 39; *Uhl,* Handel, S. 54 f.; *Kohls,* Kulturgüterschutz, S. 30.

232 Die den Kulturgüterschutz betreffenden Regelungen des AEUV werden auf S. 63 ff. ausführlich dargestellt.

233 EuGHE 1978, 629, 630 = NJW 1978, 1741, 1742 – Simmenthal.

234 Siehe insbesondere oben S. 12 ff.

Deutschen. Schon wegen der Einheitlichkeit der internationalen Diskussion und der europarechtlichen Vorgaben sollte maßgebliches Zuschreibungsobjekt auch in der deutschen Diskussion (jedenfalls auch) die jeweilige Nation sein. Nur so lässt sich eine europarechtskonforme und international durchsetzbare Praxis der Rechtsanwendung erreichen.

Der im 5. Kapitel dargestellte Katalog der für die nationale Zuschreibung maßgeblichen Kriterien muss daher auch zur Anwendung kommen, wenn es darum geht, ob das in Rede stehende Kunstwerk über den erforderlichen nationalen Bezug verfügt und deswegen – nach rechtstechnischer Lesart – als ein Teil des deutschen Kulturbesitzes anzusehen ist.

bb. Wesentlicher Verlust

Weitere Voraussetzung für die Eintragung eines Gegenstands in das Verzeichnis national wertvollen Kulturguts ist gemäß § 1 Abs. 1 KulturgutschutzG, dass seine Abwanderung aus der Bundesrepublik Deutschland einen *wesentlichen Verlust* für den deutschen Kulturbesitz bedeuten würde. Durch dieses Kriterium soll – entgegen der im Zusammenhang mit dem Verzeichnis aufgrund der Reichsverordnung vom 11. Dezember 1919 geübten Praxis – sichergestellt werden, dass der Anwendungsbereich des Kulturgutschutzgesetzes auf solche Werke beschränkt wird, die von „besonderem künstlerischem, kulturhistorischem, historischem oder literarischem Wert" sind.[235] Ähnlich sieht es auch das VG Hannover, das in einer Entscheidung aus dem Jahr 1989 ausgeführt hat, dass ein wesentlicher Verlust anzunehmen sei, wenn es sich um Objekte handelte, die „als dauernd besonders wertvoller Bestandteil deutschen Kulturbesitzes anzusehen seien".[236]

Maßgeblich ist also der – anhand verschiedener Kriterien zu bestimmende – ideelle Wert eines Kunstwerks, der losgelöst von einem nationalen Bezug betrachtet werden muss. In Anlehnung an Nr. 6 des von der Kultusministerkonferenz 1983 erarbeiteten Kriterienkatalogs[237] ist in der Literatur hinsichtlich des Werts eine differenzierte Betrachtungsweise entwickelt worden. Danach sind jedenfalls Werke von herausragendem Wert schutzfähig. Eintragungsfähig sollen jedoch auch solche Werke sein, die nicht von „herausragender Bedeutung in dem Sinne sind, dass sie ein wichtiges Zeugnis für die gesamte deutsche Kultur sind, also z. B. maßgeblichen Einfluss auf die deutsche Kunstentwicklung schlechthin gehabt haben".[238] Geschützt werden diese Kunstwerke allerdings nur, wenn besondere weitere Umstände die Unterschutzstellung rechtfertigen.[239] Als ein

---

[235] BT-Ds. II/76, S. 7.

[236] VG Hannover NVwZ-RR 1991, 643, 645 unter Hinweis auf die amtliche Begründung des KulturgutschutzG.

[237] GMBl 1983, 442.

[238] VGH Mannheim, NJW 1987, 1440, 1441.

[239] *Bernsdorff/Kleine-Tebbe,* Kulturgutschutz in Deutschland, Teil A, § 1, Rn. 62 ff.

solcher Umstand kommt insbesondere in Betracht, dass ein Werk unentbehrlich ist, da sich im deutschen Kulturbesitz vergleichbare und öffentlich zugängliche Werke nicht in ausreichender Anzahl befinden.[240] Vor diesem Hintergrund ist auch die Auffassung des *VGH München* zu sehen, wonach ein wesentlicher Verlust dann gegeben ist, wenn das infrage stehende Kulturgut „einmalig und nicht ersetzbar" ist.[241]

Die vorstehenden Ausführungen haben gezeigt, dass ein wesentlicher Verlust nicht nur dann gegeben ist, wenn die Abwanderung „einsamer Spitzenstücke"[242] droht. Dieses weite Verständnis des „wesentlichen Verlusts" hat zur Folge, dass auch Werke von nur regionaler oder lokaler Bedeutung geschützt werden können, sofern dieser regionale oder lokale Wert nur entsprechend groß ist.[243] Dies ist gerade aufgrund der althergebrachten föderalen Struktur und der stark regional geprägten deutschen Geschichte im Hinblick auf den Schutz einiger Werke von großer Bedeutung.

cc. Folgen der Eintragung

Ist ein Gegenstand in das Verzeichnis eingetragen, so ergeben sich hieraus für seinen Eigentümer positive und negative Konsequenzen. Ihm günstig ist, dass gemäß § 1 Abs. 3 Kulturgutschutzgesetz „die eingetragenen Gegenstände [...] bei der Heranziehung zu Steuern und zum Lastenausgleich begünstigt" werden.

Andererseits bedarf die Ausfuhr von eingetragenen Werken aus der Bundesrepublik Deutschland der Genehmigung. Diese ist gemäß § 1 Abs. 4 Kulturgutschutzgesetz zu versagen, „wenn bei der Abwägung der Umstände des Einzelfalls wesentliche Belange des deutschen Kulturbesitzes überwiegen". Nach der Begründung zum Kulturgutschutzgesetz ist dies bei eingetragenem Kulturgut regelmäßig der Fall,[244] da die gesetzlich vorgegebene Güterabwägung stark der Entscheidung ähnelt, ob das in Rede stehende Werk in das Verzeichnis eingetragen werden soll.[245]

Dass die Eintragung in das Verzeichnis ihren Zweck erfüllt und (in seltenen Fällen) dafür sorgt, dass bedeutende nationale Kunstwerke im Inland verbleiben, mag die Geschichte der „Darmstädter Madonna" von *Holbein* verdeutlichen.[246]

---

240 So die amtliche Begründung zum KulturgutschutzG, BT-Ds. II/76, S. 7.

241 VGH München NJW 1991, 2584, 2586.

242 VG Hannover NVwZ-RR 1991, 643, 645.

243 VGH Mannheim NJW 1987, 1440, 1441; *Hipp,* Schutz, S. 74; *Odendahl,* Kulturgüterschutz, S. 635; siehe auch Nr. 6 lit. e des Beschlusses der Kultusministerkonferenz vom 20. Mai 1983, GMBl 1983, 442.

244 BT-Ds. II/76, S. 7.

245 Vgl. *Pieroth/Kampmann,* NJW 1990, 1385, 1389.

246 Abb. 6.

Dieses herausragende Werk der deutschen Malerei des frühen 16. Jahrhunderts befindet sich derzeit aufgrund eines Leihvertrags im Städel Museum in Frankfurt, soll aber aus steuerlichen Gründen möglicherweise demnächst verkauft werden. Dass die Madonna möglicherweise vom Land Hessen zu einem guten Preis erworben und sie auch weiterhin im Städel gezeigt werden könnte, hängt im Wesentlichen damit zusammen, dass ein Verkauf ins Ausland aufgrund der Eintragung in das Verzeichnis ausgeschlossen ist und daher die auf dem internationalen Kunstmarkt zu realisierenden Preise in diesem Fall nicht erzielt werden können.[247]

b. Das freie Geleit

Unabhängig davon, ob es sich um ein nationales Kunstwerk handelt, sieht das Kulturgutschutzgesetz seit 1998 in Art. 20 die Möglichkeit vor, dass die zuständige oberste Landesbehörde im Einvernehmen mit der Zentralstelle des Bundes – dem Bundesbeauftragten für Kultur und Medien – dem Verleiher eines Kunstwerks rechtsverbindlich dessen Rückgabe zu einem festgesetzten Zeitpunkt zusagen kann.[248] Dem Rückgabeanspruch des Verleihers können keine Ansprüche Dritter entgegengehalten werden[249] und auch gerichtliche Herausgabeklagen, Arrestverfügungen, Pfändungen oder Beschlagnahmen sind unzulässig.[250]

Die Einführung des freien Geleits fördert den internationalen Austausch von Kunstwerken, der in der Vergangenheit verschiedentlich an dem Risiko gescheitert ist, dass verliehene Kunstwerke nach dem Ende der Ausstellung aufgrund bestehender Rechte Dritter nicht zurückkehren.[251]

Dieses Risiko besteht auch heute noch, wenn das freie Geleit im Widerspruch zu Rückgabeansprüchen steht, die sich beispielsweise aus der Richtlinie 93/7/EWG oder aus der UNESCO-Konvention 1970 ergeben. In diesen Fällen ist unklar, ob sich der internationale Rückgabeanspruch oder aber das nationale freie Geleit durchsetzt. Wenn jedoch das freie Geleit den internationalen Kulturaustausch nachhaltig stärken soll, muss es allen Rückgabeansprüchen vorgehen.[252] Nur so

---

[247] Vgl. hierzu *Gropp,* FAZ 12. Oktober 2009, 27.

[248] Siehe *Schack,* Kunst und Recht, S. 686; *Jayme,* Das freie Geleit für Kunstwerke; *Rietschel,* Kulturgüterschutz, S. 134; *Kempen,* Internationaler Kulturgüteraustausch: Die Bedeutung der „Rechtsverbindlichen Rückgabezusage", S. 1085 ff.; *Schoen,* Die rechtsverbindliche Rückgabezusage – Das „Freie Geleit" für Kulturgut, S. 79 ff.

[249] Art. 20 Abs. 3 KulturgutschutzG.

[250] Art. 20 Abs. 4 KulturgutschutzG.

[251] Zur Vereinbarkeit dieser Regelung mit dem nationalen Recht siehe *Pieroth/Hartmann,* NJW 2000, 2129 und *Kühl,* Der internationale Leihverkehr der Museen, S. 22 f.

[252] So auch *Schack,* Kunst und Recht, S. 340 (Rn. 686); *Jayme,* IPRax 2001, 380, 381; zur gemeinschaftsrechtlichen *Rückgabeklage* vgl. *El-Bitar,* Der deutsche und der französische Kul-

lässt sich auch künftig sicherstellen, dass Leihgeber der ihnen gegebenen Rückgabegarantie vertrauen können.

2. Der französische Code du patrimoine

Der französische Kulturgüterschutz hat in jüngster Zeit eine umfassende Neuregelung durch den Code du patrimoine[253] erfahren. Zwar waren die inhaltlichen Änderungen gegenüber der früheren Rechtslage kaum gravierend, die äußere Form wurde hingegen vollständig verändert. Wesentliches Ziel war es, die bisher verstreuten Einzelregelungen zum Kulturgüterschutz zusammenzufassen und damit übersichtlicher zu gestalten.[254] Allerdings sind bisher bei Weitem noch nicht alle Durchführungsvorschriften zum Code du patrimoine ergangen. Daher gelten einige der alten Vorschriften einstweilen fort.

Art. L.1 Code du patrimoine definiert den Begriff des Erbes *(„patrimoine")* und damit den sachlichen Anwendungsbereich des Gesetzes. Seinen Regelungen unterfallen danach sämtliche unbeweglichen oder beweglichen Güter, die im öffentlichen oder privaten Eigentum stehen und von geschichtlichem, künstlerischem, archäologischem, ästhetischem, wissenschaftlichem oder technischem Interesse sind.

a. Nationale Schätze

Der für die Zwecke dieser Arbeit wesentliche Teil dieses Erbes sind die nationalen Schätze, denen in Frankreich ein besonderer Schutz zuteil wird. An der Definition, was als nationaler Schatz anzusehen ist, hat sich auch durch die Einführung des Code du patrimoine nichts geändert. Die vormals in Art. 4 des Gesetzes vom 31. Dezember 1992 enthaltene und bereits auf das Gesetz über historische Denkmale vom 31. Dezember 1913 zurückgehende Regelung unterscheidet nach wie vor drei verschiedene Gruppen von Kulturgütern und findet sich nunmehr wortgleich in Art. L.111-1 Code du patrimoine, sodass diesbezüglich auf die vorstehenden Ausführungen auf S. 35 f. verwiesen werden kann.

Während es bei den in öffentlichen Sammlungen befindlichen und bei den bereits klassifizierten Werken keine Probleme bereitet festzustellen, ob ein Werk einen

---

turüterschutz nach der Umsetzung der Kulturgüterrückgaberichtlinie, S. 204 ff.; *El-Bitar,* EuZW 2005, 173, 175; *Schoen,* Die rechtsverbindliche Rückgabezusage – Das „Freie Geleit" für Kulturgut, S. 95 f.; *Jenschke,* Der völkerrechtliche Rückgabeanspruch auf in Kriegszeiten widerrechtlich verbrachte Kulturgüter, S. 296 ff.; a. A. sind *Kühl,* Der internationale Leihverkehr der Museen, S. 23 ff.; *Boos,* Kulturgut als Gegenstand des grenzüberschreitenden Leihverkehrs, S. 273 f.; *Fuchs,* IPRax 2000, 281, 286.

[253] Code du patrimoine – Partie Législative, Loi n° 2004-1343 du 9.12.2004, siehe auch oben S. 36 ff.

[254] *El-Bitar,* Der deutsche und der französische Kulturgüterschutz, S. 67 f.

nationalen Schatz darstellt, entscheidet dies die zuständige Behörde für alle übrigen Gegenständen jeweils im Einzelfall. Eine abschließende Auflistung aller betroffenen Werke – wie beispielsweise in Deutschland – sei der französischen Verwaltung nicht möglich, da der Begriff des nationalen Erbes einem ständigen Wandel unterworfen sei.[255]

Klassifiziert werden können in Frankreich gemäß Art. L.111-1 Code du patrimoine alle Kunstwerke, deren „Erhaltung aus historischen, künstlerischen, wissenschaftlichen oder technischen Gründen ein besonderes Interesse darstellt". Ein besonderer nationaler Bezug ist hingegen nicht Voraussetzung einer Unterschutzstellung.[256] Dies mag die Affäre Schlumpf verdeutlichen: Im französischen Mulhouse besaßen die Brüder Schlumpf eine bedeutende Oldtimersammlung von etwa 500 Fahrzeugen, unter denen sich auch 125 Fahrzeuge der französischen Marke Bugatti befanden. Aufgrund finanzieller Schwierigkeiten sollte die Sammlung ins Ausland verkauft werden, wurde jedoch im Jahr 1978 mit der Folge klassifiziert, dass eine Ausfuhr unzulässig war. Als Begründung für die Unterschutzstellung wurde im Wesentlichen angeführt, dass die Fahrzeuge der Brüder Schlumpf „außergewöhnliche Zeugen der Technik des 20. Jahrhunderts" seien.[257] Die Nationalität der Sammlung war für diese Entscheidung nicht von Bedeutung.

Allerdings kann ein Kunstwerk in Frankreich nur dann wirksam unter Schutz gestellt werden, wenn es sich im Zeitpunkt der Einleitung des Klassifizierungsverfahrens auf französischem Hoheitsgebiet befindet. Ein Beispiel hierfür ist die Auseinandersetzung um das Gemälde „Un jardin à Auvers" von *Vincent van Gogh*[258], das – heute von manchen als Fälschung bezeichnet – Gegenstand der sogenannten „Affäre Walter" war. Es wurde nach seiner Entstehung in Frankreich im Jahr 1890 ausgeführt und befand sich 65 Jahre lang im Ausland, ehe es 1955 nach Frankreich zurückgebracht wurde. Als sein Eigentümer, der Auslandsschweizer *Walter*, Ende 1981 ein Ausfuhrgesuch stellte, wurde dieses abgelehnt. Stattdessen leiteten die französischen Behörden ein Klassifizierungsverfahren ein, um auch für die Zukunft die Ausfuhr des Werkes zu unterbinden. Da *van Gogh* nicht Franzose war, mag man, obwohl das Werk in Frankreich ent-

---

[255] *Weber*, Kulturgut, S. 295; *Poli*, La protection des biens culturels meubles, S. 78 f. noch zu der alten Gesetzeslage.

[256] Siehe zu dieser Auseinandersetzung insbesondere *Ramier*, IJCP 1997, 337 mit Hinweisen auf die Fundstellen der verschiedenen Entscheidungen. Vgl. auch *Caldoro*, Kulturgüterschutz, S. 194, der sich jedoch auch einige Jahre (!) nach Inkrafttreten des Code du patrimoine mit diesem nicht auseinandersetzt, sondern seine Ausführungen auf die veraltete Rechtslage beschränkt.

[257] Siehe zu diesem Sachverhalt *Weber*, Kulturgut, S. 99 ff. mwN zu den – häufig leider unveröffentlichten – Entscheidungen in dieser Sache.

[258] Abb. 7.

standen ist, der Auffassung sein, dass es sich bei ihm um kein französisches nationales Kunstwerk handelt.[259] Vor Gericht entscheidend war jedoch nicht dieser – eine umfangreiche weitere Sachaufklärung erfordernde – Aspekt, sondern die Frage, ob sich das Werk im Zeitpunkt der Einleitung des Klassifizierungsverfahrens auf französischem Boden befunden hatte.[260]

b. Rechtsfolgen einer Einstufung als nationaler Schatz

Im Hinblick auf die sich für das Kulturgut ergebenden Folgen einer Einstufung als nationaler Schatz sind drei Gruppen von Werken zu unterscheiden, die bereits im Zusammenhang mit dem Gesetz vom 31. Dezember 1913 dargestellt worden sind.[261]

aa. Objekte öffentlicher Sammlungen

Die Objekte öffentlicher Sammlungen gehören gemäß Art. L.451-5 Code du patrimoine zum Staatseigentum *(„domaine public")* und sind grundsätzlich unveräußerlich.[262] Diese Werke sollen der Öffentlichkeit dauerhaft zum Studium der Kunst, der Geschichte und der Kultur sowie für die Wissenschaft zur Verfügung stehen. Möglich ist jedoch, sie zu entwidmen und ihnen damit ihren Sonderstatus zu entziehen. Dann gelten wieder die allgemeinen Regeln, die einen Export nicht per se ausschließen.[263] Allerdings enthält der Code du patrimoine im 4. Buch verschiedene weitere Regelungen über den Umgang der Museen mit den ihnen anvertrauten Gütern.

bb. Klassifizierte Objekte

Die dauerhafte Ausfuhr von klassifiziertem Kulturgut aus Frankreich ist gemäß Art. L.62-18 Code du patrimoine verboten. Lediglich die vorübergehende Ausfuhr – beispielsweise für Ausstellungen oder Restaurierungen – kann zugelassen werden. Darüber hinaus bestehen gemäß Art. L.22-7 Code du patrimoine Erhaltungspflichten, die den Schutz des Werks auch im Inland sicherstellen sollen. So dürfen Veränderungen, Reparaturen oder Restaurationen nur nach Genehmigung und unter staatlicher Aufsicht durchgeführt werden. Entsteht allerdings dem Eigentümer durch die Klassifizierung seines Werks ein Schaden, kann ihm gegenüber gemäß Art. L.22-4 Code du patrimoine unter bestimmten Voraussetzungen eine staatliche Ausgleichspflicht bestehen.

---

259 *Caldoro,* Kulturgüterschutz, S. 194; a. A. *Weber,* Kulturgut, S. 106.

260 Siehe zu diesen Verfahren *Weber,* Kulturgut, S. 106 ff. mit zahlreichen weiteren Nachweisen.

261 Siehe oben S. 36.

262 Hierzu auch *Weber,* Kulturgut, S. 81 f.; *Caldoro,* Kulturgüterschutz, S. 37, jeweils mwN.

263 *Weber,* Kulturgut, S. 294 noch zur alten Gesetzeslage.

Diese Ausgleichspflicht ist wohl auch dafür verantwortlich, dass in Frankreich in jüngerer Zeit nur noch sehr wenige Kunstwerke klassifiziert worden sind. Wie weitreichend die finanziellen Konsequenzen dieses Ausgleichs sein können, zeigt das folgende Beispiel: Im bereits erwähnten Rechtsstreit um das Gemälde „Un jardin à Auvers" von *Vincent van Gogh*,[264] das von Amts wegen klassifiziert worden war, waren dem Eigentümer stolze FF 145 Millionen als Wertausgleich für die versagte Ausfuhrgenehmigung zugesprochen worden. Das entsprach fast dem Budget, das dem Staat im Jahr 1995 für den Erwerb von Kunstwerken zur Verfügung stand.[265]

cc. Sonstige Güter von besonderem Interesse für das nationale Kulturerbe

Der Export sonstiger Güter, die von besonderem Interesse für das nationale Kulturerbe sind, ist gemäß Art. L.11-4 Code du patrimoine grundsätzlich möglich, wenn die zuständige Stelle ein entsprechendes Zertifikat *(„certificat")* erteilt hat. Dieses Zertifikat darf nur verweigert werden, wenn es sich um einen nationalen Schatz handelt.[266]

Für diese Gruppe von Kulturgütern besteht daher ein präventives Ausfuhrverbot. Wird das Zertifikat jedoch erteilt, so bescheinigt dies dauerhaft, dass es sich bei dem Kulturgut um keinen nationalen Schatz handelt und dass es daher ohne Auflagen ausgeführt werden darf.[267]

Anders als bei den klassifizierten Werken schließt jedoch Art. L.11-4 Code du patrimoine bezüglich der sonstigen Güter jegliche Schadensersatzansprüche des Eigentümers aus. Im Gegenzug werden dem Eigentümer allerdings auch keine weitreichenden Erhaltungspflichten auferlegt.

c. Fazit

Die Instrumente des französischen Kulturgüterschutzes sind vielfältig. Nicht nur sind bestimmte Werke der öffentlichen Hand dem Kunsthandel dauerhaft entzogen (domaine public als *res extra commercium*), sondern Kunstwerke können auch durch die Klassifizierung als nationaler Schatz einem rigiden Ausfuhrverbot und umfangreichen Erhaltungspflichten unterworfen werden. Im Gegenzug bestehen jedoch weitreichende Ansprüche des Eigentümers gegenüber dem Staat, die diesen regelmäßig davon abhalten, eine solche Klassifizierung vorzu-

---

264 Abb. 7; Cour de cassation, civ. 1re, 20. Februar 1996 (Agent judiciaire du Trésor c/ Walter), D. 1996, Jur., 511 f.

265 *El-Bitar,* Der deutsche und der französische Kulturgüterschutz nach der Umsetzung der Kulturgüterrückgaberichtlinie, S. 38; *Polonsky/Canat,* ICLQ 1996, 557, 585.

266 *Weber,* Kulturgut, S. 295; abweichend *Thorn,* Internationaler Kulturgüterschutz, S. 223.

267 *El-Bitar,* Der deutsche und der französische Kulturgüterschutz nach der Umsetzung der Kulturgüterrückgaberichtlinie, S. 63; vgl. auch *Frier,* Droit du patrimoine culturel, S. 481.

nehmen. Die Ausfuhr sonstiger Kulturgüter von besonderem Interesse für das nationale Kulturerbe bedarf einer Genehmigung, die jedoch häufig erteilt wird.

Nicht erforderlich ist, dass das zu schützende Kunstwerk über eine besondere nationale Beziehung verfügt. Selbst die Einstufung als nationaler Schatz stellt nur darauf ab, ob an der Erhaltung des Werks ein besonderes Interesse besteht.

3. Der italienische Codice Urbani

Der am 1. Mai 2004 in Kraft getretene Codice Urbani[268] hat das Recht des Kulturgüterschutzes in Italien umfassend neu geregelt. Mit ihm sollten eine Vereinfachung der Gesetzgebung erreicht und der Schutz und die Förderung der Kunstschätze Italiens verbessert werden.[269] Ob dieses Ziel erreicht wird, ist derzeit noch fraglich. Fest steht jedenfalls, dass der Codice Urbani umstritten ist, häufig missverstanden und seit seiner Einführung bereits mehrfach geändert wurde.[270] Häufig werden die Formulierungen als zu ungenau kritisiert, Legaldefinitionen fehlen durchgängig.[271]

Dem sachlichen Anwendungsbereich des Codice Urbani unterfallen gemäß Art. 2 Abs. 2 Codice Urbani alle Kulturgüter *(„beni culturali")*, also alle beweglichen und unbeweglichen Gegenstände von künstlerischem, historischem, archäologischem, ethno-anthroposophischem, archivistischem oder bibliophilem Interesse. Darüber hinaus besteht die Möglichkeit, per Gesetz Gegenstände als Träger eines großen zivilisatorischen Werts zu schützen. Auch Landschaften sind nunmehr Teil des kulturellen Erbes und unterliegen daher ebenfalls dem Codice Urbani.

a. Maßnahmen des Kulturgüterschutzes

Wie das französische Recht erklärt der Codice Urbani bestimmte öffentliche, in Art. 54 genannte Kulturgüter zu *res extra commercium*. An diesen Kunstwerken können Dritte keine Rechte erwerben.

Darüber hinaus verbietet der Codice Urbani vielfach die Ausfuhr von Kunstwerken. Einem dauerhaften Ausfuhrverbot unterliegen gemäß Art. 65 Abs. 1 i. V. m. Art. 10 Abs. 1 und 2 Codice Urbani sämtliche Kulturgüter der öffentlichen Hand sowie nach Abs. 3 solche privaten Kulturgüter, hinsichtlich derer in einem eigens geregelten Verfahren das öffentliche Interesse erklärt worden ist.

---

[268] Codice dei beni culturali e del paesaggio vom 22. Januar 2004, abrufbar unter http://www.basae.beniculturali.it/opencms/multimedia/BASAE/documents/1227203801048_codice2008.pdf.

[269] *Thorn,* Internationaler Kulturgüterschutz, S. 214.

[270] *Waldherr,* brand eins 2006, 138, 144; *Thorn,* Internationaler Kulturgüterschutz, S. 212.

[271] *Thorn,* Internationaler Kulturgüterschutz, S. 213 f.

Dies kann auch noch im Zusammenhang mit der vorgesehenen Ausfuhr geschehen. Dem Staat stehen jedoch noch weitergehende Rechte hinsichtlich dieser Kunstwerke zu. So kann er beispielsweise deren Erhaltungszustand überwachen, die öffentliche Zugänglichkeit sicherstellen und in besonderen Fällen den Eigentümer sogar enteignen.[272]

Zahlreiche weitere vom Codice Urbani erfasste Kulturgüter dürfen gemäß Art. 65 Abs. 3 zwar grundsätzlich exportiert werden, doch muss zuvor eine staatliche Ausfuhrgenehmigung erteilt worden sein. Um diese zu erlangen, muss der Antragsteller die beabsichtigte Ausfuhr unter Angabe des Werts anzeigen und die zuständige Behörde kann verlangen, dass ihr das Werk vorgeführt wird. In der Praxis bereitet darüber hinaus Schwierigkeiten, dass bisher über den Wortlaut des Codice Urbani hinaus keine Vorgaben existieren, unter welchen Bedingungen die Ausfuhrgenehmigung zu erteilen ist. Dies hat zur Folge, dass jede zuständige Denkmalschutzbehörde ihre eigenen Maßstäbe ansetzt.[273]

Eine erteilte Ausfuhrgenehmigung ist gemäß Art. 68 Abs. 5 Codice Urbani für einen Zeitraum von drei Jahren gültig. Wird sie hingegen versagt, wird mit den bereits beschriebenen Folgen das öffentliche Interesse an dem jeweiligen Kunstwerk erklärt. Dies hat zur Folge, dass die Ausfuhr dauerhaft unzulässig wird. Unabhängig von der Erteilung der Ausfuhrgenehmigung kann der italienische Staat den auszuführenden Gegenstand gemäß Art. 70 Abs. 1 Codice Urbani zu dem im Ausfuhrgesuch angegebenen Wert erwerben. Dieser Möglichkeit kann sich der Eigentümer nur dadurch entziehen, dass er seinen Antrag auf Erteilung der Ausfuhrgenehmigung zurückzieht und das Werk in Italien belässt.[274]

b. Das Erfordernis eines nationalen Bezugs des Kunstwerks

Anders als frühere Regelungen zum Kulturgüterschutz[275] sieht der Codice Urbani nicht vor, dass nur Kunstwerke mit einem nationalen Bezug geschützt werden. Ausweislich des Gesetzes werden öffentliche Kulturgüter per se geschützt, private Kulturgüter hingegen nur, wenn sie von besonderer Bedeutung *(„interesse particolarmente importante")* sind. Bezugspunkt dieser Bedeutung ist jedoch nicht die Nation, sondern sind gemäß Art. 10 Abs. 3 Codice Urbani übergreifende Aspekte wie Kunst, Geschichte oder Archäologie. Hinzu kommt, dass auch die italienische Verwaltungspraxis in der Vergangenheit überwiegend davon ausging, dass ein enger nationaler Bezug des Kunstwerks nicht erforderlich ist,

---

272 Vgl. hierzu auch *Weidner,* Kulturgüter, S. 214.

273 *Catelani,* La circolazione dei beni culturali, S. 150; zur Rechtslage vor der Einführung des Codice Urbani siehe auch *Caldoro,* Kulturgüterschutz, S. 32.

274 Art. 70 Abs. 2 Codice Urbani.

275 *Loosli,* Kulturgüterschutz in Italien, S. 11.

um diese den Regelungen des Kulturgüterschutzes zu unterwerfen.[276] An dieser Auffassung dürfte sich durch die Einführung des Codice Urbani, der jeden ausdrücklichen Hinweis auf einen nationalen Bezug des Kunstwerks vermeidet, nichts geändert haben.

Dies illustriert ein noch nach Maßgabe des alten Rechts vor den italienischen Gerichten 1989 bis 1991 ausgetragener Rechtsstreit, in dem sich Frau *Pagenstecher* mit der Provinz Bozen sowie dem für die Kulturgüter zuständigen Ministerium um eine Ausfuhrgenehmigung stritt.[277] Es ging um dreizehn Gemälde französischer Impressionisten und Postimpressionisten, darunter Werke von *Cézanne, Monet, Renoir und Matisse*. Frau *Pagenstecher* hatte sie nach ihrer Heirat aus London, ihrem bisherigen Wohnsitz, nach Bozen gebracht, wo sie mit ihrem italienischen Ehemann nunmehr lebte. Nach dessen Tod wollte sie 1987 nach London zurückkehren und selbstverständliche auch ihre Gemälde dorthin mitnehmen. Allerdings verweigerte die Provinz Bozen ihr die erforderliche Ausfuhrgenehmigung. Damit jedoch nicht genug: Die Provinz Bozen machte darüber hinaus von ihrem Erwerbsrecht Gebrauch. Da der im Antrag zur Erteilung der Ausfuhrgenehmigung angegebene Wert sich – wohl aus steuerlichen Gründen – auf lediglich EUR 172.000, etwa 3 % des tatsächlichen Marktwerts der Gemälde, belief, hätte das Erwerbsrecht für Frau *Pagenstecher* erhebliche finanzielle Nachteile gehabt.[278]

Mit ihrem Einwand, ihre Werke hätten keine Beziehungen zur italienischen Kunstgeschichte, drang Frau *Pagenstecher* bei den italienischen Behörden und Gerichten nicht durch. Sie nahm daher von ihrem (Rück-)Umzug nach London Abstand und konnte so immerhin das Erwerbsrecht abwenden.

Trotz der gesetzlichen Vorgaben und der höchstrichterlichen Entscheidung im Pagenstecher-Fall wird in Italien diskutiert, ob und inwieweit die zu schützenden Kunstwerke einen Bezug zur *nationalen italienischen* Kunst aufweisen müssen.[279] Diese Auffassung stützt sich einerseits auf die italienische Verfassung,[280] welche in Art. 9 vorsieht, dass der „künstlerische Reichtum der Nation" zu schützen ist. Loosli versteht dies so, „dass das [zu schützende] Kulturgut für die italienische

---

276 *Caldoro,* Kulturgüterschutz, S. 193.

277 Cons. Stato, Sez. Vi, 24. Januar 1989, Nr. 22; Cons. Stato 1989, I, 41 f.; Cons. Stato, Ad plen., 23. September 1991, Nr. 7; Cons. Stato 1991, I, 1293 f.; zum „Pagenstecher-Fall" auch bei *Siehr,* Freizügigkeit, 484 f.; *Hipp,* Schutz, S. 16.

278 *Mußgnug,* Staatsangehörigkeit, S. 1534.

279 *Caldoro,* Kulturgüterschutz, S. 29 mwN.

280 Verfassung der Italienischen Republik vom 27. Dezember 1947, zuletzt geändert durch Verfassungsgesetz Nr. 1/2007 vom 2. Oktober 2007. Die Verfassung ist von den Seiten der autonomen Region Südtirol unter http://www.regione.taa.it/normativa/costituzione.pdf in einer italienisch-deutschen Fassung abrufbar.

Nation im Laufe der Zeit – z. B. auch als Zeugnis für Sammlertätigkeit oder durch Einflussnahme auf das künstlerische Schaffen – eine genügende kulturelle Bedeutung erlangt hat."[281] Hinzu kommt, dass auch die europarechtlichen Vorgaben jedenfalls hinsichtlich derjenigen Kulturgüter, die gemäß Art. 36 AEUV von der Warenverkehrsfreiheit ausgenommen werden sollen, einen solchen nationalen Bezug verlangen.[282]

Auch wenn einiges dafür spricht, einen nationalen Bezug des Kulturguts zu verlangen, fehlen über die von *Loosli* genannten Anhaltspunkte hinaus sämtliche Kriterien, anhand derer das Vorliegen einer nationalen Beziehung untersucht werden könnte. Für die Zwecke dieser Arbeit lassen sich daher aus dieser Diskussion keine weiteren Erkenntnisse ableiten.

c. Fazit

Das italienische Recht des Kulturgüterschutzes ist das am weitesten reichende in Europa. Die Schutzinstrumente sind zahlreich und teilweise sehr rigide und sie erfassen zudem alle auf italienischem Boden vorhandenen Kulturgüter. Soll ein Kunstwerk exportiert werden, müssen langwierige und nicht in allen Regionen identische Verwaltungsverfahren durchlaufen werden. Dass die Einführung des Codice Urbani die erhoffte Verbesserung der Situation gebracht hat, ist bisher nicht festzustellen. Vielmehr hat das Gesetz selbst aufgrund zahlreicher Unklarheiten und fehlender Umsetzungsregelungen zu viel Kritik geführt.

Ob das zu schützende Kulturgut einen nationalen Bezug aufweisen muss, ist nicht abschließend geklärt. Während der Codice Urbani keine entsprechende Einschränkung enthält und auch die italienische Verwaltungspraxis diesen regelmäßig nicht fordert, legen sowohl die italienische Verfassung als auch die europarechtlichen Vorgaben dies nahe.

4. Die britischen Regelungen zum Kulturgüterschutz

In Großbritannien ist das wichtigste Mittel des Kulturgüterschutzes die Ausfuhrkontrolle. Sec. 1, 5 und 7 des Export Control Act 2002 ermächtigen den *Secretary of State*, Regelungen zum Export von Kulturgütern aus dem Hoheitsgebiet des Vereinigten Königreichs zu treffen. Von dieser Möglichkeit hat er mit dem Erlass der Export of Objects of Cultural Interest (Control) Order 2003[283] Gebrauch gemacht. Diese Control Order verbietet die Ausfuhr zahlreicher Kulturgüter, sofern diese älter als 50 Jahre sind. Ausgenommen sind gemäß Schedule

---

[281] *Loosli*, Kulturgüterschutz in Italien, S. 11 mwN.

[282] So wohl *Weber*, Kulturgut, S. 331 zur alten Rechtslage.

[283] No. 2759 vom 17. November 2003, geändert durch The Export of Objects of Cultural Interest (Control) (Amendment) Order 2009, Nr. 2164 vom 5. August 2009.

1 Control Order lediglich Briefmarken und einige persönliche Urkunden, eigene Briefe oder Werke, die vom Exportierenden selbst geschaffen worden sind.

Als Leitlinien für die Ausfuhr von Kulturgütern sowohl für die Verwaltung als auch für Exporteure hat der *Secretary of State* zudem amtliche Leitlinien *(„Statutory Guidance“)*[284] erlassen.

a. Ausfuhrgenehmigungen

Soll ein von der Control Order erfasstes Kunstwerk exportiert werden, ist hierfür eine Ausfuhrgenehmigung erforderlich, die ebenfalls vom *Secretary of State* erteilt wird. Das britische Recht unterscheidet offene und persönliche Genehmigungen. Daneben gibt es zudem noch die möglicherweise aufgrund der Verordnung (EG) 116/2009 erforderliche Ausfuhrgenehmigung, die bisher keine Einbindung in das britische System der Ausfuhrgenehmigungen erfahren hat.

aa. Offene Ausfuhrgenehmigungen

Die Menge der unter die Control Order fallenden Kulturgüter ist groß. Um den Aufwand für die Exportierenden wie für die Verwaltung zu minimieren, wurden sogenannte offene Ausfuhrgenehmigungen *(„Open Licences“)* geschaffen, die eine Ausfuhr auch ohne eine individuelle Genehmigung zulassen. Die allgemeine offene Ausfuhrgenehmigung *(„Open General Export Licence“* – OGEL*)* gilt für alle auszuführenden Gegenstände, deren Wert bestimmte Schwellen nicht überschreitet. So dürfen gemäß Nr. 1g OGEL 2004 beispielsweise in Öl oder Tempera ausgeführte Gemälde, deren Wert GBP 180.000,00 nicht überschreitet, auch dann ohne Weiteres exportiert werden, wenn sie älter als 50 Jahre sind. Bei einigen Gegenständen gilt die OGEL jedoch nur, wenn sie binnen eines bestimmten Zeitraums wieder nach Großbritannien reimportiert werden.[285]

Eine Variante ist die offene persönliche Ausfuhrgenehmigung (*„Open Individual Export Licence“* – OIEL). Sie wird vor allem an Personen vergeben, die sich professionell mit dem Export von Kulturgut beschäftigen.

---

[284] Offiziell bezeichnet als Export Controls on Objects of Cultural Interest, November 2005. Die aktuelle Fassung ist im Internet verfügbar unter http://www.culture.gov.uk/images/publications/Export_Controls_on_Objects_of_Cultural_Interest_Statutory_Guidance_Nov05.pdf.

[285] Die aktuelle OGEL kann unter http://www.mla.gov.uk/what/cultural/export/~/media/Files/pdf/2004/elu_open_general_exp_lic_20040501.ashx abgerufen werden. Ihr lassen sich auch die Höhe der Schwellenwerte und die Regeln für die Bestimmung der unter der OGEL nur vorübergehend auszuführenden Werke entnehmen.

bb. Persönliche Ausfuhrgenehmigung

Fällt der Export eines Kunstwerks nicht unter eine offene Ausfuhrlizenz, dann ist eine persönliche Ausfuhrgenehmigung *(„individual export licence“)* erforderlich. Diese Ausfuhrgenehmigung ist zu versagen, wenn das in Rede stehende Werk als Teil des britischen Kulturerbes anzusehen ist.[286] Dies wiederum wird anhand der drei sogenannten *„Waverley-Kriterien“* beurteilt, die vom *Secretary of State* als Teil der amtlichen Leitlinien vorgegeben worden sind. Sie lauten:[287]

> "1. Is the object so closely connected with our history and national life that its departure would be a misfortune?
> 2. Is it of outstanding aesthetic importance?
> 3. Is it of outstanding significance for the study of some particular branch of art, learning or history?"

Die Kriterien müssen nicht kumulativ erfüllt sein, sind aber abschließend.[288] Anhaltspunkte für ihre Auslegung ergeben sich aus den bereits erwähnten amtlichen Leitlinien,[289] welche durch die Vorgaben des alle fünf Jahre erscheinenden Berichts des eigens hierfür eingerichteten Komitees *(„Quinquennial Review of the Reviewing Comittee on the Export of Works of Art“)* konkretisiert werden.[290]

Im Hinblick auf die Nationalität von Kunstwerken ist insbesondere das erste *Waverley-Kriterium* von Interesse. Diesem Kriterium unterfallen alle Werke, die für die britische Geschichte *(„our history“)* oder das Nationalleben *(„national life“)* von so großer Bedeutung sind, dass ihre Abwanderung einen erheblichen Verlust darstellen würde.[291] Nicht erforderlich ist, dass das jeweilige Kunstwerk in Großbritannien entstanden ist, wenn es im Zusammenhang mit einer wichtigen Person, einem wichtigen Ort oder einem wichtigen Ereignis nationale Bedeutung *(„national importance“)* erlangt hat.[292] Diese nationale Bedeutung ist auch gegeben, wenn das Kunstwerk Teil einer Sammlung ist, die diese Maßstäbe erfüllt.[293] Die Beispiele in den amtlichen Leitlinien untermauern, dass eine besondere Beziehung zwischen dem zu schützenden Werk und der britischen

---

[286] Vgl. hierzu *Weber,* Kulturgut, S. 334; *Caldoro,* Kulturgüterschutz, S. 62 f.

[287] Eine deutsche Übersetzung der *Waverley-Kriterien* findet sich unter anderem bei *Weber,* Kulturgut, S. 334 mwN bezüglich weiterer Übersetzungen.

[288] Export Controls on Objects of Cultural Interest November 2005, Nr. 10.

[289] Export Controls on Objects of Cultural Interest November 2005, Nr. 11 ff.

[290] Quinquennial Review of the Reviewing Comittee on the Export of Works of Art, 8. Dezember 2003, unter http://www.culture.gov.uk/images/publications/ QuinquennialReview.pdf.

[291] Quinquennial Review of the Reviewing Comittee on the Export of Works of Art, 8. Dezember 2003, S. 14; vgl. auch *Caldoro,* Kulturgüterschutz, S. 63.

[292] Export Controls on Objects of Cultural Interest, November 2005, Nr. 12; geringfügig abweichend *Caldoro,* Kulturgüterschutz, S. 63.

[293] Export Controls on Objects of Cultural Interest November 2005, Nr. 12; Quinquennial Review of the Reviewing Comittee on the Export of Works of Art, 8. Dezember 2003, S. 14.

Nation bestehen muss. So wurde das erste *Waverley-Kriterium* bei einem (leider nicht näher bezeichneten) Miniaturportrait des als Lord Darnley bekannten Henry Stuart, dem Vater des englischen Königs James I., und bei den von *Lewis Carroll* gemachten Fotografien von *Alice Liddell*[294], besser bekannt als Alice im Wunderland, als erfüllt angesehen.[295] *Carroll* war dabei nicht nur Alices Fotograf, sondern zugleich derjenige, der die Geschichten der – nicht zufällig Alice genannten – Protagonistin ersonnen und auf Drängen von *Liddell* aufgeschrieben und illustriert hat.

Über das zweite *Waverley-Kriterium* werden vor allem Meisterwerke der Malerei und Skulptur geschützt. Zum Beispiel die von *Henry Moore* 1939 geschaffene Plastik *Bird Basket*, die sich heute in der *Henry Moore Foundation* in Perry Green in Großbritannien befindet[296], oder das von *Turner* im Jahr 1842 geschaffene Gemälde *The blue Rigi*[297] – heute in der Tate Gallery in London.[298] Die für die Anwendung des zweiten *Waverley-Kriteriums* erforderliche herausragende ästhetische Bedeutung *(„outstanding aesthetic importance")* zeichnet jedoch nicht nur Spitzenwerke aus, sondern wurde in der Vergangenheit etwa auch im Hinblick auf eine auserlesene Schnupftabakdose bejaht.[299] Im Gegenzug können auch bei Spitzenwerken ein schlechter Erhaltungszustand, Beschädigungen oder durchzuführende Restaurationen dazu führen, dass dem Kunstwerk der Schutz versagt wird.[300]

Unter das dritte *Waverley-Kriterium* fallen sämtliche Gegenstände, die für das Studium der Kunst, die Bildung oder die Geschichte von Bedeutung sind. Vor allem das Kriterium der Bildung wird dabei weit verstanden, sodass die Bedeutung eines Werkes für eine Reihe weiterer Disziplinen – beispielsweise Archäologie, Anthropologie, Paläontologie, aber auch Architektur und Literatur – ebenfalls dazu führen kann, dass die Ausfuhr versagt wird.[301]

b. Verfahren zur Erteilung einer persönlichen Ausfuhrgenehmigung

Auch wenn der Erläuterung der verfahrensrechtlichen Seite des Kulturgüterschutzes hier üblicherweise nur eine untergeordnete Rolle zukommt, ist sie für das britische Recht ausnahmsweise erforderlich. Denn selbst wenn (mindestens)

---

[294] So beispielsweise das 1858 entstandene Bild, Abb. 8.

[295] Export Controls on Objects of Cultural Interest November 2005, Nr. 12.

[296] Abb. 9.

[297] Abb. 10.

[298] *Wang*, IJCP 2008, 227, 256.

[299] Export Controls on Objects of Cultural Interest, November 2005, Nr. 12.

[300] Export Controls on Objects of Cultural Interest, November 2005, Nr. 12.

[301] Export Controls on Objects of Cultural Interest, November 2005, Nr. 12; vgl. auch *Caldoro*, Kulturgüterschutz, S. 64.

eines der *Waverley-Kriterien* erfüllt ist, wird in manchen Fällen eine Ausfuhrgenehmigung erteilt, weil sich im Inland kein Käufer findet, der bereit ist, das Kunstwerk zu einem angemessenen Preis zu erwerben und so dessen Verbleib in Großbritannien zu sichern.

Soll ein Kunstwerk exportiert werden, für das eine persönliche Ausfuhrgenehmigung erforderlich ist, muss der Exporteur einem beratenden Experten *(„Expert Adviser")*, regelmäßig ein ranghoher Beschäftigter eines britischen Museums oder einer anderen staatlichen Sammlung oder ein Vertreter des Kunsthandels,[302] ein entsprechendes Gesuch vorlegen. Dieser beurteilt dann, ob auf der Grundlage der *Waverley-Kriterien* ein Export möglich, die Ausfuhrgenehmigung also zu erteilen oder aber der Export zu untersagen ist. Seine eigenen Interessen sowie diejenigen seiner Institution hat er bei dieser Entscheidung außer Betracht zu lassen.[303] Kommt dieser Experte zu dem Ergebnis, dass keines der *Waverley-Kriterien* erfüllt ist, wird die Ausfuhrgenehmigung erteilt. Stellt er hingegen fest, dass die Ausfuhr gegen mindestens eines der Kriterien verstößt, so verweist er die Sache an ein eigens hierfür eingerichtetes achtköpfiges Expertengremium *(„Reviewing Committee on the Export of Works of Art")*. Auch dieses Gremium prüft die geplante Ausfuhr erneut anhand der *Waverley-Kriterien.* Gelangt es zu dem Ergebnis, dass die Ausfuhrgenehmigung zu erteilen ist, wird der *Secretary of State* dieser Empfehlung regelmäßig nachkommen.[304]

Gelangt jedoch auch das Expertengremium zu dem Ergebnis, dass die Ausfuhrgenehmigung zu versagen ist, so empfiehlt es dem *Secretary of State*, die Entscheidung über die Erteilung der Ausfuhrgenehmigung – im Regelfall für einige Monate – aufzuschieben. Die so gewonnene Zeit soll von inländischen Dritten, regelmäßig staatlichen Institutionen, genutzt werden, um dem Exporteur ein eigenes Kaufangebot zu unterbreiten, durch welches der Verbleib des Werks im Inland gesichert werden soll. Das Expertengremium ist daher gehalten, in seiner Stellungnahme den Marktpreis *(„fair market value")* des zu exportierenden Werks anzugeben. Kommt nunmehr binnen der Zeit, für die die Entscheidung über die Genehmigung aufgeschoben wurde, kein Kaufangebot zum Marktpreis zustande, dann erteilt der *Secretary of State* regelmäßig die Ausfuhrgenehmigung; bietet hingegen eine staatliche Einrichtung den Kauf zum Marktpreis an, dann wird er sie regelmäßig versagen. Liegt hingegen ein Angebot lediglich einer Privatperson vor, wird die Genehmigung nur dann regelmäßig versagt, wenn

---

302 *Caldoro,* Kulturgüterschutz, S. 64, Fn. 300; *Weber,* Kulturgut, S. 337; *Fraoua,* Le trafic illicite des biens culturels et leur restitution, S. 85 Fn. 44.

303 Export Controls on Objects of Cultural Interest November 2005, Nr. 134; *Caldoro,* Kulturgüterschutz, S. 64 f.

304 *Weber,* Kulturgut, S. 337 f.; *Caldoro,* Kulturgüterschutz, S. 65; Export Controls on Objects of Cultural Interest, November 2005, Nr. 15.

diese zusagt, das Werk der Öffentlichkeit zugänglich zu machen, es zu erhalten und für einen bestimmten Zeitraum nicht zu veräußern.[305]

Im Ergebnis illustriert das Genehmigungsverfahren, dass der Erhalt eines Werkes in Großbritannien nur dann in Betracht kommt, wenn sich ein Käufer im Inland findet, der das Werk zum Marktpreis erwerben will und kann.

Diese Praxis ist in jüngerer Zeit vor allem wegen ständig steigender Kunstpreise verschiedentlich in die Kritik geraten. Den Steuerzahler im Rahmen eines Erwerbs durch eine staatliche Einrichtung durch teilweise als überhöht empfundene Kunstpreise zu belasten, wird als problematisch angesehen. Doch sind die Kaufpreise bereits mehrfach durch Spendenaktionen oder durch Erträge aus der staatlichen Lottogesellschaft finanziert worden. Konkrete Pläne, das *Waverley-System* zu ändern, sind daher derzeit nicht bekannt.[306]

c. Fazit

Das britische System des Kulturgüterschutzes ist als vergleichsweise offen anzusehen. Nicht nur ist es lediglich auf die Exportkontrolle beschränkt, es erlaubt darüber hinaus den Export vieler Kunstwerke ohne oder unter einer offenen Lizenz. Ist eine Genehmigung erforderlich, so wird diese regelmäßig nur versagt, wenn sich im Inland ein Käufer finden lässt, der das Werk zum Marktpreis erwerben möchte.

Die Anwendung des ersten *Waverley-Kriteriums* erfordert eine besondere nationale Bedeutung des Werks, die anderen Kriterien hingegen erlauben einen Schutz auch dann, wenn ein nationaler Bezug nicht gegeben ist. So kann zwar die Auslegung des ersten *Waverley-Kriteriums* für die Nationalitätsbestimmung herangezogen werden, dem Ansatz dieser Arbeit, dass nur Kunstwerke unter Schutz gestellt werden, die über eine besondere Beziehung zu „ihrer" Nation verfügen, entsprechen aber auch die *Waverley-Kriterien* nicht vollständig.

II. Europäische Regelungen

1. Art. 36 AEUV

Die älteste europarechtliche Regelung, die Kunstwerke zum Gegenstand hat, ist Art. 36 des Vertrags über die Arbeitsweise der Europäischen Union.[307] Hintergrund dieser Regelung war, dass bereits vor der Gründung der Europäischen

---

305 Siehe zum Ablauf dieses Verfahrens Export Controls on Objects of Cultural Interest, November 2005, Nr. 18 ff.; *Weber*, Kulturgut, S. 338 f.; *Caldoro*, Kulturgüterschutz, S. 64 ff.

306 *Wang*, IJCP 2008, 227, 255 ff.

307 Art. 36 EWGV = Art. 30 EGV = Art. 36 AEUV des am 1. Dezember 2009 in Kraft getretenen Vertrags von Lissabon.

Wirtschaftsgemeinschaft im Jahr 1957 in den späteren Mitgliedstaaten Regelungen bestanden, die den freien Handel mit Kunstwerken beschränkten und daher mit der Warenverkehrsfreiheit kollidierten. Ein Beispiel für eine solche Regelung ist das deutsche Kulturgutschutzgesetz, das bereits 1955 in Kraft getreten war. Die zunächst vorgeschlagene allgemeine Regelung, dass auch Kulturgüter der gemeinschaftsrechtlichen Warenverkehrsfreiheit unterfallen sollten, war vor allem für solche Kunstwerke, die von den Mitgliedstaaten als besonders bedeutend angesehen wurden, aufgrund deren insoweit ablehnender Haltung nicht zu erreichen.[308] Diese Vorbehalte führten zu der heute in Art. 36 AEUV enthaltenen Ausnahme, dass „nationale Kulturgüter von künstlerischem, geschichtlichem oder archäologischem Wert" von der Warenverkehrsfreiheit ausgenommen sind und die Mitgliedstaaten somit auch heute noch den freien Warenverkehr mit Kulturgütern durch nationale Gesetze wirksam beschränken können.

a. Kunstwerke und die Warenverkehrsfreiheit

Art. 36 AEUV regelt im Gegensatz zu den nationalen Kulturgutschutzgesetzen nicht, unter welchen Bedingungen nationale Kunstwerke ausgeführt werden dürfen, sondern statuiert „nur" eine Ausnahme zu den Bestimmungen der Art. 29 ff. AEUV über die sogenannte Warenverkehrsfreiheit.

Insbesondere geht es um das Verbot von mengenmäßigen Ein- und Ausfuhrbeschränkungen, die im Binnenmarkt gemäß Art. 34 und 35 AEUV grundsätzlich verboten sind. Dieses Verbot gilt für alle Waren, also – nach der Rechtsprechung des Europäischen Gerichtshofs – für alle Erzeugnisse, die „einen Geldwert haben und deshalb Gegenstand von Handelsgeschäften sein können".[309] Nach einhelliger Ansicht sind auch Kunstwerke Waren im Sinne des Europarechts[310] mit der Folge, dass auch sie grundsätzlich der Warenverkehrsfreiheit unterfallen. Die Begründung, dass andernfalls die in Art. 36 AEUV ausdrücklich für Kulturgut normierte Ausnahme gegenstandslos sei, ist überzeugend.

Die Warenverkehrsfreiheit richtet sich jedoch gemäß Art. 34 und 35 AEUV nicht nur gegen Ein- und Ausfuhrverbote, sondern auch gegen Maßnahmen gleicher Wirkung. Man wollte auch solche Maßnahmen der Mitgliedstaaten unterbinden, die zwar nicht ausdrücklich als Ein- und Ausfuhrverbote deklariert sind,

---

308 Vgl. *Siehr,* ZVglRWiss 1996, 170, 171.

309 EuGH, Slg. 1968, S. 633, 642 – Ausfuhr von Kunstschätzen.

310 So beispielsweise *Uhl,* Handel, S. 35 ff.; *Schuschke-Nehen,* Kulturgüterschutz, S. 61; *Hipp,* Schutz, S. 214; *Schwarze,* JZ 1994, 111, 113.; *Taschner,* Kulturgüterschutz, S. 100; *v. Schorlemer,* Internationaler Kulturgüterschutz, S. 55 f.; *Jaeger,* Internationaler Kulturgüterschutz, S. 40; *Fechner,* Kulturgüterschutz auf europäischer Ebene, 145 f.; *Niedobitek,* Kultur, S. 134; *Sparr,* Kulturhoheit und EWG-Vertrag, S. 100; *Ress,* Kultur, S. 28; *Turner,* Restitutionsrecht, S. 178; in Bezug auf archäologische Gegenstände siehe *Fechner,* Rechtlicher Schutz archäologischen Kulturguts, S. 81; EuGH, Slg. 1968, S. 633, 642.

aber eine ähnliche Wirkung haben. Gleiches gilt, wenn eine Maßnahme zwar keine protektionistische Zielrichtung hat, sich aber dennoch auf den freien Warenverkehr beschränkend auswirkt.[311] Zu solchen Maßnahmen gleicher Wirkung können vor allem besondere Formalitäten bei der Ausfuhr gehören, beispielsweise Ausfuhrlizenzen, Prüfungszeugnisse und besondere Ausfuhrerklärungen.[312]

b. Anwendungsbereich des Art. 36 AEUV

Die Warenverkehrsfreiheit ist also durch die zahlreichen Ausfuhrverbote und -beschränkungen der Mitgliedstaaten im Grundsatz verletzt. Allerdings lässt Art. 36 AEUV solche Einfuhr-, Ausfuhr- und Durchfuhrverbote oder -beschränkungen sowie – nach der Rechtsprechung des EuGH – auch die zuvor beschriebenen Maßnahmen gleicher Wirkung zu, die zum Schutz des nationalen Kulturguts von künstlerischem, geschichtlichem oder archäologischem Wert gerechtfertigt sind, sofern diese nicht ein Mittel zur willkürlichen Diskriminierung oder eine verschleierte Beschränkung des Handels zwischen den Mitgliedstaaten darstellen.

Welche Gegenstände in den Anwendungsbereich von Art. 36 AEUV fallen, ist teilweise schwierig zu bestimmen. Viele gehen in diesem Zusammenhang davon aus, dass Art. 36 AEUV als Ausnahmevorschrift eng auszulegen sei.[313] Diese Auffassung mag vor dem Hintergrund der gemäß Art. 36 AUEV erforderlichen Rechtfertigung des Eingriffs in die Warenverkehrsfreiheit in diesem konkreten Fall zutreffend sein, als allgemeine Regel ist sie jedoch nicht haltbar.[314]

Darüber hinaus schränkt der Wortlaut des Art. 36 AEUV, der ausdrücklich nur Regelungen zum *Schutz* von Kulturgut umfasst, den Anwendungsbereich ein. Diese Einschränkung hat zur Folge, dass Maßnahmen aus rein wirtschaftlichen Gründen ungeachtet des Art. 36 AEUV als eine unzulässige Beschränkung der Warenverkehrsfreiheit angesehen werden müssen.[315]

Als *Schutz* eines Kunstwerks kann darüber hinaus nur die Verhinderung der Abwanderung eines Kunstwerks aus einem Mitgliedstaat in einen anderen angesehen werden. Eine andere Auslegung, dass als Schutz (auch) die Erhaltung der Substanz eines Kunstwerks anzusehen ist, verbietet sich, da regelmäßig nicht davon auszugehen ist, dass die Ausfuhr eines Kunstwerks von einem in einen

---

311 *Hipp,* Schutz, S. 217 mwN.

312 *Geiger,* EUV/EGV, Art. 36 Rn. 10; *Hipp,* Schutz, S. 225 mwN.

313 Siehe hierzu insbesondere *Turner,* Restitutionsrecht, S. 179 f.; *Caldoro,* Kulturgüterschutz, S. 123 ff.; *Uhl,* Handel, S. 108 f.

314 Vgl. insbesondere *Ress,* Kultur, S. 81.

315 *Uhl,* Handel, S. 152.

anderen Mitgliedstaat der Europäischen Union die Substanzgefährdung dieses Kunstwerks zur Folge hat. Art. 36 AEUV gibt den Mitgliedstaaten also die Möglichkeit, die Abwanderung eines als wesentlich angesehenen Kulturguts zu verhindern, um ihr kulturelles Erbe zu erhalten.[316]

Weiterhin verlangt Art. 36 AEUV, dass das zu schützende Kunstwerk „einen künstlerischen, geschichtlichen oder archäologischen Wert" haben muss. Über dieses Kriterium wird sichergestellt, dass nur solche Kunstwerke von der Warenverkehrsfreiheit ausgenommen werden, die über eine bestimmte Qualität verfügen. Dass darüber hinaus nicht jeder finanzielle oder ideelle Wert ausreicht, sondern es sich um einen *besonderen* Wert handeln muss, ergibt sich aus den gemäß Art. 53 EUV gleichermaßen verbindlichen Fassungen des AUEV in englischer *(„national treasures")* und französischer *(„trésors nationaux")* Sprache. Diese Begriffe sind statt des in der deutschen Fassung verwendeten farblosen Begriffs „Kulturgut" mit „Schatz" zu übersetzen und machen daher besser als die deutsche Vertragsfassung deutlich, dass nur besonders wertvolle Gegenstände den Schutz von Art. 36 AEUV erfahren sollen.[317] Wo genau jedoch die Grenze zwischen „wertvollen" und anderen Kunstwerken zu ziehen ist, ist schwierig zu bestimmen. So wird beispielsweise vertreten, dass „Massengegenstände ohne überdurchschnittliche Prägung oder Aussagewert" nicht unter Art. 36 AEUV fallen.[318] Andere wollen nur solche Kunstwerke ausgenommen wissen, die sich durch Originalität und Einzigartigkeit auszeichnen und von besonderer künstlerischer Bedeutung sind.[319] Weitgehende Einigkeit besteht insoweit, als ein bestimmtes Alter oder ein bestimmter finanzieller Wert nicht Voraussetzung dafür ist, dass ein Kunstwerk der Ausnahme des Art. 36 AEUV unterfällt.[320]

Bereits diese schwachen Definitionsversuche machen deutlich, dass der künstlerische Wert eines Kunstwerks abstrakt kaum fassbar ist. Sie sind zugleich ein gutes Beispiel für die mit Art. 36 AEUV verbundenen Schwierigkeiten. Für die Zwecke dieser Arbeit ist jedoch festzuhalten, dass die hier in Rede stehenden „Spitzenwerke" in aller Regel auch dem Schutz des Art. 36 AUEV unterfallen. Erschwerend kommt hinzu, dass es Sache der Mitgliedstaaten ist, für „ihr" Kul-

---

316 *Uhl,* Handel, S. 152.

317 *Schuschke-Nehen,* Kulturgüterschutz, S. 77; *Turner,* Restitutionsrecht, S. 180 f.; vgl. auch *Fechner,* DÖV 1992, 609, 612.

318 *Müller-Graff,* in: von der Groeben/Schwarze, Art. 30 EG, Rn. 67; *Leible,* in: Grabitz/Hilf, Art. 30 EGV, Rn. 18; *Wyss,* Kultur als eine Dimension der Völkerrechtsordnung, S. 62; *v. Schorlemer,* Internationaler Kulturgüterschutz, S. 80; *Hipp,* Schutz, S. 228.

319 *Sparr,* Kulturhoheit und EWG-Vertrag, S. 108 f.; *Hipp,* Schutz, S. 226.

320 *Hipp,* Schutz, S. 229 mwN.; bezüglich des Erfordernisses finanziellen Werts siehe auch *Uhl,* Handel, S. 153; *Schuschke-Nehen,* Kulturgüterschutz, S. 81.

turgut zu entscheiden, ob dieses den erforderlichen Wert hat,[321] und daher eine europaweit einheitliche Auffassung nicht existiert.

c. Insbesondere: nationales Kulturgut

Ferner erfasst die Ausnahmevorschrift des Art. 36 AEUV nur *nationale* Kulturgüter. Wann ein Kunstwerk *national* ist, sagt Art. 36 AEUV jedoch nicht.

Zunächst soll dieses Merkmal denjenigen Mitgliedstaat identifizieren, zu dessen nationalem Kulturgut das zu schützende Werk zu zählen ist. Nur er soll berechtigt sein, es zu schützen. Eine Auflistung aller für diese Zuordnung in Betracht kommenden Gesichtspunkte findet sich in dem Kriterienkatalog im 5. Kapitel.

Kontrovers diskutiert wird in diesem Zusammenhang, ob über diesen zuordnenden Charakter hinaus eine besondere nationale Beziehung des in Rede stehenden Kunstwerks erforderlich sein soll. Dies wird teilweise verneint,[322] mehrheitlich unter Hinweis auf einen Kriterienkatalog jedoch bejaht.[323] Letzterer Auffassung ist zuzustimmen. Erst die gemäß Art. 36 AEUV erforderliche besondere nationale Beziehung liefert nämlich die Rechtfertigung dafür, dass bestimmte Kunstwerke in einem Mitgliedstaat immobilisiert werden dürfen. Ihr einschränkender Charakter dient darüber hinaus dazu, auch den gegenläufigen Interessen eines freien Kulturaustauschs und Kunsthandels gerecht zu werden.

Eine weitere Frage ist, wer die Nationalität eines Kunstwerks letztlich bestimmen darf. Art. 36 AEUV schweigt auch hierzu. Nach einhelliger Auffassung in der Literatur fällt es in die Kompetenz der Mitgliedstaaten, für „ihr" Kulturgut zu entscheiden, ob dieses den erforderlichen künstlerischen, geschichtlichen oder archäologischen *Wert* hat. Eine Überprüfung dieser Einschätzung auf europäischer Ebene ist nur in Missbrauchsfällen möglich. Gleiches gilt nach weit verbreiteter Auffassung für die *nationale* Zuordnung eines Kunstwerks.[324] Vielfach wird den einzelnen Mitgliedstaaten auch insoweit ein großer Ermessensspiel-

---

321 *Sparr*, Kulturhoheit und EWG-Vertrag, S. 94; *Hipp*, Schutz, S. 226; *Schack*, Kunst und Recht, Rn. 543; *Fechner*, Rechtlicher Schutz archäologischen Kulturguts, S. 82 f.; *Müller-Graff*, in: von der Groeben/Schwarze, Art. 30 EG, Rn. 67.

322 *Gormley*, Prohibiting the restrictions on trade within the EEC, S. 183; *Sparr*, Kulturhoheit und EWG-Vertrag, S. 92 f.; *Seidl-Hohenveldern*, Patrimoine culturel mobilier et Marché intérieur de la Communauté européenne, S. 759; *Turner*, Restitutionsrecht, S. 189.

323 *Peya*, Ausfuhr, S. 100; *Uhl*, Handel, S. 154; *Schuschke-Nehen*, Kulturgüterschutz, S. 78; *Blume*, Nationalität von Kulturgut, S. 67; *Bila*, Kulturgüterschutz, S. 129; *Siehr*, Freizügigkeit, 494 f.; *Maurer*, Ausfuhr, S. 58; *Reichelt*, ÖJZ 1994, 339, 341; vgl. allgemein *Jayme*, Rechtsfrage, S. 148.

324 *Turner*, Restitutionsrecht, S. 179; *Schuschke-Nehen*, Kulturgüterschutz, S. 77; *Schwarze*, JZ 1994, 111, 113 f.; *Uhl*, Handel, S. 126; *Fechner*, DÖV 1992, 609, 612; *Caldoro*, Kulturgüterschutz, S. 123; *Bila*, Kulturgüterschutz, S. 120, 129; *Fechner*, DÖV 1992, 609, 612; *Maurer*, Ausfuhr, S. 55; *Müller-Graff*, in: von der Groeben/Schwarze, Art. 30 EG, Rn. 65.

raum eingeräumt.[325] Welche Werke als „eigenes" nationales Kulturgut anzusehen seien, richte sich nach den jeweiligen nationalen Gesetzen, in Deutschland nach den Vorgaben des Kulturgutschutzgesetzes. Überschritten sei dieser Spielraum erst, wenn sich die Geltendmachung der kulturellen Eigeninteressen als missbräuchlich oder übermäßig darstelle.[326]

Wenngleich nicht bestritten werden soll, dass die Bestimmung auch der Nationalität in die Kompetenz der Mitgliedstaaten fällt, werden die Überlegungen zur Anwendung des Kriterienkatalogs[327] jedoch zeigen, dass diese Zuordnung in allen Mitgliedstaaten anhand eines einheitlichen Kriterienkatalogs samt einheitlicher Vorgaben für dessen Anwendung vorgenommen werden sollte. So lässt sich dem Missstand entgegenwirken, dass ein Mitgliedstaat auch anderen Nationen zugeschriebene Werke als eigene vereinnahmen kann.

Weitestgehend Einigkeit besteht wiederum insoweit, als auch Gegenstände von nur regionaler Bedeutung als nationale Kunstwerke angesehen werden können.[328] Zur Begründung dieser im ersten Moment ungewöhnlich anmutenden Erweiterung des Anwendungsbereichs von Art. 36 AEUV wird angeführt, dass nur auf diese Weise auch Kunstwerken von regionalen Minderheiten der erforderliche Schutz zuteil werden kann.[329] Der *VGH Mannheim* hat zudem im Hinblick auf die Einbeziehung deutscher nationaler Kulturgüter in den Schutzbereich des Art. 36 AEUV ergänzend ausgeführt, dass die deutsche Geschichte bis in das 19. Jahrhundert hinein eine Geschichte der Regionen war.[330] Diese Regionen verfügten noch heute über kulturelle und politische Besonderheiten, die es zu schützen gelte.

2. Die Richtlinie 93/7/EWG vom 15. März 1993

Ausländisches öffentliches Recht wird im Inland grundsätzlich nicht durchgesetzt. Dies hatte in Bezug auf den Kulturgüterschutz bis zum Erlass der Richtlinie 93/7/EWG vom 15. März 1993[331] (im Folgenden „RL") und der nationalen

---

[325] *Uhl,* Handel, S. 115; *Schwarze,* EU-Kommentar, Art. 30 EGV, Rn. 21.

[326] *Schwarze,* JZ 1994, 111, 114.

[327] Siehe unten S. 155 ff.

[328] *Schuschke-Nehen,* Kulturgüterschutz, S. 80; *Müller-Graff,* in: von der Groeben/Schwarze, Art. 30 EG, Rn. 68; *Peya,* Ausfuhr, S. 102; *Uhl,* Handel, S. 158; *Maurer,* Ausfuhr, S. 58; *Goyder,* IJCP 1992, 219, 221; *Oliver,* Free movement of goods in the European Community S. 221; *Ress,* Kultur, S. 81; *Leible,* in: Grabitz/Hilf, Art. 30 EGV, Rn. 18; VGH Mannheim NJW 1987, 1440, 1441.

[329] *Schuschke-Nehen,* Kulturgüterschutz, S. 80.

[330] VGH Mannheim NJW 1987, 1440, 1441.

[331] Richtlinie 93/7/EWG des Rates vom 15. März 1993 über die Rückgabe von unrechtmäßig aus dem Hoheitsgebiet eines Mitgliedstaates verbrachten Kulturgütern, ABlEG Nr. L 74,

Umsetzungsgesetze dazu geführt, dass die nach nationalem Recht rechtswidrige Ausfuhr von Kunstwerken regelmäßig sanktionslos blieb. Auch die anderen Mitgliedstaaten der Europäischen Union weigerten sich in diesen Fällen regelmäßig, rechtswidrig exportierte Kunstwerke zurückzugeben.[332] Hinzu kam, dass durch die Verwirklichung des Binnenmarkts das Verbringen von Kulturgütern problemlos möglich und die zuvor noch erforderliche Fälschung von Exportdokumenten überflüssig geworden war.[333] Infolge der nach Schengen fast vollständig weggefallenen Grenzkontrollen ist es den Mitgliedstaaten heute kaum mehr möglich, die unbefugte Ausfuhr von Kunstwerken an ihren Außengrenzen zu verhindern.[334]

Der europäische Gesetzgeber hat sich mit dem Erlass der Richtlinie dieser Problematik angenommen und alle Mitgliedstaaten verpflichtet, insoweit auch das öffentliche Recht der anderen Mitgliedstaaten im Inland durchzusetzen und dafür Sorge zu tragen, dass nach dem 1. Januar 1993 illegal verbrachtes Kulturgut zurückgegeben wird. Auf diese Weise sollte innerhalb der Europäischen Union ein effektives Rückgabesystem für Kulturgüter geschaffen und der Schutz des nationalen Kulturguts gewährleistet werden.[335] Aus einem Bericht der Europäischen Kommission geht jedoch hervor, dass die Richtlinie nur selten angewendet wird und dass auch in der Zusammenarbeit der Mitgliedstaaten erhebliche Defizite bestehen.[336]

a. Anwendungsbereich der Richtlinie

Die Richtlinie erfasst gemäß Art. 1 Nr. 1 nationales Kulturgut von künstlerischem, archäologischem oder wissenschaftlichem Wert, das entweder unter eine der im Anhang zur Richtlinie genannten Kategorien fällt oder zu einer als erhaltenswert bezeichneten öffentlichen Sammlung gehört oder im Bestandsverzeichnis einer öffentlichen Einrichtung aufgeführt ist. Um die im Anhang der Richtlinie genannten Kriterien zu erfüllen, müssen einige Arten von Kulturgütern einen bestimmten Wert, andere hingegen ein bestimmtes Alter oder gar beides haben. So werden beispielsweise Bilder und Gemälde von der Richtlinie nur

---

S. 74; geändert durch Richtlinie 96/100/EG des Europäischen Parlaments und des Rates vom 17. Februar 1997, ABlEG Nr. L 69, S. 59 und durch Richtlinie 2001/38/EG des Europäischen Parlaments und des Rates vom 5. Juni 2001, ABlEG Nr. L 187, S. 43.

332 *Siehr,* EG-Richtlinie, S. 33.

333 *Siehr,* EG-Richtlinie, S. 31.

334 *Hipp,* Schutz, S. 251.

335 KOM (91) 447 endg., S. 7, abgedruckt in BR-Ds. 137/92; vgl. auch *Bila,* Kulturgüterschutz, S. 161; *Schuschke-Nehen,* Kulturgüterschutz, S. 129.

336 Bericht der Kommission an den Rat, das Europäische Parlament und den Europäischen Wirtschafts- und Sozialausschuss vom 21. Dezember 2005, KOM (2005) 675 endg., *Marc Weber*, KUR 2008, 74, 75 f.

erfasst, wenn sie mindestens 50 Jahre alt sind und einen Wert von mindestens EUR 150.000 haben. Einige Arten von Kunstwerken werden jedoch wert- und altersunabhängig geschützt. Die abschließende Aufzählung im Anhang der Richtlinie wird – obwohl er bereits zweimal wegen Unklarheiten geändert wurde[337] – auch heute noch kritisiert, da manche bedeutenden Werke nicht erfasst würden.[338]

Aus dem Anhang zur Richtlinie ergibt sich zudem, dass der maßgebliche finanzielle Wert des in Rede stehenden Werks derjenige am Tag des Rückgabeverlangens ist. So kann eine nach dem rechtswidrigen Export eintretende Wertsteigerung dazu führen, dass der Tatbestand eines unrechtmäßigen Verbringens gegeben ist und das Kulturgut daher zurückgefordert werden kann. Dieses nachträgliche Entstehen des Rückforderungsanspruchs wird teilweise für unzulässig gehalten, da es mit dem gemeinschaftsrechtlichen Grundsatz der Vorhersehbarkeit nicht vereinbar sei.[339] Vielmehr soll die Wertermittlung bereits endgültig zu dem Zeitpunkt vorgenommen werden, in dem der Ausfuhrantrag gemäß der Verordnung (EG) Nr. 116/2009 gestellt wird.[340] Diese Argumentation ist zutreffend, wenn es sich um einen – gemäß Art. 1 Nr. 2 Spiegelstrich 1 RL ausdrücklich von der Richtlinie erfassten – Fall handelt, in dem aufgrund einer zunächst erfolgten Ausfuhr des Kulturguts nach außerhalb der Europäischen Union der Anwendungsbereich der Verordnung (EG) Nr. 116/2009 ohnehin eröffnet ist. In diesem Fall liegt nämlich – wie die nachfolgenden Ausführungen auf S. 75 ff. zeigen werden – bereits kein Fall des unrechtmäßigen Verbringens gemäß Art. 1 Nr. 2 RL vor. Im Anhang der Verordnung ist festgelegt, dass der maßgebliche Zeitpunkt derjenige der Einreichung des Antrags auf Erteilung der Ausfuhrgenehmigung und eine nachträgliche Wertsteigerung damit unbeachtlich ist.

Nach Art. 1 Nr. 2 RL kann sich die Unrechtmäßigkeit des Verbringens jedoch auch aus einer einzelstaatlichen Vorschrift zum Schutz nationalen Kulturguts ergeben. In diesem Fall ist ausschließlich auf die im Anhang der Richtlinie genannten Wertgrenzen abzustellen und der Wert des Kunstwerks im Zeitpunkt der Einreichung des Antrags auf Rückgabe festzustellen. Auch wenn sie in der Tat dazu führen kann, dass ein Kunstwerk erst nach seiner Ausfuhr in den Anwendungsbereich der Richtlinie fällt, ist diese Regelung als rechtmäßig anzusehen, da derjenige, der einen Gegenstand ins Ausland verbracht hat, dessen Wert bereits bei der Ausfuhr in die Nähe der einschlägigen Wertgrenze kam, vor-

---

[337] Durch Richtlinie 96/100/EG vom 17. Februar 1997, ABlEG Nr. L 060, S. 59 und durch Richtlinie 2001/38/EG vom 5. Juni 2001, ABlEG Nr. 18, S. 43.

[338] *Schuschke-Nehen,* Kulturgüterschutz, S. 137 f., 118; *Hipp,* Schutz, S. 265 f.; *Bila,* Kulturgüterschutz, S. 198.

[339] *Eberl,* NVwZ 1994, 729, 732; vgl. auch *Bila,* Kulturgüterschutz, S. 167.

[340] *Bila,* Kulturgüterschutz, S. 167; *Mußgnug,* EuR 2000, 564, 577 f.; *Schuschke-Nehen,* Kulturgüterschutz, S. 148.

sorglich hätte eine Genehmigung einholen können. Dritte Erwerber schützt zudem die Entschädigungsregelung in Art. 9 RL.[341]

Weiterhin muss das in Rede stehende Kulturgut nach den nationalen Rechtsvorschriften im Sinne des Art. 36 AEUV als nationales Kulturgut von künstlerischem, geschichtlichem oder archäologischem Wert eingestuft worden sein. Da Art. 1 Nr. 1 Spiegelstrich 1 RL diesen Bezug ausdrücklich anordnet, kann hinsichtlich des Begriffs des nationalen Kulturguts von künstlerischem, archäologischem und wissenschaftlichem Wert auf die vorstehenden Ausführungen zu Art. 36 AEUV verwiesen werden.[342]

Ein auch von der Richtlinie angesprochener Sonderfall liegt vor, wenn ein Mitgliedstaat ein Kunstwerk erst unter Schutz stellt, nachdem es bereits exportiert worden ist. Gemäß Art. 1 Nr. 1 Spiegelstrich 1 RL ist auch dieser Fall erfasst. Wie zu erwarten, wird diese Vorschrift vor allem vom Kunsthandel für unwirksam gehalten, da auch sie mit dem Rechtsstaatsprinzip aufgrund der in ihr enthaltenen Rückwirkung nicht vereinbar sei.[343] Berücksichtigt man allerdings, dass einige Mitgliedstaaten ihr gesamtes Kulturgut unter Schutz stellen, andere – wie die Bundesrepublik Deutschland – hingegen nur wenige Werke durch Eintragung in ein Verzeichnis und wieder andere – beispielsweise Großbritannien – die Werke erst bei beabsichtigter Ausfuhr und nach einer Einzelfallprüfung unter Schutz stellen, so wird deutlich, dass nur durch die Möglichkeit einer auch nachträglichen Unterschutzstellung eine Gleichstellung dieser Schutzsysteme erreicht und eine Begünstigung des Systems der vollständigen Unterschutzstellung vermieden wird. Vor diesem Hintergrund halten viele die Regelung trotz der obigen Bedenken zutreffend für verhältnismäßig.[344]

b. Unrechtmäßiges Verbringen

Die Richtlinie verbietet nicht grundsätzlich, ein erfasstes Kulturgut von einem Mitgliedstaat in einen anderen auszuführen, sondern findet nur Anwendung, wenn es illegal verbracht oder nach legaler Ausfuhr nicht binnen der gesetzten Frist zurückgegeben wurde.[345] Illegal ist dabei gemäß Art. 1 Nr. 2 RL zum einen ein Verbringen entgegen den öffentlich-rechtlichen Regeln des betroffenen Mitgliedstaats, wenn das Kulturgut in diesem Mitgliedstaat als nationales Kulturgut

---

341 *Hipp,* Schutz, S. 280.

342 Vgl. auch die Begründung der Richtlinie, KOM (91) 447 endg., S. 20, abgedruckt in BR-Ds. 137/92.

343 *Eberl,* NVwZ 1994, 729, 732; *v. Preusschen,* EuZW 1999, 40, 41; *Fuchs,* IPRax 2000, 281, 283.

344 *Schuschke-Nehen,* Kulturgüterschutz, S. 146 f.; *Hipp,* Schutz, S. 279; *Mußgnug,* EuR 2000, 564, 576; *Rietschel,* Kulturgüterschutz, S. 125 f.

345 Die Richtlinie definiert in Art. 1 Nr. 2 diese beiden Wege gemeinsam als „unrechtmäßiges Verbringen“. Dieser Terminologie schließt sich der Verfasser an.

unter Schutz gestellt und seine Ausfuhr aus diesem Grund verboten war. Der Anwendungsbereich der Richtlinie ist jedoch weiter und erfasst gemäß Art. 1 Nr. 2 RL auch solche Fälle, in denen ein Kulturgut unter Verstoß gegen die noch näher zu erörternde Verordnung (EG) Nr. 116/2009[346] (oder gegen ein nationales Exportverbot) zunächst in einen Drittstaat und erst dann in einen anderen Mitgliedstaat der Europäischen Union gelangt ist.[347]

c. Der Rückgabeanspruch

Dem Mitgliedstaat, aus dessen Hoheitsgebiet ein geschütztes Werk unrechtmäßig verbracht wurde, steht gemäß Art. 2, 5 RL gegenüber dem „Eigentümer" oder hilfsweise dem „Besitzer" ein Rückgabeanspruch zu.[348] Für den deutschen Rechtsanwender ungewohnt ist die von der Richtlinie vorgesehene Bezeichnung des Rückgabeschuldners. Als „Eigentümer" definiert Art. 1 Nr. 6 RL diejenige Person, welche die unmittelbare Sachherrschaft über den Kunstgegenstand für sich selbst ausübt. Besitzer ist nach Art. 1 Nr. 7 hingegen, wer den Besitz für andere ausübt. Nach der Nomenklatur des deutschen Zivilrechts wäre dieser „Eigentümer" also der unmittelbare Eigenbesitzer, der „Besitzer" hingegen ein Fremdbesitzer. Aus diesen Definitionen ergibt sich, dass die Richtlinie als Rückgabeschuldner jeden Besitzer ansieht und es nicht darauf ankommt, ob ihm ein (dauerhaftes) Recht zum Besitz zusteht.[349] Der Rückgabeanspruch besteht zudem unabhängig von etwa ebenfalls gegebenen zivilrechtlichen Ansprüchen.[350]

Die Rückgabe eines Kunstwerks aufgrund der Richtlinie hat als solche keinen Einfluss auf die eigentumsrechtliche Situation. Zum einen ergibt sich dies aus Art. 12 RL, der ausdrücklich bestimmt, dass das Recht des ersuchenden Mitgliedstaats maßgeblich für die Eigentumszuordnung *nach* erfolgter Rückgabe sein soll. Aber auch die Definition in Art. 1 Nr. 5 RL des Begriffs der „Rückkehr" weist in diese Richtung. Danach ist darunter (nur) die materielle Rückkehr des Werks zu verstehen, nicht hingegen die Rückübertragung des Eigentums.[351]

---

[346] Siehe unten S. 75 ff.

[347] KOM (91) 447 endg., S. 21, abgedruckt in BR-Ds. 137/92; *Fechner,* DÖV 1992, 609, 613; *Siehr,* NJW 1993, 2206, 2206; *Bila,* Kulturgüterschutz, S. 164; *Schuschke-Nehen,* Kulturgüterschutz, S. 144; *Eberl,* NVwZ 1994, 729, 732.

[348] Siehe zur Person des Rückgabegläubigers unten S. 163 f.

[349] *Hipp,* Schutz, S. 282 f.; *Schuschke-Nehen,* Kulturgüterschutz, S. 149; *Eberl,* NVwZ 1994, 729, 733; *Mußgnug,* Überlegungen, S. 1232.

[350] *Siehr,* NJW 1993, 2206, 2207; *Müller-Katzenburg,* Internationale Standards, S. 176 f.; *Hipp,* Schutz, S. 278.

[351] KOM (91) 447 endg., S. 22, abgedruckt in BR-Ds. 137/92; *Hipp,* Schutz, S. 283.

d. Ausschlussfrist

Der Rückgabeanspruch erlischt gemäß Art. 7 Abs. 1 RL ein Jahr nachdem der ersuchende Mitgliedstaat von der Belegenheit des Kulturguts sowie der Person seines Besitzers oder Eigentümers Kenntnis erlangt hat. Dreißig Jahre nach dem Zeitpunkt des unrechtmäßigen Verbringens erlischt der Rückgabeanspruch ohne Rücksicht auf diese Kenntnis. Lediglich für geschützte Kulturgüter aus öffentlichen Sammlungen sowie kirchliche Güter beträgt diese Frist fünfundsiebzig Jahre.

e. Folgen der Rückgabe

Da der Rückgabeanspruch unabhängig von der zivilrechtlichen Eigentumslage besteht, sieht Art. 9 RL einen Anspruch auf eine angemessene Entschädigung für den Eigentümer – also nach der deutschen Diktion (nur) für den Eigenbesitzer – vor, sofern dieser beim Erwerb des Werks mit der erforderlichen Sorgfalt vorgegangen ist. Ausweislich der Begründung der Richtlinie soll der Entschädigungsanspruch darüber hinaus nur demjenigen zustehen, der „das geforderte Kulturgut erworben hat, nachdem es unrechtmäßig aus dem Staatsgebiet des ersuchenden Mitgliedstaates verbracht wurde".[352] Wer also ein Kunstwerk selbst oder durch einen Dritten unrechtmäßig verbracht hat, hat keinen Anspruch auf Entschädigung, hätte er doch wissen müssen, dass die Ausfuhr unrechtmäßig war.[353] Die Höhe der Entschädigung wird von dem Gericht festgesetzt, das in der Sache über den Rückgabeanspruch zu entscheiden hat, und dürfte sich im Regelfall an der Höhe des gezahlten Kaufpreises orientieren.[354]

Gemäß Art. 10 RL gehen die Kosten, die sich aus der Rückgabe des Kunstwerks ergeben, zu Lasten des ersuchenden Mitgliedstaats. Dieser kann jedoch sowohl hinsichtlich dieser Kosten als auch hinsichtlich der gezahlten Entschädigung gemäß Art. 11 RL nach Maßgabe seines nationalen Rechts denjenigen in Regress nehmen, der für das unrechtmäßige Verbringen verantwortlich ist.

f. Die Umsetzung in deutsches Recht

Die Richtlinie 93/7/EWG bedurfte wie alle Richtlinien gemäß Art. 288 Abs. 3 AEUV der Umsetzung in nationales Recht. Hiermit hatte sich die Bundesrepublik Deutschland jedoch Zeit gelassen und die am 15. März 1994 endende Frist für die Umsetzung deutlich überschritten. Erst am 15. Oktober 1998 wurde nach langer Auseinandersetzung und einer Änderung der Gesetzgebungskompetenz

---

352 KOM (91) 447 endg., S. 29, abgedruckt in BR-Ds. 137/92.

353 KOM (91) 447 endg., S. 29, abgedruckt in BR-Ds. 137/92; *Hipp*, Schutz, S. 287; *Schuschke-Nehen*, Kulturgüterschutz, S. 152 ff.

354 *Schuschke-Nehen*, Kulturgüterschutz, S. 156; *Hipp*, Schutz, S. 286; *Bila*, Kulturgüterschutz, S. 191 f.

vom Bund das „Gesetz zur Umsetzung von Richtlinien der Europäischen Gemeinschaften über die Rückgabe von unrechtmäßig aus dem Hoheitsgebiet eines Mitgliedstaats verbrachten Kulturgütern und zur Änderung des Gesetzes zum Schutz deutschen Kulturgutes gegen Abwanderung (Kulturgutsicherungsgesetz – KulturgutsicherungsG)“ in Kraft gesetzt.[355] Das KulturgutsicherungsG ist ein sogenanntes Artikelgesetz, das in Art. 1 das „Gesetz zur Umsetzung der Richtlinie 93/7/EWG über die Rückgabe von unrechtmäßig aus dem Hoheitsgebiet eines Mitgliedstaats verbrachten Kulturgütern (Kulturgüterrückgabegesetz – KultGüRückG)“ enthält und damit die Vorgaben der Richtlinie in deutsches Recht umsetzt. Durch Art. 2 KulturgutsicherungsG wurden die erforderlichen Anpassungen des Kulturgutschutzgesetzes vorgenommen.

Das Kulturgüterrückgabegesetz setzt die Vorgaben der Richtlinie allerdings nicht ganz vollständig in nationales Recht um. Hinsichtlich der geschützten Werke hat sich der deutsche Gesetzgeber dafür entschieden, die von der Richtlinie vorgesehene Möglichkeit einer nachträglichen Unterschutzstellung mit Hinweis auf einen darin liegenden Verstoß „gegen höherrangige Grundsätze des Gemeinschaftsrechts“[356] nicht mit in das deutsche Recht zu übernehmen. Da jedoch – nach der oben auf S. 70 f. dargestellten zutreffenden Auffassung – die Vorgaben der Richtlinie primärrechtskonform sind, hätte der deutsche Gesetzgeber sie übernehmen müssen und verhält sich durch seine Weigerung daher seinerseits gemeinschaftsrechtswidrig.

Eine weitere Abweichung der deutschen Umsetzung betrifft die Person des Entschädigungsgläubigers. Während die Richtlinie nur eine Entschädigung des „Eigentümers“ in dem von ihr vorgegebenen Sinne – also nach der Diktion des deutschen Zivilrechts eines unmittelbaren Eigenbesitzers – vorsieht, steht der Entschädigungsanspruch nach deutschem Recht jedem „Rückgabeschuldner“ unabhängig von der Besitz- oder Eigentumslage zu, sofern diesem nicht das unrechtmäßige Verbringen bekannt oder aufgrund grober Fahrlässigkeit unbekannt war.[357]

Eine Verpflichtung zur Rückgabe von unrechtmäßig verbrachtem deutschem Kulturgut besteht gemäß § 1 KultGüRückG nur für solche Gegenstände, die im Verzeichnis national wertvollen Kulturguts oder im Verzeichnis national wertvoller Archive eingetragen sind oder für die ein Eintragungsverfahren eingeleitet und die Einleitung öffentlich bekannt gemacht worden ist. Im Verzeichnis sind

---

355 BGBl 1998 I 3162.

356 So die Begründung zum KulturgutsicherungsG, BT-Ds. 13/10789, S. 8.

357 Die entsprechende Regelung fand sich zunächst in § 9 KultGüRückG 1998, heute in § 10 KultGüRückG. Irreführend insoweit *Rietschel,* Kulturgüterschutz, S. 97 f., die den „Eigentümer“ nach der Richtlinie mit demjenigen nach der Diktion des deutschen Zivilrechts gleichsetzt.

jedoch im Vergleich mit dem geschützten Kulturgut anderer Mitgliedstaaten nur sehr wenige Werke eingetragen, sodass davon auszugehen ist, dass die Bundesrepublik Deutschland auf diese Weise nur einen Teil ihres nationalen Kulturguts schützt.[358] Gemeinschaftsrechtlich stößt diese restriktive Haltung jedoch auf keine Bedenken.

Seit 2007 werden auch die Vorgaben der UNESCO-Konvention 1970 durch das – entsprechend ergänzte – Kulturgüterrückgabegesetz in nationales Recht umsetzt.[359]

3. Die Verordnung (EG) über die Ausfuhr von Kulturgütern

Die Verordnung (EG) Nr. 116/2009 des Rates vom 18. Dezember 2008 über die Ausfuhr von Kulturgütern[360] (im Folgenden: VO) betrifft den Handel mit Nicht-Mitgliedstaaten der Europäischen Union. Diese Verordnung ersetzt die Verordnung 3911/92/EWG vom 9. Dezember 1992,[361] ohne die materielle Rechtslage zu ändern.

Ziel der Verordnung ist es, einen für alle Mitgliedstaaten verbindlichen Mindeststandard festzulegen, dem sämtliche Ausfuhren von Kulturgütern an den Außengrenzen der EU unterworfen sind. So soll vermieden werden, dass der Handel mit Kulturgütern den Weg des geringsten Widerstands gehen kann und als Exportland innerhalb der Gemeinschaft derjenige Mitgliedstaat gewählt wird, der die geringsten Hürden für den Export von Kulturgütern aufgestellt hat. Da es sich bei der Verordnung nur um einen Mindeststandard handelt, steht es allen Mitgliedstaaten frei, weitergehende Anforderungen an die Ausfuhr von Kulturgütern nach außerhalb der EU zu stellen.[362]

a. Anwendungsbereich der Verordnung

Diesen Mindeststandard sichert die Verordnung, indem sie eine allgemeine Genehmigungspflicht für die Ausfuhr aller ihr unterfallenden Kulturgüter statuiert. Das sind nach Art. 1 VO nur solche Kulturgüter, die in eine der im An-

---

[358] *Rietschel,* Kulturgüterschutz, S. 132 f.

[359] Hierzu siehe unten S. 80 ff.

[360] EU-Abl Nr. L 39, S. 1.

[361] Verordnung (EWG) Nr. 3911/92 des Rates vom 9. Dezember 1992 über die Ausfuhr von Kulturgütern, ABlEG Nr. L 395, S. 1; geändert durch Verordnung (EG) Nr. 2469/96 des Rates vom 16. Dezember 1996, ABlEG Nr. L 335, S. 9 und durch Verordnung (EG) Nr. 974/2001 des Rates vom 14. Mai 2001, ABlEG Nr. L 137, S. 10 und durch Verordnung (EG) Nr. 806/2003 des Rates vom 14. April 2003, ABlEU Nr. L 122, S. 1 sowie berichtigt durch Berichtigung ABlEG Nr. L 267 vom 19. Oktober 1996, S. 30.

[362] KOM (91) 447 endg., S. 6, abgedruckt in BR-Ds. 137/92; vgl. auch *Schuschke-Nehen,* Kulturgüterschutz, S. 96 f.; *Bila,* Kulturgüterschutz, S. 144 f.; *Schwarze,* JZ 1994, 111, 114.

hang genannten Kategorien fallen und die dort für viele Gegenstände festgelegten Wert- und Altersgrenzen überschreiten. Die Anhänge der Verordnung und der Richtlinie sind weitgehend identisch. Die einzigen Unterschiede bestehen darin, dass von der Richtlinie gemäß Nr. 14 des Anhangs auch alle Antiquitäten erfasst werden, die keiner der zuvor genannten Kategorien unterfallen und die älter als 50 Jahre sind. Derart uneingeschränkt gilt dies gemäß Nr. 15b des Anhangs der Verordnung nur für Antiquitäten, die über 100 Jahre alt sind. Sind die Werke hingegen nur über 50 Jahre alt, unterfallen sie der Verordnung nur dann, wenn sie zusätzlich zu einer der unter Nr. 15a des Anhangs der Verordnung genannten Kategorien zählen.

Hinsichtlich der Anwendung der Wertgrenzen besteht noch ein weiterer Unterschied zwischen den beiden Anhängen. Der für die Anwendung der Verordnung maßgebliche Wert ist nämlich aufgrund ausdrücklicher Anordnung im Anhang im Zeitpunkt der „Einreichung des Antrags auf Erteilung einer Ausfuhrgenehmigung" zu beurteilen. Anders als bei der Anwendung der Richtlinie kann also eine nachträgliche Erhöhung dieses Werts nicht dazu führen, dass nachträglich noch eine Ausfuhrgenehmigung beantragt und erteilt werden muss.

Darüber hinaus steht es jedem Mitgliedstaat aufgrund der Bagatellklausel des Art. 2 Abs. 2 Unterabs. 2 VO frei, für die Ausfuhr von archäologischen Gegenständen auch dann keine Ausfuhrgenehmigung zu verlangen, wenn diese zwar über 100 Jahre alt, aber nur von archäologisch oder wissenschaftlich beschränktem Wert sind. Dies gilt jedoch nur, soweit sie nicht unmittelbar aus Grabungen, archäologischen Funden oder Stätten stammen und der Handel mit ihnen rechtmäßig ist. Auf diese Weise soll der Handel mit nicht schutzwürdigen Massenwaren wie Münzen ohne Seltenheitswert von der Genehmigungspflicht ausgenommen werden.[363]

Der – insoweit von der Richtlinie abweichende – Ansatz, dass alle im Anhang der Verordnung aufgeführten Gegenstände geschützt werden und ihre Ausfuhr daher zuvor genehmigt werden muss, mag der einzige Weg sein, eine effektive Kontrolle an den EU-Außengrenzen zu ermöglichen.[364] Eine widerspruchsfreie Handhabung des Anhangs, der keine Umsetzung in nationales Recht mehr erfordert, ist jedoch kaum zu erreichen. So weist beispielsweise *Mußgnug* zu Recht darauf hin, dass seine Schulhefte, die älter als 50 Jahre sind, wohl eine Handschrift im Sinne von Nr. 8 des Anhangs der Verordnung darstellen. Da zudem Handschriften wertunabhängig geschützt werden, müsste für den Export dieser Schulhefte bei einer am Wortlaut haftenden Auslegung eine Ausfuhrgenehmi-

---

363 *Berndt,* Internationaler Kulturgüterschutz, S. 153; *Hipp,* Schutz, S. 270; *Schuschke-Nehen,* Kulturgüterschutz, S. 104; *Mußgnug,* Europäischer und nationaler Kulturgüter-Schutz, S. 15; *Maurer,* Ausfuhr, S. 88.

364 So beispielsweise *Rietschel,* Kulturgüterschutz, S. 91.

gung beantragt und – sofern nicht die Schulhefte des Herrn Mußgnug als nationales Kulturgut anzusehen sind – auch erteilt werden.[365] Dies wird allerdings wohl niemand ernstlich verlangen. Man wird also Art. 1 VO so zu verstehen haben, dass nur solche Gegenstände geschützt werden, die zum einen in eine der Kategorien des Anhangs der Verordnung fallen und zum anderen zumindest über einen geringen künstlerischen, archäologischen oder geschichtlichen Wert verfügen. Andernfalls wäre der Anwendungsbereich der Verordnung fast uferlos.

b. Nationales Kulturgut

Der Genehmigungspflicht nach Art. 2 Abs. 1 VO unterfallen also alle erfassten Kulturgüter unabhängig davon, ob es sich bei ihnen um nationale Kunstwerke handelt. Dennoch kann auch bei der Anwendung der Verordnung die Frage der Nationalität des in Rede stehenden Werks nicht außer Betracht gelassen werden. Während nämlich für die „nicht-nationalen" Kunstwerke eines Mitgliedstaats die Ausfuhrgenehmigung als gebundene Entscheidung zu erteilen ist,[366] kann diese Genehmigung gemäß Art. 2 Abs. 2 Unterabs. 3 VO „verweigert werden, wenn die betreffenden Kulturgüter unter eine Rechtsvorschrift zum Schutz nationalen Kulturguts von künstlerischem, geschichtlichem oder archäologischem Wert in dem Mitgliedstaat fallen". Diese Regelung räumt der zuständigen Behörde des jeweiligen Mitgliedstaats also ein Ermessen ein, ob ein nationales Kunstwerk exportiert werden darf.[367] Maßgeblich für die Ausübung des Ermessens sind die Vorgaben des nationalen Rechts des betroffenen Mitgliedstaates, im deutschen Recht also des Kulturgutschutzgesetzes. Nach den Vorgaben des deutschen Rechts sind kaum Anhaltspunkte dafür erkennbar, dass die zuständige Behörde das ihr eingeräumte Ermessen anders ausüben dürfte, als sie es im Zusammenhang mit der Eintragung in das Verzeichnis national wertvollen Kulturguts nach Maßgabe des Kulturgutschutzgesetzes zu tun pflegt.[368] Anders gesagt ist also bei Werken, die bereits in dieses Verzeichnis aufgenommen worden sind, regelmäßig auch die europäische Ausfuhrgenehmigung zu versagen, sonst hingegen zu erteilen.

---

[365] *Mußgnug,* Europäischer und nationaler Kulturgüter-Schutz, S. 15.

[366] *Mußgnug,* Überlegungen, S. 228 f.; *Siehr,* NJW 1993, 2206, 2207; *Bernsdorff/Kleine-Tebbe,* Kulturgutschutz in Deutschland, Teil D, Rn. 9; *Eberl,* NVwZ 1994, 729, 730; *Bila,* Kulturgüterschutz, S. 152; *Schuschke-Nehen,* Kulturgüterschutz, S. 108 f.

[367] *Eberl,* NVwZ 1994, 729, 730; *Siehr,* NJW 1993, 2206, 2207; *Bernsdorff/Kleine-Tebbe,* Kulturgutschutz in Deutschland, Teil D, Rn. 10; *Hipp,* Schutz, S. 269; *Schuschke-Nehen,* Kulturgüterschutz, S. 108 f.; *Bila,* Kulturgüterschutz, S. 152.

[368] *Peya,* Ausfuhr, S. 161; anders wohl *Hipp,* Schutz, S. 274.

c. Erteilung der Ausfuhrgenehmigung

Gemäß Art. 2 Abs. 2 Unterabs. 1 lit. a VO wird die Ausfuhrgenehmigung auf Antrag regelmäßig von der zuständigen Behörde desjenigen Mitgliedstaats erteilt, in welchem sich das Werk am 1. Januar 1993 rechtmäßig und endgültig befunden hat. Wurde das Werk seitdem rechtmäßig und endgültig in einen anderen Mitgliedstaat verbracht oder aus einem Drittland in diesen eingeführt oder wurde es aus einem Mitgliedstaat rechtmäßig und endgültig in ein Drittland ausgeführt und reimportiert, sind gemäß Art. 2 Abs. 2 Unterabs. 2 lit. b VO die Behörden dieses Mitgliedstaats zuständig. Leider ist die in Spiegelstrich 1 enthaltene Regelung missverständlich formuliert, da eine am Wortlaut haftende Auslegung ergeben würde, dass für Werke, die sich am 1. Januar 1993 entweder rechtswidrig oder nur vorübergehend in einem anderen Mitgliedstaat befunden haben, keine Ausfuhrgenehmigung erforderlich ist. Wie sich aus der Begründung zur Verordnung (und auch aus einer lebensnahen Auslegung) ergibt, entspricht dies jedoch nicht dem Willen des Verordnungsgebers.[369] Vielmehr ist diese Vorschrift so zu verstehen, dass nach Spiegelstrich 1 derjenige Mitgliedstaat zuständig ist, in „dem sich das in Rede stehende Kulturgut am Stichtag befand“. Nur wenn es zuvor unrechtmäßig oder vorübergehend verbracht worden war, liegt die Zuständigkeit bei demjenigen Mitgliedstaat, aus dem es erstmalig rechtswidrig oder nur vorübergehend verbracht wurde.[370] Innerhalb des jeweiligen Mitgliedstaats richtet sich die Zuständigkeit nach seinem nationalen Recht, da die Verordnung insoweit keine Vorgaben macht.

War die Einfuhr eines Kunstwerks in einen Mitgliedstaat rechtswidrig, muss er die Erteilung der Ausfuhrgenehmigung also mangels Zuständigkeit ablehnen.[371] Ein Umgehen der Ausfuhrregularien eines bestimmten Mitgliedstaats ist daher nicht mehr möglich.

Die Genehmigung gilt gemäß Art. 2 Abs. 3 VO innerhalb der gesamten Europäischen Union. Wird sie vom (alleine) zuständigen Mitgliedstaat versagt, darf das betreffende Kulturgut auch nicht durch einen anderen Mitgliedstaat in ein nicht zur EU gehörendes Drittland exportiert werden. Auf diese Weise erhält auch die Versagung der Ausfuhrgenehmigung europaweite Bedeutung.[372]

d. Durchführungsverordnung (EWG) Nr. 752/93 vom 30. März 1993

Nach Art. 7 VO werden die zu ihrer Durchführung erforderlichen Vorschriften von der Kommission durch eine weitere Verordnung erlassen. Dies ist – bereits

---

[369] KOM (91) 447 endg., S. 15, abgedruckt in BR-Ds. 137/92.

[370] *Peya,* Ausfuhr, S. 158.

[371] *Fechner,* DÖV 1992, 609, 613 *Hipp,* Schutz, S. 271.

[372] *Mußgnug,* Überlegungen, S. 1229; *Müller-Katzenburg,* Internationale Standards, S. 114; *Siehr,* NJW 1993, 2206, 2208; *Hipp,* Schutz, S. 271; *Peya,* Ausfuhr, S. 165.

unter der Geltung der Verordnung 3911/92/EWG – mit dem Erlass der Verordnung (EWG) Nr. 752/93 vom 30. März 1993[373] geschehen. Art. 1 DVO regelt neben der normalen Genehmigung noch eine spezifische und eine allgemeine offene Genehmigung und gibt darüber hinaus in Art. 10 ff. vor, unter welchen Voraussetzungen diese erteilt werden können. So kann die wiederholte vorübergehende Ausfuhr eines Kulturguts mittels einer spezifischen Genehmigung gestattet werden (Art. 2 Abs. 2, Art. 10 ff. DVO), und für sämtliche Werke ständiger Sammlungen kann die wiederholte vorübergehende Ausfuhr mit der allgemeinen offenen Genehmigung zugelassen werden (Art. 2 Abs. 3, Art. 13 ff. DVO).

Eine normale Ausfuhrgenehmigung gilt gemäß § 9 Abs. 1 DVO für einen Zeitraum von einem Jahr nach ihrer Ausstellung. Die spezifische und auch die allgemeine offene Ausfuhrgenehmigung dürfen hingegen für maximal fünf Jahre erteilt werden (Art. 10 Abs. 3 und Art. 13 Abs. 3 DVO).

Außerdem sieht die Durchführungsverordnung in Art. 16 und den Anhängen I bis III Muster für die jeweilige Art der Ausfuhrgenehmigung vor, die die Mitgliedstaaten verwenden müssen.

4. Zwischenergebnis

Die vorstehenden Ausführungen haben gezeigt, dass der auf der Ebene der Mitgliedstaaten vorgenommenen Bestimmung der Nationalität eines Kunstwerks auch auf europäischer Ebene erhebliche Bedeutung zukommt, da die Einschätzung der Mitgliedstaaten grundsätzlich auch auf europäischer Ebene verbindlich ist. Dies gilt nicht nur für die in Art. 36 AEUV statuierte Ausnahme von der Warenverkehrsfreiheit, sondern auch für die nachrangigen Regelungen der Ausfuhr-Rückgabe-Richtlinie und der Verordnung.

Die Nationalität dient in diesen Regelungen dazu, den Kreis derjenigen Kunstwerke zu bestimmen, die von der Warenverkehrsfreiheit ausgenommen und durch Ausfuhrverbote und einen innerhalb der EU anzuwendenden Rückgabeanspruch geschützt werden sollen. Welcher Mitgliedstaat jedoch über die Nationalität entscheiden und anhand welcher Kriterien diese Entscheidung vorgenommen werden soll, sagen die europäischen Regelungen nicht. Vielmehr ist insoweit das Recht der Mitgliedstaaten maßgeblich. Diese Subsidiarität mag aufgrund der Natur und der Komplexität der Materie zwar verständlich und sogar

---

[373] Verordnung (EWG) Nr. 752/93 vom 30. März 1993 zur Durchführung der Verordnung (EWG) 3911/92 des Rates über die Ausfuhr von Kulturgütern, ABlEG Nr. 1993 L 77, S. 24; geändert durch Verordnung (EG) Nr. 1526/98 der Kommission vom 16. Juli 1998, ABlEG Nr. L 201, S. 47 und durch Verordnung (EG) Nr. 656/2004 der Kommission vom 7. April 2004, ABlEU Nr. L 104, S. 50, berichtigt durch ABlEU Nr. L 203, S. 14.

begrüßenswert sein, führt jedoch dazu, dass die teils sehr unterschiedlichen mitgliedstaatlichen Regelungen[374] so auch auf europäischer Ebene Geltung erlangen.

III. Internationale Regelungen

Auch im – über die Grenzen der Europäischen Union hinausgehenden – internationalen Recht finden sich Regelungen, die sich dem Schutz von Kulturgütern widmen. Im Zusammenhang mit dem Schutz nationaler Kunstwerke sind dabei zwei bedeutende Konventionen zu nennen: die UNESCO-Konvention aus dem Jahr 1970 und die UNIDROIT-Konvention von 1995.

1. Die UNESCO-Konvention 1970

Die erste bedeutende Regelung des internationalen Friedensrechts, die sich dem Schutz nationaler Kunstwerke widmet, ist die UNESCO-Konvention über Maßnahmen zum Verbot und zur Verhütung der unzulässigen Einfuhr, Ausfuhr und Übereignung von Kulturgut vom 17. November 1970.[375] Nach ihrem Art. 2 verfolgt die UNESCO-Konvention primär den Zweck, die illegale Ein- und Ausfuhr von Kulturgütern zu verhindern. Darüber hinaus ordnet sie für Museen ein Ankaufsverbot von illegal exportierten Kunstwerken an.

Die UNESCO-Konvention 1970 ist zwar ein Meilenstein in der Geschichte des internationalen Kulturgüterschutzes.[376] Ihre Anwendung bereitet jedoch – wie sich zeigen wird – auch fast 40 Jahre nach ihrem Inkrafttreten am 24. April 1972 noch immer große Schwierigkeiten und lässt den Vertragsstaaten aufgrund unklarer Formulierungen die (politisch vielfach gewünschte) Möglichkeit, die übernommenen Verpflichtungen aufzuweichen.[377]

Bislang haben 118 Staaten die Konvention ratifiziert,[378] unter ihnen Großbritannien, Frankreich, die USA und vor kurzem auch die Bundesrepublik Deutschland. Die Konvention entfaltet keine Rückwirkung; die Vertragsstaaten werden daher erst ab dem Zeitpunkt des jeweiligen Inkrafttretens und nur für zukünftige Vorgänge gebunden.[379]

---

[374] Siehe hierzu oben S. 44 ff.

[375] Deutsche Übersetzung in BGBl 2007 II 626, für Deutschland in Kraft seit dem 2. Februar 2008.

[376] *Rietschel,* Kulturgüterschutz, S. 23.

[377] *Weidner,* Kulturgüter, S. 235.

[378] Aktuelle Liste kann unter http://portal.unesco.org/la/convention.asp?KO=13039&language=E&order= alpha abgerufen werden.

[379] *Hönes,* BayVerwBl 2006, 165, 167; *Knott,* Der Anspruch auf Herausgabe gestohlenen und illegal exportierten Kulturguts, S. 153; *Rietschel,* Kulturgüterschutz, S. 24.

a. Anwendungsbereich

aa. Die Kulturgutdefinition in Art. 1 der Konvention

Dem Schutz der UNESCO-Konvention 1970 unterfallen die in ihrem Art. 1 aufgeführten Kulturgüter. Hierbei handelt es sich um Gegenstände, die vom jeweiligen Staat aus religiösen oder weltlichen Gründen als für Archäologie, Vorgeschichte, Geschichte, Literatur, Kunst oder Wissenschaft als besonders bedeutsam bezeichnet werden und unter eine der in Art. 1 genannten elf Kategorien fallen. Einig ist man sich, dass es Sache der Vertragsstaaten ist, in den Grenzen des Art. 1 zu bestimmen, welche Werke als besonders bedeutungsvoll angesehen werden[380] und damit der Konvention unterfallen.

Verschiedentlich wurde allerdings diskutiert, wie diese Bestimmung vorgenommen werden soll. Vorgeschlagen wurde insoweit beispielsweise, dass nur solches Kulturgut zu schützen sei, das in eine von den Vertragsstaaten zu führende Liste eingetragen ist[381] oder das der UNESCO ausdrücklich als schützenswert mitgeteilt wurde.[382] Dies wird jedoch heute einhellig für nicht erforderlich gehalten.[383] Im Ergebnis sind die Vertragsstaaten also sowohl hinsichtlich der Auswahl der zu schützenden Kunstwerke innerhalb der von Art. 1 UNESCO-Konvention 1970 gesetzten elf Kategorien als auch hinsichtlich der Formalitäten der Unterschutzstellung weitgehend frei.

Gerade der anhand der elf Kategorien festgelegte Kanon der schutzfähigen Kunstwerke ist jedoch bis heute Gegenstand vielfacher Kritik. Einige Autoren beklagen, dass bestimmte wesentliche Objekte, beispielsweise Fotografien[384] oder Wandteppiche,[385] nicht erfasst sind, andere wünschen sich eine deutlich stärkere Eingrenzung der zu schützenden Gegenstände.[386] Wieder andere halten den Kanon angesichts der vielfach geforderten besonderen Eigenschaften des zu schützenden Kulturguts, wie Alter, Wert oder Seltenheit, für unklar[387].

Ungeachtet dieser Kritik ist für die Zwecke dieser Arbeit bemerkenswert, dass nach Art. 1 lit. b der Konvention solche Güter geschützt werden, die sich auf das

---

380 *Schaffrath,* Rückführung, S. 16 f.; *Prott/O'Keefe,* Law and the Cultural Heritage, S. 731; *Rietschel,* Kulturgüterschutz, S. 27; *Turner,* Restitutionsrecht, S. 166.

381 *Rietschel,* Kulturgüterschutz, S. 27.

382 *Turner,* Restitutionsrecht, S. 166, insbesondere Fn. 110.

383 *Schaffrath,* Rückführung, S. 17; *Turner,* Restitutionsrecht, S. 166; *Rietschel,* Kulturgüterschutz, S. 27.

384 *Prunty,* Geo.L.J. 1984, 1155, 1163.

385 *Müller-Katzenburg,* Internationale Standards, S. 139.

386 *Schack,* Kunst und Recht, S. 274; *Taschner,* Kulturgüterschutz, S. 98; *Siehr,* Freizügigkeit, 494 f.

387 *Turner,* Restitutionsrecht, S. 166 f.

Leben nationaler Führungspersönlichkeiten oder Ereignisse von nationaler Bedeutung beziehen. Die Schutzfähigkeit bestimmt sich also in diesen beiden Fällen auch nach der nationalen Bedeutung des in Rede stehenden Werks. Jedoch weist *Turner* zu Recht darauf hin, dass es sich um eine eher unwichtige Objektkategorie handelt und Art. 1 der Konvention im Übrigen eine besondere nationale Beziehung der zu schützenden Werke nicht kennt.[388]

bb. Das kulturelle Erbe gemäß Art. 4 der Konvention

Ein großes Rätsel und Ärgernis für den Rechtsanwender ist Art. 4 der UNESCO-Konvention 1970, der bestimmt, wann Kulturgüter als *kulturelles Erbe* eines Staates anzusehen sind. Die erste Frage in diesem Zusammenhang ist nämlich bereits, welche Funktion Art. 4 haben soll. Während manche schlicht behaupten, dass die Konvention nur auf solche Werke anwendbar sei, die zum kulturellen Erbe zählen,[389] halten andere Art. 4 für vollständig wirkungslos.[390] Diese Auseinandersetzung mutet nicht nur wegen der sehr weit auseinander liegenden Standpunkte merkwürdig an, sondern auch deshalb, weil im Text der Konvention die Begriffe „Kulturgut" (Art. 1) und „kulturelles Erbe" (Art. 4) differenziert verwendet werden und es sich deshalb aufdrängt, diesem Wortlaut auch zu folgen. Nach dieser vom Wortlaut ausgehenden Auslegung unterfallen dem Schutzbereich der Konvention sämtliche Kulturgüter, die von der sehr weiten Definition des Art. 1 erfasst sind. Auch das Importverbot und die Rückgabeansprüche knüpfen (nur) an diesen Begriff des Kulturguts an. Eine Zugehörigkeit zum kulturellen Erbe gemäß Art. 4 ist nur in den seltenen Fällen erforderlich, in denen der Wortlaut dies ausdrücklich verlangt.[391] Man mag das Resultat für verfehlt halten,[392] der eindeutige Wortlaut der Konvention verbietet jedoch jede andere Auslegung. Der Anwendungsbereich von Art. 4 der Konvention ist daher auf die (wenigen) Fälle beschränkt, in denen die Zugehörigkeit zum „kulturellen Erbe" ausdrücklich angeordnet wird.

Handelt es sich wie bei Art. 9 der Konvention um eine Norm, die einen ausdrücklichen Bezug zum kulturellen Erbe verlangt, muss dieses definiert werden. Art. 4 der Konvention stellt hierzu die folgenden fünf Kriterien auf:

---

[388] *Turner,* Restitutionsrecht, S. 127.

[389] *Knott,* Der Anspruch auf Herausgabe gestohlenen und illegal exportierten Kulturguts, S. 150; *Berndt,* Internationaler Kulturgüterschutz, S. 47 f.; *Gordon,* Harv.Int.L.J. 1971, 537, 543; *Williams,* The international and national protection of movable cultural property, S. 180 f.; *Hipp,* Schutz, S. 140; *v. Schorlemer,* Internationaler Kulturgüterschutz, S. 61 f.; wohl auch *Schaffrath,* Rückführung, S. 17 sowie *Maurer,* Ausfuhr, S. 37.

[390] *Bator,* Stan.L.Rev. 1982, 275, 377; *Prunty,* Geo.L.J. 1984, 1155, 1163 f.; vgl. auch *Kinderman,* Emory Int.L.R. 1993, 457, 472.

[391] So zutreffend *Rietschel,* Kulturgüterschutz, S. 31; *Turner,* Restitutionsrecht, S. 212.

[392] So beispielsweise *Siehr,* RdC, 1993 VI, 9, 206.

„a. Kulturgut, das durch die individuelle oder kollektive Schöpferkraft von Angehörigen des betreffenden Staates entstanden ist, und für den betreffenden Staat bedeutsames Kulturgut, das in seinem Hoheitsgebiet von dort ansässigen Ausländern oder Staatenlosen geschaffen wurde;
b. im Staatsgebiet gefundenes Kulturgut;
c. durch archäologische, ethnologische oder naturwissenschaftliche Missionen mit Zustimmung der zuständigen Behörden des Ursprungslandes erworbenes Kulturgut;
d. Kulturgut, das auf Grund freier Vereinbarung ausgetauscht worden ist;
e. Kulturgut, das als Geschenk entgegengenommen oder mit Zustimmung der zuständigen Behörden des Ursprungslands rechtmäßig gekauft wurde."

Bei näherer Betrachtung ist jedoch festzustellen, dass auch diese Kriterien und vor allem ihre Anwendung nicht hinreichend klar sind. Einer weit verbreiteten Auffassung zufolge ergibt sich aus ihrer Anwendung eine besondere Beziehung eines Staates oder einer Nation zu einem Kunstwerk; diese soll für die Zuordnung des in Rede stehenden Werks zum kulturellen Erbe eines bestimmten Staats maßgeblich sein.[393] Neben einigen begrifflichen Schwierigkeiten bleibt vor allem unklar, wie zu verfahren ist, wenn die Kriterien in verschiedene Richtungen weisen.[394] Die Konvention selbst enthält diesbezüglich keine Hinweise, insbesondere gibt sie keine Wertigkeit der einzelnen Kriterien vor.

In der Literatur werden hier verschiedene Ansichten vertreten. Während *Jayme* – leider ohne nähere Begründung – davon ausgeht, dass nach der Konvention „die Nationalität des Kunstwerks vor allem durch die seiner Schöpfer" vermittelt wird,[395] vertritt insbesondere *Turner* den Standpunkt, dass sich aus den in Art. 4 genannten Kriterien ableiten lasse, dass einzig die „zeitliche Reihenfolge des rechtmäßigen Erwerbes" für die Zuordnung maßgeblich sei.[396] Nach einem weiteren Lösungsansatz können Kunstwerke zugleich zum kulturellen Erbe mehrerer Staaten zählen.[397] Dieses konfliktvermeidende Verständnis mag zwar für die Zwecke der Konvention, die den Begriff des kulturellen Erbes an keiner Stelle so verwendet, dass eine eindeutige Entscheidung zwingend ist, ein möglicher, wenn auch unbefriedigender Weg sein. Er ist jedoch mit der außerhalb des engen Anwendungsbereichs der Konvention erforderlichen nationalen Zuordnung eines Kunstwerks an nur einen Staat[398] nicht zu vereinbaren und steht somit einer

---

393 *Gordon,* Harv.Int.L.J. 1971, 537, 545; *Prott/O'Keefe,* Law and the Cultural Heritage, S. 737; *Williams,* The international and national protection of movable cultural property, S. 181; *v. Schorlemer,* Internationaler Kulturgüterschutz, S. 61 f.; vgl. auch *Jayme,* Rechtsfrage, S. 148.

394 *Rietschel,* Kulturgüterschutz, S. 30; *v. Schorlemer,* Internationaler Kulturgüterschutz, S. 63.

395 *Jayme,* Anknüpfungsmaximen, S. 38; *Jayme,* Rechtsfrage, S. 148.

396 *Turner,* Restitutionsrecht, S. 214 ff.; ihm folgt *Schaffrath,* Rückführung, S. 22.

397 *Prott/O'Keefe,* Law and the Cultural Heritage, S. 738 f.

398 Vgl. hierzu unten S. 159.

international harmonisierten Herangehensweise an den Kulturgüterschutz entgegen.

Der in Art. 4 der Konvention enthaltene Kriterienkatalog wirft also viele Fragen auf, führt jedoch aufgrund seines eingeschränkten Anwendungsbereichs zu keinen großen Problemen in der Rechtsanwendung.

Einen ausdrücklichen Bezug zur Nation enthält Art. 4 in der deutschen Fassung nicht. In der englischen *(„nationals of the State concerned", „foreign nationals" und „national territory")* und der französischen *(„territoire national")* Vertragsfassung wird zwar auf die Nation formal Bezug genommen. Inhaltlich wird jedoch auch hier auf den (Vertrags-)Staat und nicht auf eine Nation verwiesen. Nur so ist Art. 4 (a) der Konvention zu verstehen, nachdem auch in der englischen *(„State")* und französischen *(„Etat")* Vertragsfassung ausdrücklich der Staat (und nicht die Nation) maßgeblich für die Zuordnung von Kulturgütern ist.

Ein verallgemeinerungsfähiges Modell für die Bestimmung der Nationalität von Kunstwerken stellt Art. 4 jedenfalls nicht dar. Dies hindert jedoch nicht, die dort genannten Kriterien im Rahmen eines weiter zu fassenden Kriterienkatalogs zu berücksichtigen.

b. Die wesentlichen Verpflichtungen der Vertragsstaaten

Die in Art. 2 der Konvention enthaltene Verpflichtung, die illegale Ein- und Ausfuhr von Kulturgütern zu verhindern, wird insbesondere durch Art. 7 und Art. 9 der Konvention konkretisiert.

aa. Art. 7 (a) der Konvention

Gemäß Art. 7 (a) der Konvention sind die Vertragsstaaten verpflichtet, Maßnahmen zu ergreifen, um den Erwerb von Kunstwerken, die aus einem anderen Vertragsstaat nach Inkrafttreten der Konvention widerrechtlich ausgeführt worden sind, durch Museen oder ähnliche Einrichtungen zu verhindern. Auf Betreiben der USA wurde die Vorschrift jedoch dahingehend „entschärft", dass nur solche Maßnahmen zu ergreifen sind, die sich im Rahmen der „innerstaatlichen Rechtsvorschriften" halten.[399] Wie dieser Vorbehalt zu verstehen ist, bleibt – wie bei so vielen Regelungen der Konvention – im Dunkeln. Die USA wollen ihn so verstehen, dass eine staatliche Verpflichtung nur dort besteht, wo der Staat die Ankäufe des ankaufenden Museums überwacht. Eine solche Kontrolle ist in den USA in zwei (!) Fällen gegeben.[400] Vor diesem Hintergrund ist es kaum erstaunlich, dass sich in der Literatur diesbezüglich zahlreiche weitergehende Aus-

---

[399] *Prott/O'Keefe,* Law and the Cultural Heritage, S. 745; *Weidner,* Kulturgüter, S. 237.

[400] *Prott/O'Keefe,* Law and the Cultural Heritage, S. 745.

legungsvorschläge dieses Vorbehalts finden, die sich zwischen der einfachen Verpflichtung des Vertragsstaats zur Informationsweitergabe an die Museen und einem für alle Museen geltenden Ankaufsverbot für Kunstwerke ohne Exportbescheinigung bewegen.[401]

Nach Art. 3 der Konvention gilt eine Ausfuhr als rechtswidrig, wenn sie im Widerspruch zu den Bestimmungen steht, die die Vertragsstaaten aufgrund der Konvention angenommen haben. Auch diese Regelung bietet hinsichtlich der für die zur Beurteilung der Rechtswidrigkeit maßgeblichen Vorschriften viel Auslegungsspielraum. *Prott/O'Keefe* machen drei mögliche Sichtweisen aus, die für die Auslegung dieser Vorschrift herangezogen werden können. So könne man die Vorschrift so verstehen, dass jegliche Ausfuhr entgegen den nationalen Regelungen des Staats der rechtmäßigen Belegenheit rechtswidrig sei[402] oder dass (nur) ein Verstoß gegen die in der Konvention selbst enthaltenen Regelungen zur Rechtswidrigkeit der Ausfuhr führe oder dass die Vorschrift wirkungslos sei.[403]

Art. 7 (a), der bei der Verhinderung der rechtswidrigen Einfuhr von Kunstwerken eine wichtige Rolle spielen soll, ist ein gutes Beispiel dafür, wie unklar die Regelungen der UNESCO-Konvention 1970 sind und wie viele „Schlupflöcher" sie den Vertragsstaaten lassen, die von ihnen übernommenen Verpflichtungen auszuhebeln.

bb. Art. 7 (b) lit. (i) der Konvention

Zunächst war vorgesehen, den Vertragsstaaten den Import sämtlicher Kunstwerke zu verbieten, für die keine Exportbescheinigung des Heimatstaats ausgestellt worden war. Diese hätten sodann – ungeachtet der nationalen zivilrechtlichen Situation – zurückgegeben werden müssen. Heute verpflichtet der Art. 7 (b) lit. (i) die Vertragsstaaten nur noch, den Import von Kulturgut zu verbieten, das in einem Museum, einem religiösen oder weltlichen öffentlichen Baudenkmal oder einer ähnlichen Einrichtung inventarisiert ist und von dort gestohlen wurde. Dem Anwendungsbereich dieses strikten Importverbots unterfallen nur noch sehr wenige Kunstwerke, es ist damit fast belanglos geworden.

cc. Art. 7 (b) lit. (ii) der Konvention

Mit Art. 7 (b) lit. (i) der Konvention korrespondiert die Rückgabeverpflichtung gemäß Art. 7 (b) lit. (ii) der Konvention, der gemäß die nach dem Inkrafttreten der Konvention für beide beteiligten Staaten rechtswidrig importierten Kunst-

---

401 Hierzu *Prott/O'Keefe,* Law and the Cultural Heritage, S. 745 f. mwN.

402 So ohne weitere Begründung auch *Jaeger,* Internationaler Kulturgüterschutz, S. 20; und *Hönes,* BayVerwBl 2006, 165, 168.

403 *Prott/O'Keefe,* Law and the Cultural Heritage, S. 736.

werke[404] an ihren Ursprungsstaat auf dessen Ersuchen herauszugeben sind. Dem gutgläubigen Erwerber oder Eigentümer muss der ersuchende Staat eine angemessene Entschädigung zahlen.

Diese Vorschrift ist wohl die am häufigsten diskutierte der UNESCO-Konvention 1970; die Liste der mit ihr verbundenen Unklarheiten ist lang. Probleme bereitet vor allem die Verzahnung der Regelungen der Konvention mit dem Zivilrecht der Vertragsstaaten. Der Rückgabeverpflichtung unterliegen nämlich auch solche Werke, die nach Maßgabe des nationalen Rechts gutgläubig zu Eigentum erworben wurden. Dies wirft die Frage auf, ob die Erfüllung der Rückgabeverpflichtung nach der Konvention zugleich den Verlust des Eigentums zur Folge hat. Die Konvention selbst schweigt hierzu.[405] Diese Regelung hat in der Vergangenheit viel Kritik hervorgerufen und wurde mehrfach als Grund dafür angeführt, dass einzelne Staaten die Konvention nicht ratifiziert haben.[406] In letzter Konsequenz muss die eigentumsrechtliche Zuordnung – wie auch nach der Richtlinie – auf der Ebene des nationalen Zivilrechts gelöst werden, da eine andere konventionsautonome Lösung angesichts der sehr unterschiedlichen nationalen Rechtsordnungen kaum vorstellbar ist und vermutlich nicht die Zustimmung der Vertragsstaaten finden würde.

Auch die Frage der Verjährung bereitet Schwierigkeiten, da die Konvention keine Verjährung des Rückgabeanspruchs vorsieht. Während die einen von der Unverjährbarkeit des Restitutionsanspruchs ausgehen,[407] wollen andere die Lücke durch die Anwendung allgemeiner völkerrechtlicher Verjährungsregeln schließen.[408]

Missverständlich ist auch die Formulierung der ebenfalls in Art. 7 (b) lit. (ii) enthaltenen Entschädigungsregelung, wonach der ersuchende Vertragsstaat verpflichtet ist, dem „gutgläubigen Erwerber oder einer Person mit einem gültigen

---

[404] Insoweit ist die deutsche Übersetzung der Konvention leider nicht vollkommen klar. Dass sich die Rückgabeverpflichtung jedoch nur auf solche Kunstwerke beziehen kann, die entgegen der Vorschrift des Art. 7 (b) lit. (i) ausgeführt worden sind, ergibt sich beispielsweise aus der französischen Vertragsfassung; hierzu *Müller-Katzenburg,* Internationale Standards, S. 92; *Schaffrath,* Rückführung, S. 18 ff.; *Turner,* Restitutionsrecht, S. 220 f.

[405] Dies nehmen an: *Schaffrath,* Rückführung, S. 22: *Walter,* Rückführung von Kulturgut im internationalen Recht, S. 52; *Freytag,* „Cultural Heritage“: Rückgabeansprüche von Ursprungsländern auf „ihr“ Kulturgut, S. 181; *Turner,* Restitutionsrecht, S. 222 f.; a. A. *Siehr,* RdC VI, 9, 210.

[406] *Rietschel,* Kulturgüterschutz, S. 238; *Jaeger,* Internationaler Kulturgüterschutz, S. 20; *Müller-Katzenburg,* Internationale Standards, S. 92; vgl. zur ursprünglich ablehnenden Haltung der Bundesrepublik Deutschland die BT-Ds. 8/4418, S. 3 und 10/2237, S. 41.

[407] *Jaeger,* Internationaler Kulturgüterschutz, S. 20; *Müller-Katzenburg,* Internationale Standards, S. 92; *Hönes,* BayVerwBl 2006, 165, 170.

[408] *Walter,* Rückführung von Kulturgut im internationalen Recht, S. 84 ff.

Rechtsanspruch an dem Gut eine angemessene Entschädigung" zu zahlen.[409] Diese Formulierung legt nahe, dass die Entschädigung auch an solche gutgläubigen Erwerber zu zahlen ist, die kein Eigentum erworben haben. Dies würde jedoch dem Ziel der Konvention, die Rückführung von rechtswidrig ausgeführtem Kulturgut zu erleichtern, zuwiderlaufen und ist daher nach überwiegender Meinung abzulehnen.[410] Ein Entschädigungsanspruch steht also nur dem Eigentümer zu.

Als letzte kontrovers diskutierte Frage bleibt, an welchen Staat das betroffene Kunstwerk zurückzugeben ist. Die Konvention spricht hier vom „Ursprungsstaat", ohne diesen jedoch näher zu bezeichnen. Während einerseits ausgeführt wird, dass dieser Ursprungsstaat der Staat sei, zu dessen kulturellem Erbe gemäß Art. 4 das jeweilige Kunstwerk gehöre,[411] wird andererseits als Ursprungsort schlicht derjenige Staat verstanden, aus dessen Einrichtung das Werk gestohlen worden ist. Auch wenn beide Ansichten oft zu demselben Ergebnis führen, ist dies keinesfalls zwingend, haben doch die vorstehenden Ausführungen gezeigt, dass die Begriffe des „Kulturguts" und des „kulturellen Erbes" nicht deckungsgleich sind. Da der Rückführungsanspruch gemäß Art. 7 (b) lit. (ii) nicht voraussetzt, dass das herauszugebende Kunstwerk zum kulturellen Erbe des herausverlangenden Vertragsstaats gehört und sich die Auslegung der Konvention insoweit am Wortlaut zu orientieren hat, bedeutet dies, dass die Zugehörigkeit zum kulturellen Erbe nicht maßgeblich für die Bestimmung des Ursprungsstaats sein kann. Vielmehr ist Ursprungsstaat derjenige Vertragsstaat, aus dessen Einrichtung das in Rede stehende Werk entfernt wurde. An ihn ist es herauszugeben.[412]

Es mag verwundern, dass hinsichtlich des Rückgabeanspruchs gemäß Art. 7 (b) lit. (ii) die Herausgabe an denjenigen Staat gefordert wird, aus dem das Kunstwerk rechtswidrig ausgeführt wurde, während im Hinblick auf die ähnliche Rückgabeverpflichtung nach der Richtlinie gerade nicht dieser Ort, sondern die Nationalität des Kunstwerks als maßgeblich für die Bestimmung der Person des Rückgabegläubigers angesehen wurde.[413] Der Grund für diese unterschiedliche Bewertung liegt in den jeweiligen rechtlichen Regelungen. Während die Richtlinie einen eindeutigen Bezug zur Nationalität des jeweiligen Kunstwerks her-

---

409 Zu deren Höhe siehe *Rietschel*, Kulturgüterschutz, S. 36 f. sowie *Prott/O'Keefe*, Law and the Cultural Heritage, S. 751 f.

410 *Turner*, Restitutionsrecht, S. 223; *Müller-Katzenburg*, Internationale Standards, S. 93; *Gordon*, Harv.Int.L.J. 1971, 537, 550; *Schaffrath*, Rückführung, S. 20.

411 *Berndt*, Internationaler Kulturgüterschutz, S. 47 f.; *Fraoua*, Le trafic illicite des biens culturels et leur restitution, S. 169; vgl. auch *Turner*, Restitutionsrecht, S. 224 f. sowie *Schaffrath*, Rückführung, S. 21 f.

412 *Rietschel*, Kulturgüterschutz, S. 30 f.; *Siehr*, RdC 1993 VI, 9, 208.

413 Zur Person des Rückgabegläubigers siehe unten S. 163 f.

stellt, lässt sich nach der hier vertretenen Auffassung die Konvention nur so verstehen, dass die Zugehörigkeit zum kulturellen Erbe angesichts des Rückgabeanspruchs irrelevant ist.

Dies ändert nichts daran, dass es wünschenswert wäre, auch auf internationaler Ebene die Nationalität eines Kunstwerks maßgebend dafür sein zu lassen, wo dieses geschützt werden kann und wohin es im Fall einer unrechtmäßigen Ausfuhr zurückkehren muss. Dieser rechtspolitische Wunsch kann jedoch nicht dazu führen, dass der Wortlaut der Konvention durch Auslegung „korrigiert“ wird.

dd. Art. 13 der Konvention

Bei der Lektüre von Art. 13 der Konvention fällt zunächst auf, dass viele der dort geregelten Inhalte bereits Gegenstand anderer Regeln, insbesondere des Art. 7 lit. (b) sind, das Verhältnis dieser Regelungen jedoch unklar bleibt. Der Grund hierfür scheint darin zu liegen, dass Art. 7 lit. (b) der Konvention im Zuge der Verhandlungen in seiner Reichweite stark eingeschränkt wurde, Art. 13 hingegen nahezu unverändert blieb.[414]

Art. 13 lit. (a) verpflichtet die Vertragsstaaten recht vage, „mit allen geeigneten Mitteln Übereignungen von Kulturgut zu verhüten, durch die eine rechtswidrige Einfuhr oder Ausfuhr desselben begünstigt werden könnte“. Die rechtswidrige Handlung soll also bereits im Vorfeld verhindert werden. Unklar bleibt allerdings, welche Mittel als geeignet angesehen werden – *Fraoua* geht davon aus, dass insbesondere Inventarisierungen gemeint seien[415] – und auch, welche Übereignungen die rechtswidrige Einfuhr oder Ausfuhr von Kunstwerken fördern können.[416] Der den Vertragsstaaten durch die vagen Vorgaben eingeräumte weite Umsetzungsspielraum hat teilweise zu gravierenden Beschränkungen des Kunsthandels geführt, die vermutlich über das von der Konvention Gewollte hinausgehen. So hat beispielsweise Ägypten den gesamten Handel mit Antiquitäten und China Ausländern verboten, Kulturgüter im Inland zu erwerben.[417]

Art. 13 lit. (b) verpflichtet die Vertragsstaaten, durch internationale Kooperation dafür zu sorgen, dass Kulturgüter so schnell wie möglich zurückgegeben werden.

Art. 13 lit. (c) regelt eine Art Justizgewährungsanspruch,[418] sodass auch private Eigentümer vor den Gerichten des ersuchten Vertragsstaats auf Rückgabe ihres Kunstwerks klagen können. Einen eigenen Rückgabeanspruch gibt ihnen die

---

414 *Weidner,* Kulturgüter, S. 240 f.; *Hönes,* BayVerwBl 2006, 165, 171.

415 *Fraoua,* Le trafic illicite des biens culturels et leur restitution, S. 107 f.

416 *Weidner,* Kulturgüter, S. 241; *Hönes,* BayVerwBl 2006, 165, 171.

417 Nachweise und weitere Beispiele finden sich bei *Prott/O'Keefe,* Law and the Cultural Heritage, S. 764.

418 *Rietschel,* Kulturgüterschutz, S. 39.

Vorschrift jedoch nicht.[419] Sie ist daher überflüssig, da sie lediglich normiert, was bereits zuvor geltendes Recht war.[420]

Innovativ ist hingegen der von Art. 13 lit. (d) verfolgte Ansatz, die Vertragsstaaten zu verpflichten, das Recht der anderen Vertragsstaaten anzuerkennen, bestimmte Kunstwerke als unveräußerlich einzustufen und deren Wiedererlangung im Rahmen ihrer innerstaatlichen Rechtsordnung zu erleichtern. Eine unmittelbare Verpflichtung zur Rückgabe wird den Vertragsstaaten jedoch nicht auferlegt. Auch wenn nach überwiegender Auffassung der Anwendungsbereich von Art. 13 lit. (d) gering ist,[421] ist die Regelung dennoch ein erster Schritt in Richtung der Anerkennung ausländischer Exportverbote und der sich daraus ergebenden Rückgabeverpflichtungen.

c. Umsetzung in nationales Recht

Anders als beispielsweise eine europäische Verordnung verpflichten völkerrechtliche Verträge regelmäßig nur die Vertragsstaaten selbst, entfalten aber keine unmittelbaren Wirkungen gegenüber den Bürgern des Vertragsstaats. Hierzu ist neben der Ratifikation ein Umsetzungsgesetz erforderlich.[422] Dies gilt auch für die UNESCO-Konvention 1970, die nach einhelliger Auffassung „non self-executing" ist.[423]

Die Bundesrepublik Deutschland hat die Vorgaben der Konvention durch das „Gesetz zur Ausführung des UNESCO-Übereinkommens vom 14. November 1970 über Maßnahmen zum Verbot und zur Verhütung der rechtswidrigen Einfuhr, Ausfuhr und Übereignung von Kulturgut" vom 18. Mai 2007[424] in nationales Recht transponiert. Da insbesondere durch das Kulturgüterrückgabegesetz[425] bereits vor Umsetzung der UNESCO-Konvention 1970 nationale Regelungen über die Durchsetzung von Rückgabeansprüchen bestanden, galt es, eine einheitliche und widerspruchsfreie Gewährleistung dieser Ansprüche sowohl gegenüber anderen Mitgliedstaaten der Europäischen Union als auch den Vertragsstaaten der UNESCO-Konvention zu erreichen.[426] Deshalb hat sich der

---

419 *Schaffrath,* Rückführung, S. 24; *Prott/O'Keefe,* Law and the Cultural Heritage, S. 765; *Jaeger,* Internationaler Kulturgüterschutz, S. 119.

420 *Jaeger,* Internationaler Kulturgüterschutz, S. 119; wohl auch *Weidner,* Kulturgüter, S. 241.

421 *Weidner,* Kulturgüter, S. 242 f.; *Rietschel,* Kulturgüterschutz, S. 39 f.; *Hönes,* BayVerwBl 2006, 165, 171.

422 *Schuschke-Nehen,* Kulturgüterschutz, S. 188 f. mwN.

423 *Weidner,* Kulturgüter, S. 235; *Rietschel,* Kulturgüterschutz, S. 24; *Hönes,* BayVerwBl 2006, 165, 167; *Boos,* Kulturgut als Gegenstand des grenzüberschreitenden Leihverkehrs, S. 48.

424 BGBl 2007 I 757; geändert durch BGBl 2007 I 2547.

425 BGBl 1998 I 3162; siehe oben S. 44 ff.

426 BT-Ds. 16/1371, S. 12; vgl. auch *Rietschel,* Kulturgüterschutz, S. 139.

deutsche Gesetzgeber dafür entschieden, die UNESCO-Konvention 1970 nicht als eigenes Gesetz in das deutsche Recht zu übernehmen, sondern es in die bereits bestehenden Regelungen des – die Vorgaben der Richtlinie umsetzenden – Kulturgüterrückgabegesetzes zu integrieren. Rechtstechnisch stellt sich das Ausführungsgesetz zum Kulturgutübereinkommen als ein Artikelgesetz dar, welches neben einigen weiteren Änderungen bestehender Gesetze vor allem in Art. 1 die neue und konsolidierte Fassung des Kulturgüterrückgabegesetzes und in Art. 2 die allfälligen Änderungen des Kulturgutschutzgesetzes enthält.

Allerdings wird die deutsche Umsetzung an verschiedenen Stellen den Vorgaben der Konvention nicht in vollem Umfang gerecht. So ist gemäß § 6 Abs. 2 i. V. m. Abs. 4 KultGüRückG Kulturgut zurückzugeben, wenn es unrechtmäßig aus dem Hoheitsgebiet eines Vertragsstaats verbracht worden ist, wenn also „bei seiner Ausfuhr gegen die dort gültigen Rechtsvorschriften für den Schutz von Kulturgütern verstoßen worden ist". Diese von der Richtlinie beeinflusste Regelung deckt sich nicht mit den Vorgaben der Konvention, nach deren Art. 7 (b) lit. (ii) solche Kulturgüter zurückzugeben sind, die aus bestimmten Einrichtungen gestohlen worden sind. Auch wenn viele Exporte von solchen gestohlenen Kunstwerken auch nach nationalem Kulturgutschutzrecht rechtswidrig sind, decken sich beide Begriffe doch nicht vollständig.[427]

Gemessen an den Vorgaben der Konvention besonders problematisch erscheint § 6 Abs. 2 Satz 2 KultGüRückG, wonach ein Gegenstand nur dann der Rückgabeverpflichtung unterliegt, „wenn er individuell identifizierbar von einem anderen Vertragsstaat in ein Verzeichnis des bedeutenden öffentlichen und privaten Kulturguts aufgenommen worden ist." Zum einen fordert die Konvention als Voraussetzung des Rückgabeanspruchs gemäß Art. 7 (b) lit. (ii) lediglich, dass das jeweilige Kunstwerk in einer Inventarliste der betroffenen Einrichtung eingetragen sein muss, die nicht zwingend mit dem von § 6 Abs. 1 Satz 2 KultGüRückG geforderten Verzeichnis identisch sein muss. Wenn ein solches Verzeichnis nicht separat neben dieser Inventarliste besteht, wäre dem Rückforderungsanspruch bereits aus diesem Grund kein Erfolg beschieden. Hinzu kommt das vom deutschen Gesetzgeber eingeführte Bestimmtheitserfordernis. Nicht nur kommt auch das deutsche Verzeichnis national wertvollen Kulturguts diesem Erfordernis nicht immer nach, wenn unter der laufenden Nummer 09501 beispielsweise „Skulpturen" von *„Adrian de Vries"* geschützt werden, die lediglich allgemein als „Figuren und Reliefs vom Grabmal des Fürsten Ernst zu Schaumburg-Lippe, Stadthagen" beschrieben werden und die aufgrund dieser Beschreibung gerade nicht individuell identifizierbar sind. Zahlreiche weitere Beispiele ließen sich finden. Viel schwerer wiegt, dass in vielen Staaten Werke zwar in ein Verzeichnis aufgenommen worden sind, dies aber häufig aus Mangel

---

[427] *Rietschel,* Kulturgüterschutz, S. 146.

an finanziellen Mitteln nicht mit der erforderlichen Präzision. Es sind regelmäßig gerade die finanziell armen, aber kulturell reichen Staaten, aus denen Kunstwerke entgegen den Regeln der Konvention ausgeführt werden.[428]

Im Hinblick auf die Eigentumssituation nach der Rückgabe von Kunstwerken an die Bundesrepublik Deutschland regelt § 4 KultGüRückG eindeutig, dass die Rückgabe aufgrund ihres öffentlich-rechtlichen Charakters[429] keinen Einfluss auf die Eigentumszuordnung hat.

Zusammenfassend ist festzustellen, dass das deutsche Kulturgüterrückgabegesetz an einigen Stellen nicht ganz den Vorgaben der UNESCO-Konvention 1970 genügt. Insbesondere die sehr formale Forderung nach einer Eintragung des zu restituierenden Werkes in ein präzises Verzeichnis dürfte dazu führen, dass die Zahl der Rückgabestreitigkeiten in der Praxis gering sein wird.

d. Fazit

Die UNESCO-Konvention 1970 zeugt von den langen Verhandlungen, in denen um ihren Inhalt gerungen wurde. Ihr Pflichtenkanon ist deutlich weniger umfangreich als zu Beginn der Verhandlungen. An verschiedenen Stellen wurden Öffnungsklauseln eingesetzt, die den Vertragsstaaten einen weiten Umsetzungsspielraum eröffnen, und die verwendeten Formulierungen sind häufig unklar und führen zu Rechtsunsicherheit. Nach der Zahl ihrer Anwendungsfälle zu urteilen blieb der Konvention ein durchschlagender Erfolg bisher verwehrt.[430]

Trotz all ihrer Schwächen war die Konvention in den 1960er und 1970er Jahren richtungsweisend und ist es auch heute noch.[431] So würdigte der deutsche Bundesgerichtshof in seiner Nigeria-Entscheidung das Abkommen bereits vor seinem Inkrafttreten als Ausdruck der herrschenden Grundüberzeugung im Kulturgüterverkehr der Staatengemeinschaft.[432] Auch die stetig zunehmende Anzahl an Vertragsstaaten zeigt, dass die Notwendigkeit einer internationalen Zusammenarbeit im Bereich des Kulturgüterschutzes mittlerweile anerkannt wird. Für viele Staaten – wie auch die Bundesrepublik Deutschland – hat die Ratifikation der Konvention den Anstoß dazu gegeben, nationale Gesetze zum internationalen Kulturgüterschutz zu erlassen, die in ihrer Reichweite häufig über die Verpflichtungen der Konvention hinausgehen.

---

[428] Vgl. hierzu *Rietschel,* Kulturgüterschutz, S. 141 ff.

[429] So die Gesetzesbegründung, BT-Ds. 13/10789, S. 17.

[430] *Rietschel,* Kulturgüterschutz, S. 41; *Turner,* Restitutionsrecht, S. 146 mwN.

[431] Vgl. auch *Boos,* Kulturgut als Gegenstand des grenzüberschreitenden Leihverkehrs, S. 51; *Müller-Katzenburg,* Internationale Standards, S. 181 f.

[432] BGHZ 59, 82 = NJW 1972, 1575. Zu dieser Entscheidung siehe *Müller-Katzenburg,* Internationale Standards, S. 182 f.; *Wyss,* Kultur als eine Dimension der Völkerrechtsordnung, S. 158 f.; *Schmeinck,* Internationalprivatrechtliche Aspekte des Kulturgüterschutzes, S. 87 f.

Wenig erhellend sind die Vorgaben der Konvention im Hinblick auf die Frage nach der Nationalität von Kunstwerken. Nicht nur ist unklar, welche Bedeutung dem Katalog in Art. 4 zukommt, der sich mit der Zugehörigkeit eines Kunstwerks zum kulturellen Erbe eines Staates beschäftigt. Er ist außerdem fragmentarisch, und die besondere Beziehung zwischen einer Nation und einem Kunstwerk wird zwar auch in Bezug auf die UNESCO-Konvention 1970 vielfach gefordert,[433] hat in ihr aber keinen ausdrücklichen Niederschlag gefunden. Der deutsche Gesetzgeber hat diese unklaren Vorgaben durch die Bezugnahme auf das Verzeichnis des national wertvollen Kulturguts geklärt. So erlangt die Nationalität von Kulturgut jedenfalls im Rahmen der nationalen Umsetzung auch auf der Ebene des internationalen Rechts große Bedeutung.

2. Die UNIDROIT-Konvention 1995

1984 wandte sich die UNESCO mit dem Ziel an das Internationale Institut für die Vereinheitlichung des Privatrechts (UNIDROIT), eine einheitliche zivilrechtliche Regelung insbesondere der in Art. 7 (b) lit. (ii) der UNESCO-Konvention 1970 enthaltenen Vorgaben zum gutgläubigen Erwerb und der Entschädigungspflicht zu erreichen[434] und auf diesem Wege ein Hindernis aus dem Weg zu schaffen, an dem die Ratifikation der UNESCO-Konvention 1970 vieler Staaten scheiterte.[435] UNIDROIT untersuchte daraufhin zunächst die Möglichkeit, die UNESCO-Konvention 1970 zu ändern oder um ein Zusatzprotokoll zu ergänzen. Dieser Weg wurde letztlich jedoch für kaum durchführbar gehalten[436] und man entschied sich, ein gesondertes Übereinkommen zu erarbeiten. Auf der Basis eines ersten Entwurfs aus 1990 wurde sodann in 1995 die UNIDROIT-Konvention 1995[437] verabschiedet, die am 1. Juli 1998 in Kraft getreten ist.

Bis heute haben (nur) 30 Staaten die Konvention ratifiziert, unter ihnen kein wesentlicher Kunst-Importstaat.[438] Auch eine Ratifikation durch die Bundesrepublik Deutschland ist bisher nicht erfolgt.

---

[433] Vgl. S. 84.

[434] *Bila,* Kulturgüterschutz, S. 26; *Rietschel,* Kulturgüterschutz, S. 48.

[435] *Odendahl,* Kulturgüterschutz, S. 176; *Beck,* Rückgabe, S. 19 f.

[436] *Rietschel,* Kulturgüterschutz, S. 49; *Beck,* Rückgabe, S. 20 mwN.

[437] UNIDROIT-Übereinkommen über gestohlene oder rechtswidrig ausgeführte Kulturgüter vom 24. Juni 1995, deutsche Fassung in ZVglRWiss 1996, 214 ff. und im Internet unter http://www.unidroit.org/english/conventions/1995culturalproperty/translations/culturalproperty-german.pdf.

[438] Die Liste der Vertragsstaaten ist unter http://www.unidroit.org/english/implement/i-95.pdf abrufbar.

a. Anwendungsbereich

Die UNIDROIT-Konvention 1995 unterscheidet zwei Ansprüche, die verschiedene Voraussetzungen haben: in Art. 1 (a) die Rückgabe gestohlener Kulturgüter und in Art. 1 (b) die Rückführung von rechtswidrig ausgeführten Kulturgütern.

Was ein Kulturgut ist, beschreibt Art. 2 der UNIDROIT-Konvention 1995. Hierbei handelt es sich um sämtliche Güter, die aus religiösen oder weltlichen Gründen für die Archäologie, Vorgeschichte, Geschichte, Literatur, Kunst oder Wissenschaft bedeutungsvoll sind und die in eine der in der Anlage zur Konvention genannten Kategorien fallen. Art. 2 der UNIDROIT-Konvention 1995 entspricht damit weitgehend der Kulturgutdefinition in Art. 1 der UNESCO-Konvention 1970. Der einzige Unterschied besteht darin, dass Letztere nur *besonders* bedeutungsvolle Güter als Kulturgut ansieht, während die UNIDROIT-Konvention 1995 alle bedeutungsvollen Güter erfasst.

b. Die Rückgabe gestohlener Kulturgüter

Das Kapitel II der Konvention betrifft die Rückgabe von gestohlenen Kulturgütern. Diese müssen gemäß Art. 2 Abs. 1 der Konvention von ihrem Besitzer zurückgegeben werden. Ihm steht jedoch – war er beim Erwerb gutgläubig – ein Entschädigungsanspruch gemäß Art. 3 Abs. 1 gegenüber demjenigen zu, der die Rückgabe verlangt. Lässt sich dies mit dem innerstaatlichen Recht vereinbaren, soll letztlich derjenige die Entschädigung zahlen, der dem Herausgabeverpflichteten das Kulturgut übereignet hat.[439]

Der Rückgabeanspruch muss gemäß Art. 3 Abs. 3 der Konvention innerhalb von drei Jahren ab Kenntnis der Belegenheit des Gutes und der Identität des Besitzers, spätestens aber 50 Jahre nach dem Diebstahl geltend gemacht werden.

c. Die Rückführung rechtswidrig ausgeführter Kulturgüter

Kulturgüter, die aus dem Hoheitsgebiet eines Vertragsstaats unter Verletzung der dortigen Rechtsvorschriften, welche die Ausfuhr von Kulturgütern im Hinblick auf den Schutz seines Kulturerbes regeln, ausgeführt worden sind, gelten gemäß Art. 1 (b) der Konvention als rechtswidrig ausgeführt. Dem Staat, aus dessen Territorium Kulturgüter rechtswidrig ausgeführt wurden, steht gemäß Art. 5 Abs. 1 und 3 der Konvention ein Rückführungsanspruch zu, sofern der ersuchende Staat nachweist, dass deren Entfernung „die materielle Erhaltung des Gutes oder seiner Umgebung, die Unversehrtheit eines komplexen Gutes, die Erhaltung von Informationen z. B. wissenschaftlicher oder historischer Art oder den traditionellen oder rituellen Gebrauch des Gutes durch eine Eingeborenen- oder Stammesgesellschaft“ wesentlich beeinträchtigt oder dass das Gut für ihn

---

[439] Art. 3 Abs. 2 UNIDROIT-Konvention 1995.

„von wesentlicher kultureller Bedeutung" ist.[440] Maßgeblich für das Bestehen des Rückführungsanspruchs ist das nationale öffentliche Recht des ersuchenden Staats, welches unter den vorstehend genannten Bedingungen auch im Ausland durchgesetzt wird.

Der Rückführungsanspruch ist gemäß Art. 7 Abs. 1 der Konvention ausgeschlossen, wenn entweder die Ausfuhr des Kulturguts im Zeitpunkt des Rückführungsersuchens nicht mehr rechtswidrig ist oder das Gut zu einem Zeitpunkt ausgeführt wurde, zu dem der Urheber noch nicht mindestens 50 Jahre verstorben war, es sei denn, das Kulturgut wurde von einem Angehörigen einer Eingeborenen- oder Stammesgemeinschaft zu einem traditionellen oder rituellen Zweck geschaffen und soll nunmehr an diese Gemeinschaft zurückgeführt werden.[441]

Der Anspruch muss gemäß Art. 5 Abs. 1 der Konvention vor der zuständigen Stelle des Belegenheitsstaats geltend gemacht werden. Er unterliegt denselben Fristen wie der Anspruch auf Rückgabe von gestohlenem Kulturgut (Abs. 5).

Auch der zur Rückführung Verpflichtete hat gemäß Art. 6 der Konvention einen Anspruch auf Entschädigung. Dieser ist jedoch nicht zwingend vorgegeben, sondern der Besitzer kann sich im Einvernehmen mit dem ersuchenden Staat auch dafür entscheiden, Eigentümer des Guts zu bleiben bzw. das Eigentum entgeltlich oder unentgeltlich an eine im ersuchenden Staat ansässige Person zu übertragen.

d. Fazit

Die UNIDROIT-Konvention 1995 wurde und wird vielfach kritisiert.[442] Dennoch stellt sie – insbesondere die internationale Durchsetzbarkeit nationaler Regelungen zum Schutz von Kulturgütern – einen wichtigen Schritt auf dem Weg hin zu einem wirksamen internationalen Kulturgüterschutz dar.[443] Sachenrechtliche Regelungen in Bezug auf das Eigentum an den zurückgegebenen bzw. -geführten Kulturgütern enthält die Konvention jedoch nicht und führt daher nicht zu einer vollständigen Vereinheitlichung des Privatrechts hinsichtlich des gutgläubigen Erwerbs von Kulturgütern im internationalen Rechtsverkehr.[444]

Auch enthält die UNIDROIT-Konvention 1995 keinen ausdrücklichen Bezug zum Begriff des „nationalen Kunstwerks".[445] Jedoch kann die Rückfüh-

---

440 Art. 5 Abs. 3 UNIDROIT-Konvention 1995.

441 Art. 7 Abs. 2 UNIDROIT-Konvention 1995.

442 Zu den verschiedenen Kritikpunkten vgl. *Rietschel,* Kulturgüterschutz, S. 85 f. sowie *Schaffrath,* Rückführung, S. 57 ff.

443 Vgl. *Rietschel,* Kulturgüterschutz, S. 86.

444 *Odendahl,* Kulturgüterschutz, S. 178 mwN.

445 Der von *Rietschel,* Kulturgüterschutz, S. 66 f. verwendete Begriff des *nationalen* kulturellen Erbes ist insoweit irreführend.

rung von rechtswidrig ausgeführten Kulturgütern nur dann verlangt werden, wenn diese gegen die nationalen Vorschriften zum Kulturgüterschutz verstieß. Da diese Vorschriften in vielen Staaten ihrerseits nur nationale Kunstwerke schützen, führt die UNIDROIT-Konvention 1995 letztlich dazu, dass auf diese Weise der Schutz nationaler Kunstwerke auch international durchsetzbar wird.

IV. Ungeschriebene völkerrechtliche Restitutionsansprüche

Neben den zahlreichen niedergeschriebenen völkervertragsrechtlichen Restitutionsregelungen, zu denen beispielsweise auch die soeben erörterte UNESCO-Konvention 1970 gehört, kennt das Völkerrecht ungeschriebene Rechtsgrundlagen, die teilweise ebenfalls Restitutionsansprüche zum Inhalt haben. Diese entspringen einerseits dem Völkergewohnheitsrecht, aber auch dem sogenannten „Soft law", also rechtlich unverbindlichen Instrumenten. Ihnen kommt im Hinblick auf die Ergänzung und Entstehung völkerrechtlicher Restitutionsansprüche eine wesentliche Funktion zu. Allerdings ist dieser Bereich des Völkerrechts bisher wenig entwickelt, da nicht nur die hohe Emotionalität, mit der die Diskussion geführt wird, sondern auch tatsächliche Schwierigkeiten – nicht zuletzt die in dieser Arbeit aufgeworfene Frage nach der Nationalität von Kunstwerken – einer pragmatischen Lösung häufig im Wege stehen.

Die Wichtigkeit der ungeschriebenen völkerrechtlichen Regelungen im Bereich des Kulturgüterschutzes ist trotz der einschlägigen Übereinkommen und der zunehmenden Anzahl der sie ratifizierenden Staaten nicht zu unterschätzen. So gibt es nach wie vor zahlreiche Staaten, welche die bestehenden Übereinkommen bisher nicht ratifiziert und in nationales Recht umgesetzt haben; auch die bereits erlassenen Umsetzungsgesetze sind häufig nicht so weitreichend, wie es aus der Sicht des internationalen Kulturgüterschutzes wünschenswert wäre. Es ist daher zu hoffen, dass auch das ungeschriebene Völkerrecht dazu beiträgt, dem Kulturgüterschutz zu einer verbesserten Durchsetzung zu verhelfen.

Die ungeschriebenen völkerrechtlichen Restitutionsansprüche knüpfen an verschiedene Sachverhalte an. Im Folgenden soll daher die Restitution von kriegsbedingt verschleppten und von sonst illegal ausgeführten Kunstwerken unterschieden werden.

1. Der völkergewohnheitsrechtliche Anspruch auf Restitution kriegsbedingt verbrachter Kunstwerke

Es besteht mittlerweile Einigkeit darüber, dass Kulturgüter nicht als Kriegsbeute verschleppt werden dürfen. Mit diesem Verbot korrespondiert die heute ebenfalls unbestrittene Verpflichtung, die widerrechtlich verbrachten Kunstwerke zurückzugeben.[446] Dies besagt allerdings noch nichts hinsichtlich des Umfangs des Restitutionsanspruchs. So wird vereinzelt vertreten, dass neben den unmittelbar an den Raubzügen beteiligten Staaten auch solche Staaten zur Rückgabe verpflichtet sein sollen, die nicht an den Kriegshandlungen beteiligt waren, auf deren Territorium das Kunstwerk jedoch zu einem späteren Zeitpunkt auftaucht.[447] Da eine solche Rückgabe jedoch bisher nur von wenigen Staaten praktiziert worden ist,[448] ist davon auszugehen, dass sich der völkergewohnheitsrechtliche Restitutionsanspruch jedenfalls heute nur gegen diejenigen Staaten richtet, die selbst an den Raubzügen teilgenommen haben.[449]

2. Restitution von sonst illegal ausgeführten Kunstwerken

Die Restitution von in Friedenszeiten illegal ausgeführten Kunstwerken dient sehr häufig dazu, die Folgen illegalen Kunsthandels rückgängig zu machen. Als „illegal ausgeführt" sind dabei all jene Kulturgüter anzusehen, die entweder gestohlen und dann ins Ausland verbracht oder die entgegen den nationalen Vorschriften zum Schutz von Kulturgut ausgeführt wurden.[450] Auch in Zeiten des Kriegs kann es jedoch zu solch einer illegalen Ausfuhr kommen. Als mahnendes Beispiel mag hier der Irak-Krieg im Jahre 2003 dienen, während dessen Zivilpersonen (und nicht die Soldaten anderer Staaten) Kunstwerke entwendet und ins Ausland verbracht haben.[451]

Allerdings sind die ungeschriebenen Restitutionsansprüche bezüglich illegal ausgeführter Kunstwerke deutlich weniger stark entwickelt als diejenigen des Kriegsvölkerrechts. Dies hat seinen Grund einerseits darin, dass zur Anerkennung des Restitutionsanspruchs wegen eines Verstoßes gegen die kulturgutschützenden Regelungen des ersuchenden Staats der ersuchte Staat fremdes öffent-

---

[446] Vgl. beispielsweise *Raber,* Das kulturelle Erbe der Menschheit, S. 12; *Walter,* Rückführung von Kulturgut im internationalen Recht, S. 78; *Engstler,* Die territoriale Bindung von Kulturgütern im Rahmen des Völkerrechts, S. 223; *Nahlik,* RdC 1967 I, 61, 135; *Fraoua,* Le trafic illicite des biens culturels et leur restitution, S. 134; *Rudolf,* Über den internationalen Schutz von Kulturgütern, S. 860; *Freytag,* „Cultural Heritage": Rückgabeansprüche von Ursprungsländern auf „ihr" Kulturgut, S. 175; *Schack,* Kunst und Recht, S. 275; *Odendahl,* Kulturgüterschutz, S. 170; *Jenschke,* Der völkerrechtliche Rückgabeanspruch auf in Kriegszeiten widerrechtlich verbrachte Kulturgüter, S. 179 ff.; *Siehr,* RdC 1993 VI, 9, 12; insoweit unklar *Turner,* Restitutionsrecht, S. 40 ff.

[447] *Fraoua,* Le trafic illicite des biens culturels et leur restitution, S. 134, 166.

[448] Vgl. *Walter,* Rückführung von Kulturgut im internationalen Recht, S. 83 ff.

[449] *Walter,* Rückführung von Kulturgut im internationalen Recht, S. 84; *Freytag,* „Cultural Heritage" S. 183, vgl. auch *Engstler,* Die territoriale Bindung von Kulturgütern im Rahmen des Völkerrechts, S. 187 ff.

[450] *v. Schorlemer,* Internationaler Kulturgüterschutz, S. 389 ff. mwN; *Odendahl,* Kulturgüterschutz, S. 172.

[451] *Odendahl,* Kulturgüterschutz, S. 172.

liches Recht anerkennen muss, was vielfach auf Widerstand stößt. Andererseits führt die Rückgabe der Kulturgüter dazu, dass der ersuchte Staat das in Rede stehende Kunstwerk seinem Besitzer entziehen muss. Dabei setzt er sich häufig in Widerspruch zu seinen eigenen zivilrechtlichen Regelungen.[452]

Diese Schwierigkeiten führen dazu, dass viele Staaten eine Restitutionsverpflichtung illegal ausgeführten Kulturguts ablehnen. Daher wird auch eine entsprechende gewohnheitsrechtliche Verpflichtung überwiegend abgelehnt,[453] *Fraoua* geht jedoch davon aus, dass dieser Anspruch „in statu nascendi" sei.[454] Es finden sich jedoch auch Stimmen, die mit verschiedenen dogmatischen Ansätzen vertreten, dass es bereits heute eine solche Rückgabeverpflichtung für illegal verbrachte Kulturgüter auch im Bereich des ungeschriebenen Völkerrechts gibt.[455]

3. Insbesondere: die Nationalität des herausverlangten Kunstwerks

Als Rechtsgrund für die Restitutionsverpflichtung wird dabei vielfach ein Recht des betroffenen Staats an seinen nationalen Kulturgütern angesehen.[456] Gleiches gilt für den völkergewohnheitsrechtlichen Restitutionsanspruch auf in Kriegszeiten ausgeführtes Kulturgut.[457] Dies hat zur Folge, dass nur derjenige Staat die Herausgabe verlangen kann, dessen nationalem Kulturgut das Kunstwerk zuzurechnen ist. Diejenigen, die dies propagieren, sind sich insoweit einig, als sie zur Bestimmung der Nationalität verschiedene Kriterien heranziehen wollen. Der im folgenden Kapitel erarbeitete Kriterienkatalog mag also auch insoweit zur Anwendung kommen.

---

452 *Odendahl,* Kulturgüterschutz, S. 172 f.

453 *Walter,* Rückführung von Kulturgut im internationalen Recht, S. 71, 212; *v. Schorlemer,* Internationaler Kulturgüterschutz, S. 419; *Fechner,* Rechtlicher Schutz archäologischen Kulturguts, S. 101; *Engstler,* Die territoriale Bindung von Kulturgütern im Rahmen des Völkerrechts, S. 73; *Turner,* Restitutionsrecht, S. 2; *Schack,* Kunst und Recht, Rn. 546.

454 *Fraoua,* Le trafic illicite des biens culturels et leur restitution, S. 142, vgl. auch *Stumpf,* Kulturgüterschutz im internationalen Recht unter besonderer Berücksichtigung der deutsch-russischen Beziehungen, S. 234, insbesondere Fn. 152.

455 Siehe hierzu umfassend *Turner,* Restitutionsrecht, S. 32 ff. sowie *Maurer,* Ausfuhr, S. 37; *Zschiedrich/Hoffmann,* NJ 1984, 86, 88.

456 *Turner,* Restitutionsrecht, S. 36, 52 ff. mwN.

457 Siehe insoweit *Stumpf,* Kulturgüterschutz im internationalen Recht unter besonderer Berücksichtigung der deutsch-russischen Beziehungen, S. 241; *Seidl-Hohenveldern,* Kunstraum im Krieg, S. 56.

V. Die Diskussion um die lex originis

Sachen unterliegen im internationalen Rechtsverkehr der traditionellen und fast weltweit[458] befolgten Kollisionsregel der *lex rei sitae* – dem Privatrecht desjenigen Staates, in welchem sie sich befinden. In Deutschland steht diese Regel in Art. 43 Abs. 1 EGBGB, allerdings ergänzt um eine Ausweichklausel in Art. 46 EGBG, sofern zu dem Recht eines anderen Staates eine „wesentlich engere Verbindung" besteht.[459] Es mögen im Allgemeinen viele Gesichtspunkte für die Anwendung der *lex rei sitae* sprechen,[460] gerade im Bereich des Schutzes beweglicher Kulturgüter zeigt sich jedoch, dass sie auch zahlreiche Schwächen hat, die vor allem dann virulent werden, wenn ein Kunstwerk häufig seinen Aufenthaltsort wechselt. So ist beispielsweise in einigen Rechtsordnungen ein gutgläubiger Erwerb gestohlener Kunstwerke möglich, andere hingegen schließen ihn aus. Auch unterliegt die Verjährung privatrechtlicher Herausgabeansprüche verschiedenen Fristen. Da für den Statutenwechsel unbeachtlich ist, ob ein Kunstwerk gestohlen oder illegal exportiert worden ist, wird diese internationalprivatrechtliche Anknüpfungsregel von vielen genutzt, um den „Weg des geringsten Widerstands" zu gehen und das Kunstwerk dem für sie günstigsten Zivilrecht zu unterwerfen. Aber selbst wenn man nicht von einer „Manipulation" des Lageorts ausgeht, ist bei Kunstwerken, die bekanntlich viel reisen, häufig zufällig, wo sie sich gerade befinden und welchem Sachenrecht sie somit unterliegen.[461]

Abweichend von der *lex rei sitae* hat die zwölfte Kommission des *Institut de Droit International* am 3. September 1991 eine kollisionsrechtliche Sonderregel vorgeschlagen, anhand derer das anwendbare Recht bestimmt werden soll.[462] Nach dieser Resolution soll sich sowohl die Veräußerung als auch der Export von nationalem Kulturgut, welches anhand Klassifizierung, Registrierung oder eines sonst international anerkannten Mittels der Publizität identifiziert werden kann, dem Recht desjenigen Staats unterstehen, mit dem es kulturell am engsten verbunden ist.[463] Wie genau diese engste Verbindung festgestellt werden soll, sagt die Resolution leider nicht.

---

[458] *Schack,* Kunst und Recht, Rn. 519.

[459] Diese Ausweichklausel ist jedoch für Kulturgüter nicht anwendbar. Siehe hierzu *Schack,* Kunst und Recht, Rn. 519, dort Fn. 47; *Strauch,* Rechtsverhältnisse, S. 93 ff., S. 232 mwN.

[460] Siehe hierzu beispielsweise *Weidner,* Kulturgüter, S. 178; *Berndt,* Internationaler Kulturgüterschutz, S. 124 f.; *Strauch,* Rechtsverhältnisse, S. 105 ff., *Schack,* Kunst und Recht, Rn. 523, jeweils mwN.

[461] *Jayme,* IPRax 1990, 347.

[462] Die Resolution vom 3. September 1991 ist in englischer Sprache abgedruckt in IJCP 6 (1997), 376; in französischer Sprache in IPRax 1991, 432.

[463] Siehe zu dieser Resolution insbesondere *Weber,* Kulturgut, S. 405 ff. und *Beck,* Rückgabe, S. 94 f.

In der kollisionsrechtlichen Literatur werden verschiedene weitere Ansätze vorgetragen, die bei Kulturgütern die privatrechtliche Anknüpfung verschieben wollen.[464] Für die Zwecke dieser Arbeit bemerkenswert ist insbesondere die Auffassung von *Jayme*, der im Anschluss an die Resolution des *Institut de Droit International* Kunstwerke aus dem Anwendungsbereich der *lex rei sitae* ausnehmen und stattdessen an die *lex originis* anknüpfen möchte. Hiernach soll sich das anzuwendende Sachenrecht auf Kunstwerke nach ihrem „Heimatrecht" bestimmen, welches wiederum von der Nationalität des in Rede stehenden Kunstwerks abhängt,[465] die anhand eines umfassenden Kriterienkatalogs zu bestimmen ist.[466] Diese Auffassung hat in jüngerer Zeit einige wenige Anhänger gefunden.[467]

Die Anknüpfung an die Nationalität von Kunstwerken, die – wie die vorstehenden Ausführungen gezeigt haben – im nationalen und internationalen öffentlichen Recht bereits vielerorts für maßgeblich gehalten wird, würde durch die Anwendung der *lex originis* auch in das internationale Sachenrecht einziehen. Folge davon wäre, dass der öffentlich-rechtliche und der kollisionsrechtliche Anknüpfungspunkt für das auf das Kunstwerk anzuwendende nationale Recht identisch wären. Die Konflikte, die aufgrund unterschiedlicher öffentlich-rechtlicher und privatrechtlicher Anknüpfungspunkte vor allem in der Restitutionspraxis entstehen, ließen sich auf diese Weise ohne die bisherigen Schwierigkeiten lösen.[468]

Den Eigentümer eines Kunstwerks kann man jedoch nicht nur über ein besonderes Kollisionsrecht für Kunstwerke – wie beispielsweise die *lex originis* – schützen, sondern auch durch ein ggf. international vereinheitlichtes materielles Sonderrecht für Kunstwerke,[469] ohne dass die Nationalität eines Kunstwerks von Bedeutung wäre.

Für die Zwecke dieser Arbeit bedarf es keiner Entscheidung, welcher der vorgenannten Wege zum Schutz des Eigentums an Kunstwerken vorzugswürdig ist. Es reicht vielmehr die Feststellung, dass die Verfechter der *lex originis* auch für das anzuwendende Sachrecht auf einen Kriterienkatalog abstellen wollen. Die nachstehenden Ausführungen können also auch insoweit Bedeutung erlangen.

---

464 Diese sind bei *Weidner*, Kulturgüter, S. 177 ff.; *Strauch*, Rechtsverhältnisse, S. 102 ff.; *Schack*, Kunst und Recht, Rn. 523 ff.; *Beck*, Rückgabe, S. 88 ff., jeweils mwN. dargestellt.

465 *Jayme*, IPRax 1990, 347; *ders.*, IPRax 1996, 66; *ders.*, Anknüpfungsmaximen, 35 ff. und wortgleich *Jayme*, Anknüpfungsmaximen für den Kulturgüterschutz im Internationalen Privatrecht, S. 717 ff., 724 ff.

466 *Weidner*, Kulturgüter, S. 194 ff.; *Jayme*, Anknüpfungsmaximen, S. 43; *Strauch*, Rechtsverhältnisse, S. 105.

467 *Kienle/Weller*, IPRax 2004, 290, 291; wohl auch *Weidner*, Kulturgüter, S. 193 ff.; *Weber*, Kulturgut, S. 308 ff.

468 Siehe hierzu *Jayme*, Anknüpfungsmaximen, S. 41 mit mehreren Beispielen.

469 *Schack*, Kunst und Recht, Rn. 526.

5. Kapitel: Kriterien der nationalen Zuordnung

I. Einführung

Die Kernfrage dieser Arbeit ist, wie die Nationalität von Kunstwerken zu bestimmen ist. Die vorangegangenen Ausführungen – insbesondere zur Vielschichtigkeit des Begriffs der „Nation“[470] – haben bereits deutlich gemacht, dass der Begriff des „nationalen Kunstwerks“ wegen seiner Komplexität einer strikten Definition nicht zugänglich ist. Es gilt daher, Kriterien zu beschreiben, anhand derer die besondere Beziehung einer Nation zu einem Kunstwerk bestimmt werden kann. Diese Herangehensweise hat erstmals *Nahlik* bereits 1967 im Zusammenhang mit völkerrechtlichen Restitutionsansprüchen vorgeschlagen.[471] Seitdem wurden für diese Beziehung verschiedene Bezeichnungen gefunden, hinter denen jedoch im Kern stets dieselbe Aussage steht. So bezeichnet beispielsweise *Turner* die besondere Beziehung als „genuine link“[472], *Gordon* spricht im Hinblick auf die Feststellung dieser Beziehung von einem „connection test“[473].

Eine Parallele zum Recht der Staatsangehörigkeit sieht *Niec*, der die besondere Beziehung zwischen Kunstwerk und Nation als „effective link“ bezeichnet.[474] Dieser Begriff entstammt der Nottebohm-Entscheidung des Internationalen Gerichtshofs (IGH) zur Staatsangehörigkeit von natürlichen Personen.[475] Nottebohm war in Deutschland geboren und lebte in Guatemala, war aber von Liechtenstein eingebürgert worden, was Guatemala nicht anerkennen wollte. Der IGH hat die Auffassung Guatemalas bestätigt und die Einbürgerung für nicht gegeben erachtet. Als Grund wurde ausgeführt, dass Nottebohm zu Liechtenstein vor, während und nach seiner Einbürgerung keine irgendwie geartete Beziehung gehabt habe. Überträgt man dies auf die Frage nach der Nationalität von Kunstwerken, so ist *Niecs* Standpunkt wohl so zu verstehen, dass auch ein Kunstwerk eine irgendwie geartete Beziehung zu „seiner“ Nation haben muss.[476]

---

[470] Siehe oben S. 12 ff.

[471] *Nahlik,* RdC 1967 I, 61, 157.

[472] *Turner,* Restitutionsrecht, S. 52.

[473] *Gordon,* Harv.Int.L.J. 1971, 537, 542; vgl. hierzu auch *v. Schorlemer,* Internationaler Kulturgüterschutz, S. 62 f.

[474] Da das Werk von *Niec,* The Proper Country of the Work of Art, nur in polnischer Sprache vorliegt, wird vorliegend aus der Rezension von *Nahlik,* Pol.Yb.Int.L 1981–1982, 258, 261 zitiert.

[475] ICJ Reports 1955, 4. Vgl. zu dieser Entscheidung beispielsweise *Dahm/Delbrück/Wolfrum,* Der Staat und andere Völkerrechtssubjekte, S. 45 ff.

[476] So auch *Prott/O'Keefe,* Law and the Cultural Heritage, S. 739.

Auch wenn in der rechtswissenschaftlichen Diskussion, von wenigen Ausnahmen abgesehen,[477] Einigkeit darüber besteht, dass die Zuschreibung eines Kunstwerks an eine Nation nur anhand eines Kriterienkatalogs erfolgen kann,[478] sind sich die Autoren doch keineswegs einig, welche Kriterien in diesen Kanon aufzunehmen sind. Vielmehr besteht eine kaum überschaubare Anzahl von Abhandlungen, die jeweils verschiedene Akzente im Hinblick auf die nationale Zuordnung setzen.

Odendahl hat die Kriterien zu Gruppen zusammengefasst und ist dabei zu dem Ergebnis gekommen, dass

> „sich insgesamt sechs verschiedene Prinzipien feststellen [lassen], nach denen ein Kulturgut aus kulturellen Erwägungen heraus einem bestimmten Staat zugeordnet werden kann (allgemeines oder personales Herkunftsprinzip sowie Bestimmungs-, Bezogenheits-, Rezeptions- und Bedeutungsprinzip)."[479]

Angesichts der Vielzahl an – leider teilweise auch noch unterschiedlich benannten – Kriterien ist es durchaus hilfreich, die vorgetragenen Standpunkte auf diese Weise zusammenzufassen und dem Rechtsanwender so einen schnelleren Zugang zu ermöglichen.

Ziel der folgenden Ausführungen ist es nicht nur, alle bisher in der juristischen Diskussion formulierten Kriterien aufzulisten und inhaltlich zu würdigen. Vielmehr soll der Blick auch auf die (kunst-)geschichtliche Diskussion gelenkt und versucht werden, die dort zu findenden Kriterien ebenfalls darzustellen und gemeinsam mit den in der rechtswissenschaftlichen Diskussion vorgetragenen in einen einheitlichen Kriterienkatalog einfließen zu lassen. Auch wenn viele dieser Kriterien nicht ohne Weiteres dazu herangezogen werden können, eine rechtlich verwertbare Zuschreibung eines Kunstwerks an eine Nation zu erreichen, öffnen diese jedenfalls den Blick für eine ganzheitliche und im Ergebnis überzeugendere Betrachtung.

Dabei ist stets zu beachten, dass die Zielsetzung der (kunst-)historischen Diskussion teilweise eine andere war und ist und dass viele der dortigen Ausführungen politisch motiviert waren. Begegnet man den Kriterien jedoch mit der gebotenen Vorsicht, dann ist die Auseinandersetzung mit ihnen sehr gewinnbringend.

---

477 *Turner,* Restitutionsrecht, S. 52 ff.; *Greenfield,* The return of cultural treasures, S. 256 f. mwN.

478 *Weidner,* Kulturgüter, S. 194 ff.; *Nahlik,* RdC 1967 I, 61, 157; *Jayme,* Rechtsfrage, S. 138; *Maurer,* Ausfuhr, S. 35 ff.; *Hanisch,* Der Fall Liotard, S. 23; *Müller-Katzenburg,* Internationale Standards, S. 149; *Uhl,* Handel, S. 154 ff.; *Peya,* Ausfuhr, S. 100 ff.; *Blume,* Nationalität von Kulturgut, S. 68 ff.; *Odendahl,* Kulturgüterschutz, S. 628 f.; *Weber,* Kulturgut, S. 268 ff.; *Schaffrath,* Rückführung, S. 247 ff.; *Müller,* Kulturgüterschutz, S. 263 ff.; *Nafziger,* Houst. J.Int.L. 1981–1982, 194 f.

479 *Odendahl,* Kulturgüterschutz, S. 629.

II. Beschaffenheit der Kriterien

Schon auf den ersten Blick wird deutlich, dass in der Rechtswissenschaft weit überwiegend *„äußere"*, in der Kunstgeschichte hingegen weit überwiegend *materielle* Kriterien für die Nationalität von Kunstwerken verwendet werden. Dies hat seinen Ursprung vermutlich darin, dass in beiden Diskussionen häufig unterschiedliche Ziele verfolgt wurden und werden. Trotz dieser Differenzen macht die unterschiedliche Herangehensweise an dieselbe Fragestellung deutlich, dass es diese beiden Arten von Kriterien gibt, die zur Bestimmung der Nationalität herangezogen werden können und nach hier vertretener Auffassung auch sollten.

Dass in jüngerer Zeit auch die rechtswissenschaftliche Diskussion eine Erweiterung dahingehend erfahren hat, dass über das Kriterium der „Rezeption" eine materielle Auseinandersetzung mit dem in Rede stehenden Kunstwerk erfolgen soll, ist abermals *Jayme* zu verdanken, der diesen Ansatz in seinen zahlreichen Schriften wiederholt vorgetragen hat.[480]

Die von *Gornig* geäußerte Auffassung, dass die Nationalität anhand des „typischen Charakters eines Kunstwerks" zu bestimmen ist, könnte ebenfalls ein materielles Kriterium darstellen.[481] Da jedoch jede weitere Präzisierung fehlt und daher der Inhalt dieses von *Gornig* genannten Kriteriums unklar bleibt, lässt sich dies nicht eindeutig feststellen.

Dennoch werden in der juristischen Diskussion die „äußeren" Faktoren weiterhin als maßgeblich angesehen. Da bisher zudem kaum erörtert wurde, ob auch für die juristische Zuschreibung materielle Kriterien zur Anwendung kommen können und sollen, verwundert es nicht, dass nur wenige Autoren eine Rechtfertigung dafür anführen, warum sie diesen Weg einschlagen. Eine Ausnahme ist insoweit *Mußgnug*, der seine Auffassung, dass einzig (!) der Ort der rechtmäßigen und dauerhaften Belegenheit eines Kunstwerks maßgeblich für die Bestimmung der Nationalität sein müsse, damit begründet anführt, dass nur so eine zuverlässige Zuschreibung möglich sei.[482] Rechtfertigung für diese einseitige Betrachtungsweise soll also die Rechtssicherheit sein. Die Mehrzahl der mit dieser Frage befassten Juristen scheint mit *Mußgnug* davon auszugehen, dass materielle Kriterien keine zuverlässige Zuschreibung erlaubten, da diese nicht hinreichend klar umrissen und daher auslegungsfähig und -bedürftig seien und somit häufig verschiedene Ergebnisse zuließen.

Hanisch spricht sich darüber hinaus implizit gegen die Anwendung materieller Kriterien aus, da er den Umfang der „Sachermittlungen über die künstlerische

---

480 Zum Kriterium der Rezeption unten S. 125 ff.

481 *Gornig*, Der internationale Kulturgüterschutz, S. 41.

482 *Mußgnug*, Staatsangehörigkeit, S. 1534.

und kunsthistorische Genese eines Werks" begrenzen will.[483] Sicher kann die Anwendung nur weniger Kriterien dazu führen, dass die Bestimmung der Nationalität mit weniger Mühe verbunden ist; ob dies jedoch zu der von *Hanisch* geforderten „objektiv möglichst zutreffenden Entscheidung" führt, erscheint sehr zweifelhaft.[484] Das nur ausschnittweise Betrachten von Sachverhalten führt nämlich selten zu richtigen Entscheidungen.

Bei genauerem Hinsehen zeigt sich zudem, dass auch die „äußeren" Kriterien keineswegs immer zu einem eindeutigen Ergebnis führen und somit auch nicht immer die gewünschte Rechtssicherheit schaffen können. Auch sie können nämlich in verschiedene Richtungen weisen.[485] In diesen Fällen ist – nach fast einhelliger Ansicht – eine Wertung erforderlich, anhand derer die „engste Verbindung zu einem Land oder einer Nation"[486] bestimmt werden soll. Selbst *Mußgnug*, der – vermutlich um diese Wertung zu vermeiden – ausschließlich auf das Kriterium der dauerhaften und rechtmäßigen Belegenheit des Kunstwerks abstellt, muss in Zweifelsfällen eine Wertung vornehmen, die einer eindeutigen Zuschreibung ohne weitere Recherche entgegensteht. Denn wann genau die Belegenheit eines Kunstwerks an einem Ort lang genug war, um dauerhaft zu sein, und ob der möglicherweise lange zurückliegende Erwerb eines Kunstwerks rechtmäßig war, ist auch für einen Juristen nicht ohne Weiteres bestimmbar.

Im Ergebnis mag die Rechtssicherheit (nicht zu verwechseln mit der Richtigkeit der Entscheidung) bei der Anwendung von nur „äußeren" Kriterien etwas größer sein als bei der hier vorgeschlagenen Anwendung auch materieller Kriterien. Diese fordert jedoch bereits das Wesen des zuzuschreibenden Kunstwerks, das sich nicht auf wenige formale Aspekte begrenzen lässt, sondern sich regelmäßig durch seine Vielschichtigkeit auszeichnet. Die einen Künstler beeinflussenden Umstände sind in ihrer Vielzahl nicht zu übersehen, Gleiches gilt für die Reaktion, die das Werk bei seinen Betrachtern auslöst. Häufig soll ein Kunstwerk dasjenige ausdrücken, was anders nicht formuliert werden kann oder darf, und so bestehende formale Grenzen überwinden. Hinzu kommt ein stetiger Wandel in der Wahrnehmung und Wirkung eines Kunstwerks. Was einst schockierte, mag heute keinen Hund mehr hinter dem Ofen hervorlocken; was einst ohne Mühe verstanden wurde, mag heute umfangreiche Studien voraussetzen. Ein Kunstwerk und seine Wechselwirkungen sind also ohnehin kaum zu fassen, eine Analyse anhand nur formaler Kriterien erscheint unmöglich.

Hinzu kommt, dass die Nation ebenso vielschichtig ist wie das ihr zuzuschreibende Kunstwerk. Eine rein formale Annäherung greift – wie im 2. Kapitel

---

483 *Hanisch*, Der Fall Liotard, S. 30.

484 *Hanisch*, Der Fall Liotard, S. 30.

485 Zur Frage, wie in diesen Fällen zu entscheiden ist, siehe unten S. 155 ff.

486 *Hanisch*, Der Fall Liotard, S. 24.

gezeigt wurde – auch hier zu kurz. Wenn aber Kunstwerk wie Nation nicht auf einer nur formalen Ebene beschrieben werden können, muss dies auch für die zwischen beiden bestehende Verbindung gelten. Sie muss also maßgeblich auch anhand materieller Kriterien beschrieben werden.

Der Blick auf die kunstgeschichtliche Diskussion um die Nationalität von Kunstwerken ist für den Rechtsanwender daher lohnend und erforderlich, lassen sich doch der kunstgeschichtlichen Diskussion vielfach gerade die Kriterien entnehmen, die in materieller Hinsicht Aufschluss über die Nationalität des jeweiligen Kunstwerks geben und den Rechtsanwender in die Lage versetzen können, eine fundierte Bestimmung der Nationalität vorzunehmen. Zum anderen führt die Erweiterung der Diskussion aber auch dazu, dass die teilweise unreflektierte Auseinandersetzung um die Nationalität von Kunstwerken in der Rechtswissenschaft künftig etwas differenzierter und geschichtsbewusster geführt wird.

III. Einheitlicher Kriterienkatalog

Die Darstellung der Anwendungsfälle des Rechtsbegriffs der Nationalität hat deutlich gemacht, dass nur die UNESCO-Konvention 1970 eine eigene Definition dessen enthält, was für ihre Zwecke als *kulturelles Erbe* anzusehen ist. An anderer Stelle – beispielsweise in Großbritannien mit den *Waverley-Kriterien* – gibt es Verwaltungsvorschriften sowie ergänzende Auslegungsregeln, die zur Bestimmung des nationalen Kulturguts herangezogen werden. Die meisten Regelungen enthalten jedoch diesbezüglich keinerlei Vorgaben.

So verständlich diese Unterschiede vor dem Hintergrund geschichtlicher und kultureller Differenzen auch sein mögen, führen sie vor allem im internationalen Bereich zu Schwierigkeiten. Diese treten immer dann auf, wenn ein Staat die entsprechenden Regelungen eines anderen Staates nicht anerkennt oder wenn die Regelungen zwar wechselseitig anerkannt werden, die nationalen Unterschiede aber dazu führen, dass mehrere Staaten nach Maßgabe ihrer nationalen Regelungen ein Kunstwerk als ein „nationales" für sich beanspruchen.

Um diese Schwierigkeiten in den Griff zu bekommen, ist ein Kriterienkatalog erforderlich, der sämtliche Kriterien enthält, die zur Bestimmung der Nationalität herangezogen werden müssen. Dieser Katalog wird im Folgenden dargestellt. Wünschenswert wäre, dass diese Kriterien in möglichst vielen Fällen und unabhängig von der anzuwendenden Norm zur Anwendung kommen. Zudem sollten die Kriterien möglichst einheitlich entsprechend der unten im 7. Kapitel genannten Grundsätze angewendet werden. Auf diese Weise wäre eine nationale Zuordnung von Kunstwerken zu erreichen, die von sämtlichen beteiligten Staaten akzeptiert werden könnte.

Durch diese vereinheitlichten Kriterien wird auch das dem die Nation vertretenden Staat zustehende Recht nicht verletzt, selbst darüber zu entscheiden, welche

Kunstwerke er schützen will, solange es sich nur um Werke handelt, die ihm zuzuschreiben sind. Von diesen Kunstwerken sollten jedoch nicht alle unter Schutz gestellt werden. Der Schutz sollte sich vielmehr auf solche Werke beschränken, die für die jeweilige Nation von besonderer Bedeutung sind.[487]

IV. Die einzelnen Kriterien der nationalen Zuordnung

1. Nationalität des Künstlers

Ein erster Ansatzpunkt für die Bestimmung der Nationalität eines Kunstwerks ist die Nationalität des Künstlers. Er findet sich vielfach in der juristischen Diskussion, aber auch in der kunstgeschichtlichen Auseinandersetzung wird er vereinzelt vorgetragen.[488]

Allerdings zeigt sich bei genauerem Hinsehen, dass der Bezug zur Nationalität des Künstlers die Probleme mit dem Begriff der „Nation" nur verlagert, sie jedoch nicht löst. Aufgrund der fehlenden Identität von Staat und Nation ist es nicht ohne Weiteres möglich, die Nationalität des Künstlers mit Staatsangehörigkeit gleichzusetzen.[489] So haben möglicherweise einzelne Staaten zu der Zeit, als ein Kunstwerk entstanden ist, noch nicht existiert oder sie bestehen heute nicht mehr oder aber es fehlten Regelungen hinsichtlich der Staatsbürgerschaft. Um diese Schwierigkeiten zu umgehen, schlägt *Weidner* vor, zur Bestimmung der Nationalität *Herders* Begriff der „Kulturnation" heranzuziehen. Danach soll, so *Weidner*, die Nationalität durch die Zugehörigkeit des Künstlers zu einer „sich auf gemeinsame Sprache und Kultur stützenden Gemeinschaft" zu bestimmen sein.[490] Auch mit diesem Ansatz ist jedoch wenig gewonnen, da auch die Zugehörigkeit zu einem Kulturkreis nicht eindeutig zu bestimmen ist. Die Bestimmung der so verstandenen Nationalität hätte zur Folge, dass nunmehr ein weiterer Kriterienkatalog zu entwickeln wäre, der seinerseits Auskunft über die Nationalität eines Künstlers gibt, die dann wieder einen Aspekt unter vielen bei der Bestimmung der Nationalität eines Kunstwerks darstellen würde.

Für die Zwecke dieser Arbeit soll trotz der damit verbundenen Schwierigkeiten, aber mangels handhabbarer Alternativen die Staatsangehörigkeit des Künstlers als „Näherungswert" für die Nationalitätsbestimmung herangezogen werden. Kommt es dabei zu Schwierigkeiten, mag man den von *Weidner* herangezogenen Begriff der „Kulturnation" bemühen, um weitere Anhaltspunkte für die Natio-

---

487 Vgl. insbesondere unten S. 161 f.

488 Siehe zu *Pinder* unten S. 118 ff.

489 So aber wohl *Gornig*, Der internationale Kulturgüterschutz, S. 41.

490 *Weidner*, Kulturgüter, S. 196.

nalität des Künstlers zu erhalten. Eindeutig wird die Bestimmung der Nationalität des Künstlers in diesen Fällen jedoch kaum ausfallen.

Die Staatsangehörigkeit des Künstlers findet sich als ein Kriterium für die Bestimmung der Zugehörigkeit eines Kunstwerks zum kulturellen Erbe eines Staates in Art. 4 (a) der UNESCO-Konvention 1970. Aber auch Art. 5 des am 1. Januar 1989 in Kraft getretenen schwedischen Gesetzes über die Verwaltung des Kulturerbes macht die Zuordnung von Kunstwerken unter anderem von der Staatsangehörigkeit des Künstlers abhängig.[491] Auch in der juristischen Literatur wird die Nationalität des Künstlers als ein wesentliches Merkmal angesehen, das zur Bestimmung der Nationalität von Kunstwerken heranzuziehen ist.[492] Dies vermag die gerichtliche Auseinandersetzung um das Gemälde *„Portrait sur fond jaune“* von *Matisse*[493] zu illustrieren.[494] Die schweizerische Kunsthändlerin *Marie Louise Jeanneret* hatte das Bild von der Amerikanerin *Anna Vichey* gekauft. Zuvor war es ohne die (nach Ansicht der dortigen Behörden) erforderliche Exportgenehmigung[495] aus Italien nach Amerika gelangt. Aus diesem Grund verlangte Frau *Jeanneret* die Rückzahlung des Kaufpreises, da ein ohne diese Genehmigung ausgeführtes Werk nicht handelsfähig und Frau *Vichey* daher eine „implied warranty“ des zwischen ihnen geschlossenen Kaufvertrages gebrochen habe. In zweiter Instanz wurde die Klage abgewiesen, weil das Gericht den Export des Kunstwerks nicht für genehmigungspflichtig hielt. Entgegen der Auffassung der italienischen Behörden, die anführten, dass das Bild bereits auf der Biennale in Venedig gezeigt worden sei und es einer seltenen europäischen Stilrichtung angehöre, die auf Motive der Klassik und der Renaissance zurückgreife, kamen die US-amerikanischen Richter zu dem Ergebnis, dass ein *Matisse* nicht als ein italienisches Kunstwerk angesehen werden könne und daher auch nicht an Italien zurückzugeben sei. Sie führten diesbezüglich aus:

---

[491] Die inoffizielle englische Übersetzung von § 5 des schwedischen Gesetzes vom 30. Juni 1988 lautet: *"The term Swedish items of historic interest refers to items which were actually or presumably made in Sweden or in some other country by a Swede. The term foreign items of historic interest refers to items made in another country by a Swede."*

[492] *Peya,* Ausfuhr, S. 103 f.; *Uhl,* Handel, S. 155 f.; *Turner,* Restitutionsrecht, S. 52 ff.; *Weidner,* Kulturgüter, S. 196 f.; *Weber,* Kulturgut, S. 270; *Jayme,* Rechtsfrage, 138 f.; *Jayme,* Anknüpfungsmaximen, 45 ff.; *Jayme,* Kunstwerk und Nation, 61 f.; *Schuschke-Nehen,* Kulturgüterschutz, S. 209; *Nahlik,* RdC 1967 I, 61, 157: *Fraoua,* Le trafic illicite des biens culturels et leur restitution, S. 168; *Maurer,* Ausfuhr, S. 35.

[493] Trotz intensiver Recherche ist es dem Verfasser nicht gelungen, das Bild aus dem Œuvre von *Matisse* zu bestimmen, das Gegenstand der gerichtlichen Auseinandersetzung war. Die gegebenen Beschreibungen des Gerichts waren hierzu nicht ausreichend. Dennoch soll die Auseinandersetzung um das „Portrait sur fond jaune“ hier erwähnt werden, weil sie eine der wenigen ist, in denen sich ein Gericht inhaltlich mit einem Kunstwerk auseinandergesetzt hat.

[494] Jeanneret v Vichey, 693 F. 2d 259 (2d Cir. 1982).

[495] Zum italienischen Recht des Kulturgüterschutzes siehe oben S. 55 f.

> "This is especially true in light of the tenuous nature of the claim that a not especially notable painting by a French twentieth-century master who was testified to have left a thousand paintings constituted an important part of Italy's artistic patrimony. [...] Matisse's *Portrait sur Fond Jaune* bore no such relation to Italy as a Raphael or a Bellini Madonna."[496]

Das Gericht hat also seine Entscheidung von der Nationalität des Künstlers abhängig gemacht.

Weidner weist zutreffend darauf hin, dass die Erwägungen zur Nationalität nur dazu geführt hätten, dass das Gericht das Gemälde nicht als italienisches Kulturgut angesehen hat. Eine positive Zuordnung sei hingegen in dem Urteil aufgrund der Nationalität nicht getroffen worden. Dies sei nach ihrer Ansicht anhand der Nationalität des Künstlers auch nur selten möglich.[497]

Die Bedeutung der Nationalität des Künstlers – unabhängig davon, ob sich diese in der Staatsangehörigkeit oder in anderen Kriterien manifestiert – für die Bestimmung der Nationalität eines Kunstwerks ist begrenzt. In vielen Fällen verstehen sich Künstler nämlich als Außenseiter der Gesellschaft und fühlen sich dadurch keiner Nation verbunden.[498] *Max Ernst* beispielsweise hat bewusst seine deutsche Staatsangehörigkeit aufgegeben[499] und dadurch auch zum Ausdruck gebracht, dass er sich nicht mehr als Teil der deutschen Nation sah. Außerdem gibt es Künstler, deren Internationalität sie mit vielen Nationen in Berührung gebracht hat: *Kandinsky* beispielsweise ist russischer Herkunft und hat in Deutschland wie in Frankreich Kunstwerke geschaffen. Einer einzigen Nation wird man ihn kaum zuordnen können. Dies mag einer der Gründe sein, warum *Mußgnug* und *Oliver* sogar jeden Einfluss der Nationalität des Künstlers auf die Zuordnung eines Kunstwerks ausdrücklich verneinen.[500] Auch zur Bestimmung des schützenswerten britischen Kulturguts wird sie nicht herangezogen, da sie in den insoweit maßgeblichen *Waverley-Kriterien* keinen Niederschlag gefunden hat.[501]

Die vorstehenden Ausführungen zeigen, dass das formale Kriterium der Staatsbürgerschaft in den „schwierigen Fällen" nur zu zweifelhaften Ergebnissen führen kann.

Als Ergebnis ist daher festzuhalten, dass bei einigen Künstlern die Nationalität eindeutig bestimmt werden kann, bei anderen hingegen nicht. Ist sie eindeutig,

---

496 Jeanneret v. Vichey, 693 F. 2d 259, 267(2d Cir. 1982).

497 *Weidner,* Kulturgüter, S. 197, insbesondere Fn. 482.

498 *Jayme,* Rechtsfrage, S. 149 f.

499 *Uhl,* Handel, S. 155.

500 *Mußgnug,* Staatsangehörigkeit, S. 1537; *Oliver,* Free movement of goods in the European Community, S. 224.

501 Vgl. insoweit auch *Weber,* Kulturgut, S. 334 mwN.

so mag sie ein erstes Indiz auch für die Nationalität der von diesem Künstler geschaffenen Werke sein. Da jedoch die Nationalität des Künstlers stets nur eine mittelbare Aussage über das maßgebliche Werk geben kann, ist ihr Aussagewert begrenzt. Darüber hinaus ist kaum vorstellbar, dass ein Kunstwerk für eine Nation von besonderer Bedeutung ist, nur weil es von einem dieser Nation zugehörigen Künstler geschaffen wurde. Regelmäßig werden sich bei der Betrachtung des jeweiligen Werkes in die gleiche Richtung weisende Anhaltspunkte ausmachen lassen, die bei der Bestimmung des Kunstwerks schwerer wiegen als die Nationalität des Künstlers.

2. Belegenheit des Kunstwerks

Als ein weiterer Anhaltspunkt für die Bestimmung der Nationalität eines Kunstwerks kommt seine Belegenheit in Betracht, also derjenige Ort, wo sich das Kunstwerk aktuell befindet.

Mußgnug hat vorgeschlagen, ausschließlich dieses Kriterium heranzuziehen, um die „Staatsangehörigkeit" von Kulturgut zu bestimmen.[502] Ausgangspunkt der Gedanken von *Mußgnug* ist der bereits erwähnte[503] Rechtsstreit der *Lucy Pagenstecher* um die Genehmigung der Ausfuhr ihrer dreizehn Gemälde französischer Impressionisten und Postimpressionisten. Dieser Fall illustriert, dass die Belegenheit des Kunstwerks jedenfalls nicht allein ausschlaggebend für die Bestimmung seiner Nationalität sein kann. Andernfalls wäre die kaum nachvollziehbare Rechtsauffassung der Provinz Bozen zutreffend und allein die Einfuhr einer Sammlung französischer Gemälde nach Italien hätte diese zu italienischem nationalen Kulturgut gemacht, obwohl die Werke davor über keinerlei Beziehungen zu Italien verfügten.

Um diese kaum vertretbaren Auswirkungen zu vermeiden, schlägt *Mußgnug* vor, als Belegenheitsort denjenigen Ort zu verstehen, an den ein Kunstwerk auf rechtmäßigem Wege und für einen dauerhaften Aufenthalt gelangt ist. Gleiches müsse gelten, wenn sich ein Kunstwerk bereits so lange an einem Ort befindet, dass alle Herausgabeansprüche aus dritten Staaten ausgeschlossen sind.[504]

Mußgnug ist nicht der Einzige, der die Belegenheit eines Kunstwerks als ein maßgebliches Kriterium ansieht. In der Literatur finden sich zahlreiche Verfechter dieser Auffassung,[505] und auch die Kriterien unter lit. d und e der UNESCO-

---

[502] *Mußgnug,* Staatsangehörigkeit, S. 1534.

[503] Zum Sachverhalt siehe oben S. 57.

[504] *Mußgnug,* Staatsangehörigkeit, S. 1538.

[505] *Müller-Katzenburg,* Internationale Standards, S. 150 f.; *Nahlik,* RdC 1967 I, 61, 157; *Hanisch,* Der Fall Liotard, S. 23; *Weidner,* Kulturgüter, S. 198; *Weber,* Kulturgut, S. 270 f.; *Uhl,* Handel, S. 155; *Pieroth/Kampmann,* NJW 1990, 1385, 1387; *Fraoua,* Le trafic illicite des biens culturels et leur restitution, S. 168; *Maurer,* Ausfuhr, S. 35; vgl. auch *Gornig,* Der inter-

Konvention 1970 weisen in diese Richtung.[506] Selten allerdings wird das Kriterium der rechtmäßigen Belegenheit als einzig maßgebliches gesehen.[507]

Als Begründung für die Bestimmung der Nationalität eines Kunstwerks anhand seiner Belegenheit wird angeführt, dass so „zuverlässig Auskunft über die Staatsangehörigkeit des Kulturguts und ihre allfälligen Veränderungen“ erlangt werden könne.[508] Zwar ist zutreffend, dass der aktuelle Aufenthaltsort eines Kunstwerks regelmäßig ohne Weiteres bestimmt werden kann. Dies gilt jedoch nicht hinsichtlich der Rechtmäßigkeit des Aufenthaltsorts und der erforderlichen Mindestaufenthaltsdauer. Die Belegenheit soll immer dann rechtmäßig sein, wenn das Kunstwerk mit dem Willen des Eigentümers an seinen derzeitigen Ort gelangt ist und das Herkunftsland diesen Transfer nicht verhindert hat.[509] Dieser Wille dürfte vielfach schwer feststellbar sein. Wenn eine Änderung der Belegenheit unter Verstoß gegen öffentlich-rechtliche Normen zum Schutz von Kulturgut im Herkunftsland erfolgt, soll dies keinen Einfluss auf die Rechtmäßigkeit der Belegenheit haben, da dritte Staaten nicht verpflichtet sind, das öffentliche Recht des Herkunftslands als verbindlich anzuerkennen.[510]

Noch weniger zuverlässig lässt sich klären, ob der Transfer des Kunstwerks auf Dauer erfolgt ist. Während insoweit noch Einigkeit besteht, dass Aufenthalte zur Restaurierung oder für Ausstellungen nicht zu berücksichtigen sind, bleiben diejenigen, die eine gewisse Dauer für erforderlich halten, hinsichtlich des hierfür nötigen Zeitraums vage. *Nahlik* benutzt den Begriff *„longtemps“*,[511] *Hanisch* fordert eine Aufenthaltsdauer, deren Länge von den Umständen einer „traditionell gewachsenen Befindlichkeit des Kulturgegenstandes“ abhänge,[512] *Müller-Katzenburg* führt aus, dass die Bedeutung der Belegenheit zunehme, je länger der Aufenthalt dauere.[513]

Auch die Ansicht von *Mußgnug*, der nicht anhand der Aufenthaltsdauer, sondern anhand der durch widerlegbare Indizien zu bestimmenden Absicht des Eigentümers entscheiden will, ob ein Wechsel der Belegenheit dauerhaft ist,[514]

---

nationale Kulturgüterschutz, S. 41 iVm. Fn. 133, der unter dem von ihm angeführten „district d'origine“ wohl den Belegenheitsort versteht.

506 Siehe oben S. 83.

507 So aber wohl *Weber*, Kulturgut, S. 52 ff. und *Mußgnug*, Staatsangehörigkeit, S. 1531 ff.

508 *Mußgnug*, Staatsangehörigkeit, S. 1534.

509 *Müller-Katzenburg*, Internationale Standards, S. 150 f.; *Mußgnug*, Staatsangehörigkeit, S. 1539.

510 *Mußgnug*, Staatsangehörigkeit, S. 1539.

511 *Nahlik*, RdC 1967 I, 61, 157.

512 *Hanisch*, Der Fall Liotard, S. 23.

513 *Müller-Katzenburg*, Internationale Standards, S. 150.

514 *Mußgnug*, Staatsangehörigkeit, S. 1541.

führt zu keinen eindeutigen Ergebnissen. Zudem eröffnet es dem Eigentümer die Möglichkeit, nach Belieben und jederzeit auch im Nachhinein seine ursprüngliche Absicht anders darzustellen und damit zu beeinflussen, ob ein Verbringen des Kunstwerks auch einen Wechsel seiner Nationalität zur Folge hat. Selbst das scheinbar so objektiv wirkende Kriterium der rechtmäßigen und dauerhaften Belegenheit eines Kunstwerks lässt also Raum für Auslegung, Wertungen und Missbrauch. In schwierigen Fällen wird die mit diesem Kriterium intendierte Zuverlässigkeit also nicht erreicht.

Aber noch einen weiteren Gesichtspunkt darf man nicht aus den Augen verlieren: Diese Arbeit will einen möglichst weiten Blick auf die für die Nationalitätsbestimmung von Kunstwerken in Betracht kommenden Gesichtspunkte werfen. Dies soll auch und gerade in schwierigen Fällen eine Entscheidung ermöglichen, die allen Umständen, die sich um das entsprechende Kunstwerk ranken, gerecht wird. Auch wenn es aus formaljuristischer Sicht wünschenswert erscheint, die Bestimmung der Nationalität so zuverlässig wie möglich zu machen, darf die schwierige Frage der Nationalität doch nicht allein auf den Ort des rechtmäßigen Aufenthalts reduziert werden.[515]

Dem Ort der Belegenheit eines Kunstwerks kommt sicherlich größere Bedeutung für die Nationalitätsbestimmung zu, wenn über eine längere Zeit hinweg eine intensive Beziehung zwischen dem Kunstwerk und seinem Aufenthaltsort entstanden ist. Man denke an die Büste der *Nofretete*[516], die zwar nicht für die Ägyptische Abteilung des Neuen Museums in Berlin geschaffen wurde, die aber – jedenfalls in der Wahrnehmung ihrer Betrachter – im Laufe der Zeit eine besondere Beziehung zu ihrer neuen „Heimat“ in Berlin aufgebaut hat und daher heute durchaus als deutsches nationales Kulturgut angesehen werden kann.

3. Wohnsitz des Eigentümers

Hanisch[517] schlägt nicht nur den Belegenheitsort des Kunstwerks, sondern auch den Wohnsitz oder den Ort des dauerhaften Aufenthalts des Eigentümers als Kriterium für die nationale Zuordnung des Kunstwerks vor. Die Aussagekraft dieses Kriteriums soll dabei entsprechend der Intensität der Beziehung zwischen dem Werk und seinem Eigentümer steigen. Die Anwendung dieses Kriteriums soll geringe Schwierigkeiten bereiten und zu zuverlässigen Ergebnissen führen.

Allerdings begegnet auch der Wohnsitz des Eigentümers als Kriterium den gleichen Bedenken, die bereits im Zusammenhang mit der Belegenheit eines Kunstwerks geschildert worden sind. Darüber hinaus bestehen gravierende Zweifel, ob

---

515 Vgl. unten S. 157 f.

516 Abb. 11.

517 *Hanisch,* Der Fall Liotard, S. 23.

der Wohnsitz des Eigentümers grundsätzlich etwas über die Nationalität des Kulturguts auszusagen vermag, da dieser sich sogar ändern kann, ohne dass sich das jeweilige Kunstwerk bewegt. Dies scheint auch *Hanisch* selbst einzuräumen, wenn er ausführt, dass es zu Problemen bei der Anwendung dieses Kriteriums kommen kann, wenn ein Kunstwerk vererbt wird und der Erbe seinen Wohnsitz in einem anderen Land als der Erblasser hat.[518]

Will man für die Nationalitätsbestimmung auf territoriale Bezüge rekurrieren, muss also die Belegenheit des Kunstwerks und nicht der Wohnort oder der gewöhnliche Aufenthaltsort des Eigentümers ausschlaggebend sein.

4. Nationalität des Eigentümers

Während dem Wohnort des Eigentümers niemand Bedeutung zumisst (ausgenommen *Hanisch*), wollen verschiedene Autoren – allerdings ohne Begründung – an die Nationalität des Eigentümers eines Kunstwerks anknüpfen.[519] Diese Auffassung geht auf *Nahlik* zurück, der sie bereits 1967 in seinen Kanon zu berücksichtigender Kriterien aufgenommen hatte.

Gegenüber einem Rückgriff auf den Wohnort spricht für diesen Ansatz, dass mit ihm allzu zufällige Zuschreibungen vermieden werden, da ein Wechsel der Nationalität deutlich seltener vorkommt als ein Wechsel des Wohnorts. Dies ändert jedoch nichts daran, dass auch die Person des Eigentümers – vor allem in Zeiten regen internationalen Kunsthandels – häufig wechseln kann und dies sich sodann unmittelbar auf die Nationalitätsbestimmung des Kunstwerks auswirken würde. Die sich aus der Anwendung dieses Kriteriums immer noch ergebende Zufälligkeit der Zuschreibung spricht gegen dessen Anwendung.

Von wesentlicher Bedeutung kann die Nationalität des Eigentümers nur sein, wenn – wie *Hanisch* hinsichtlich des Wohnsitzes ausführt[520] – eine besondere Beziehung zwischen dem Werk und seinem Eigentümer besteht. Diese kann sich unter anderem daraus ergeben, dass das Werk lange im Eigentum derselben Person stand, der Eigentümer derjenige ist, für den das Werk angefertigt wurde, oder aber der Eigentümer eine für die Nation bedeutsame Person ist. Die letzten beiden (Ausnahme-)Fälle hat möglicherweise *Maurer* vor Augen, der sogar die Nationalität eines früheren Eigentümers für maßgeblich hält.[521]

Ist ausnahmsweise einmal die Nationalität des Eigentümers für die Nationalität des Kunstwerks mit maßgeblich, so stößt der Rechtsanwender jedoch auf diesel-

---

[518] *Hanisch,* Der Fall Liotard, S. 24.

[519] *Nahlik,* RdC 1967 I, 61, 157; *Maurer,* Ausfuhr, S. 35, der jedoch statt auf den Eigentümer auf den Besitzer abstellt.

[520] *Hanisch,* Der Fall Liotard, S. 23.

[521] *Maurer,* Ausfuhr, S. 35.

ben Probleme, die bereits im Zusammenhang mit der Bestimmung der Nationalität des Künstlers aufgetreten sind.[522] Auch bezüglich der Nationalität des Eigentümers eines Kunstwerks kann im Ergebnis nur die Zugehörigkeit zu einer Nation im ideellen Sinne maßgeblich sein. Die Staatsbürgerschaft des Eigentümers kann wie auch die Staatsbürgerschaft des Künstlers nur als „Näherungswert" für die Nationalität fungieren, und manchmal wird auch die Nationalität des Eigentümers nicht eindeutig zu bestimmen sein. Außerdem ist auch dieses Kriterium ein nur mittelbares, da nicht das Kunstwerk selbst maßgeblich für die Zuschreibung ist. Die Aussagekraft der Nationalität des Eigentümers ist auch aus diesem Grunde begrenzt.

Im Ergebnis ist also festzuhalten, dass die Nationalität des Eigentümers eines Kunstwerks in den wenigsten Fällen Einfluss auf diejenige des jeweiligen Kunstwerks hat. Nur wenn besondere Umstände der Nationalität des Eigentümers ausnahmsweise besonderes Gewicht verleihen, mag man im Einzelfall zu einem anderen Ergebnis kommen, welches dann die Schwierigkeit nach sich zieht, die Nationalität des Eigentümers bestimmen zu müssen.

5. Entstehungsort des Kunstwerks

Der Entstehungsort eines Kunstwerks findet sich als Kriterium der Nationalitätsbestimmung sowohl in der juristischen als auch – unter anderer Bezeichnung – in der kunstgeschichtlichen Diskussion. Gemäß Art. 4 (a) der UNESCO-Konvention 1970 ist der Entstehungsort eines Kunstwerks dann maßgeblich, wenn das Kunstwerk von einem Ausländer oder Staatenlosen geschaffen wurde und für den betreffenden Staat bedeutsam ist.

Diese Parallelität der beiden Diskussionen zeigt einerseits, wie eng die beiden wissenschaftlichen Diskussionen über diese Frage miteinander verwandt sind. Andererseits werden die folgenden Ausführungen aber auch zeigen, dass gerade die kunstgeschichtliche Diskussion die Verwendung dieses Kriteriums zwar nicht verbietet, aber dennoch zu großer Vorsicht mahnt.

a. Juristische Diskussion

Die Zahl der Autoren, die den Entstehungsort eines Kunstwerks als Kriterium der Nationalitätsbestimmung anführen, ist groß,[523] es finden sich jedoch auch ablehnende Stimmen.[524] Eine Erklärung, warum der Entstehungsort maßgeblich

---

[522] Siehe oben S. 106.

[523] *Blume,* Nationalität von Kulturgut, S. 73 ff.; *Weidner,* Kulturgüter, S. 197; *Gornig,* Der internationale Kulturgüterschutz, S. 41; *Nahlik,* RdC 1967 I, 61, 157; *Maurer,* Ausfuhr, S. 35; vgl. auch *Schaffrath,* Rückführung, S. 248; *Fraoua,* Le trafic illicite des biens culturels et leur restitution, S. 168.

[524] *Oliver,* Free movement of goods in the European Community, S. 224.

sein soll, gibt jedoch niemand. Vermutlich scheut man sie, weil sie fast unweigerlich zu einer Auseinandersetzung mit der von den Nationalsozialisten propagierten „Blut-und-Boden"-Ideologie führen muss. Zwar mag man auch im Hinblick auf den Entstehungsort eines Kunstwerks als Anknüpfungspunkt für die Nationalitätsbestimmung positiv hervorheben, dass sich dieser ohne Weiteres bestimmen lasse, eine tragfähige Begründung stellt dies jedoch nicht dar.

b. Kunstgeschichtliche Diskussion

Der Versuch einer Begründung, warum der Entstehungsort eines Kunstwerks maßgeblichen Einfluss auf seine Nationalität haben soll, wird in der kunstgeschichtlichen Diskussion bereits seit dem 18. Jahrhundert geführt. Dass dabei auch immer wieder vermeintlich wissenschaftliche Arbeiten verfasst wurden, die mehr politischen als kunstgeschichtlichen Zielen geschuldet waren, liegt vor dem Hintergrund der bekannten geschichtlichen Entwicklung auf der Hand.

Weite Teile der Diskussion um den Einfluss geografischer Faktoren auf die Kunst sind als „Kunstgeografie" in die Geschichte eingegangen und sollen im Folgenden kurz dargestellt werden. Heraus ragt in diesem Zusammenhang *Pinder*, dessen grundlegende Gedanken zu dieser Thematik im Folgenden ebenfalls kurz referiert werden sollen.

aa. Kunstgeografie

Eine einheitliche Definition dessen, was ihr Forschungsgegenstand ist, hat die „Kunstgeografie" bisher nicht hervorgebracht.[525] Stellvertretend für die vielen Definitionen sei an dieser Stelle die recht allgemein gehaltene Definition von *Gamboni* erwähnt, derzufolge Gegenstand der Kunstgeografie „die Beziehungen zwischen dem Kunstgut und der künstlerischen Tätigkeit einerseits und einem geographischen Raum andererseits" sind.[526] Basis der Kunstgeografie ist also die Vorstellung, dass die Gestaltung von Kunstwerken jedenfalls auch auf einer geografischen Komponente beruht.[527] Dabei untersuchen die „Kunstgeografen" zeitgleich entstandene Kunstwerke, vergleichen diese miteinander und versuchen, Gemeinsamkeiten festzustellen. Häufig sind bestimmte Eigenschaften, die einer Nation zugeschrieben wurden, auf diese Weise auch in Kunstwerken entdeckt und als ein Hinweis auf die nationale Zuordnung gewertet worden.

---

[525] Dennoch ist die Anzahl der zu diesem Thema vor allem in der ersten Hälfte des 20. Jahrhunderts verfassten Schriften sehr groß. Einen guten Überblick über die „Kunstgeografie" liefern *Haussherr,* Rheinische Vierteljahresblätter 1965, 351 ff.; *Gamboni,* Kunstgeographie und *Kaufmann,* Toward a geography of art, insbesondere im ersten Kapitel; und aus jüngerer Zeit *Bornemeier,* Kunstgeographie.

[526] *Gamboni,* Kunstgeographie, S. 1.

[527] *Haussherr,* Rheinische Vierteljahresblätter 1965, 351, 352.

Der Begriff der „Kunstgeografie" wurde erstmals im Jahr 1916 verwendet,[528] die wissenschaftliche Auseinandersetzung mit den Wechselwirkungen zwischen Kunstwerk und geografischem Raum ist jedoch deutlich älter. Häufig wird die Suche *Winckelmanns* nach einer Erklärung für die Unterschiede in der Kunst verschiedener Völker als Ursprung der kunstgeografischen Überlegungen angesehen.[529] Nach seiner Auffassung hatten diese Unterschiede ihren Grund in den unterschiedlichen klimatischen und gesellschaftlichen Strukturen in verschiedenen geografischen Räumen. Nur dort, wo diese Strukturen die Entwicklung der Kunst begünstigten, konnte sie nach der Auffassung *Winckelmanns* zur Blüte gelangen.[530]

Hegel hingegen ging wenig später davon aus, dass jedes Volk sein eigenes „Prinzip" habe und dieses in der Geschichte verwirklichen müsse. Die Geschichte sei ein fortschreitender Prozess, der auf die Verwirklichung dieses „Prinzips" gerichtet sei. Auch die Kunst folge diesen Regeln, sodass – anders als bei *Winckelmann* – jedes Volk und nicht nur die begünstigten Griechen und Italiener in der Entwicklung der Kunst eine Rolle spielen.[531]

Der Jurist und Kunsthistoriker *Schnaase* hat unter dem Einfluss der Gedanken *Winckelmanns* und *Hegels* sein Hauptwerk „Die Geschichte der bildenden Künste"[532] verfasst – ein zunächst sieben Bände umfassendes Kompendium.[533] Er legt darin dar, dass die Kunst in ihrem Streben nach der idealen Form im Laufe der Zeit einem Wandel unterliegt. An dieser Entwicklung sind sämtliche Völker beteiligt. Darüber hinaus ändern sich die Kunstschaffenden und die die Kunst fördernden Institutionen, sodass für den von *Winckelmann* betonten romantischen „Volkscharakter" kaum mehr Raum bleibt.

Vor dem Hintergrund dieser Aussagen verwundert es nicht, dass mit dem Ende der Romantik das wissenschaftliche Interesse an der Wechselwirkung zwischen geografischem Raum und Kunst deutlich nachgelassen hat und erst mit dem Erstarken des Nationalismus gegen Ende des 19. Jahrhunderts wieder zunahm. Allerdings sind die in dieser Zeit erschienenen Veröffentlichungen kaum wissenschaftlich zu nennen. Zwar gehen viele der Autoren – einschließlich des herausragenden Kunsthistorikers *Riegl* – davon aus, dass der „Volkscharakter" durchaus Einfluss auf die Kunst habe, es fehlt ihnen allerdings das Fundament, um diese Wechselwirkung wissenschaftlich begründen zu können. Einige Werke soll-

---

528 *Halbertsma,* Wilhelm Pinder, S. 109.

529 *Halbertsma,* Wilhelm Pinder, S. 105.

530 *Winckelmann,* Geschichte der Kunst des Altertums, S. 35 ff.

531 Zitiert nach *Halbertsma,* Wilhelm Pinder, S. 105.

532 *Schnaase,* Geschichte der bildenden Künste (1843–1864).

533 *Halbertsma,* Wilhelm Pinder, S. 105.

ten dieses Fundament in der Folge jedoch legen. Ein besonders wichtiges Beispiel ist *Ratzels* „Anthropo-Geographie“ von 1882. Das Werk ist methodisch aufgebaut und die Ergebnisse sind wissenschaftlich dokumentiert. *Ratzel* kommt darin zu dem Ergebnis, dass der (kunstschaffende) Mensch nicht durch die Natur determiniert ist, sondern sich ihr anpasst. Zwischen Natur und Mensch bestehe eine Spannung, die das Entstehen der menschlichen Kultur zur Folge habe. *Ratzel* warnt ausdrücklich davor, allgemeine Merkmale zu formulieren, die auf bestimmte Gruppen von Menschen anwendbar sein sollen.[534] Ebenso bedeutsam war *Wundts* „Völkerpsychologie“. *Wundt* sieht die Entwicklung von Stämmen und Nationen als einen autonomen Prozess, in dem die kulturelle Identität dazu beiträgt, dass sich der Einzelne als Teil dieses Stamms oder dieser Nation fühlt. Die Kunst dieser Entität entwickelt sich parallel zur Entität selbst, ist also nicht das Ergebnis bestimmter vorgegebener Faktoren, sondern sie ist Ausdruck des in einem bestimmten Moment bestehenden Bewusstseins dieses Volkes.[535]

Das „Fundament der späteren Kunstgeographie“[536] schuf jedoch *Wölfflin* mit seinen in erster Auflage 1915 erschienenen „Kunstgeschichtlichen Grundbegriffen“.[537] Darin unterzieht *Wölfflin* Kunstwerke einer formalisierten Betrachtung anhand ihrer äußeren Form, dem von ihm so genannten „Stil“, den er anhand von fünf gegensätzlichen Begriffspaaren zu beschreiben versucht. Dabei unterscheidet er den persönlichen Stil des Künstlers vom Volksstil und dem Zeitstil. Ziel *Wölfflins* war es, Gesetzmäßigkeiten festzustellen, wie die Menschen die Welt wahrnehmen. Eine andere Art des Sehens führte nach seiner Auffassung auch zu einer anderen Art der Wiedergabe des Gesehenen und somit zu einem anderen Kunststil. Ähnlichkeiten des Sehens ließen sich für *Wölfflin* nicht nur im persönlichen, sondern auch im Volksstil und im Zeitstil nachweisen. Auch wenn sich *Wölfflin* also nicht im eigentlichen Sinne mit dem Zusammenhang zwischen geografischem Raum und Kunstwerk beschäftigt hat, ist sein formales System der kunstgeschichtlichen Betrachtung dennoch das „Handwerkszeug“ der „Kunstgeografen“.

Den Bogen hin zu einer unmittelbaren Untersuchung des Zusammenhangs zwischen Kunstwerk und Geografie schlug *Gerstenberg*, ein Schüler *Wölfflins*. Er untersuchte im Jahr 1922 die Frage, „ob und inwieweit die physikalischen Gliederungen [der Landschaft] bedeutsam sind als Grenzen einheitlicher Kunstgebiete“.[538] Hierzu teilte er die Welt in fünf Zonen des Sehens ein und versuchte,

---

534 *Ratzel,* Anthropo-Geographie oder Grundzüge der Anwendung der Erdkunde auf die Geschichte, S. 321 ff.

535 *Wundt,* Völkerpsychologie, S. 6 ff.

536 *Halbertsma,* Wilhelm Pinder, S. 108.

537 *Wölfflin,* Kunstgeschichtliche Grundbegriffe.

538 *Gerstenberg,* Ideen zu einer Kunstgeographie Europas, S. 4.

aus dieser Einteilung Gesetzmäßigkeiten in der Entwicklung der Kunst herzuleiten. Er untersuchte dabei weniger den Einfluss der noch jungen Nationen als denjenigen der geografischen Gliederungen, beispielsweise Gebirge oder große Flüsse, und stellte dabei vielerorts Übereinstimmungen fest.

Aber nicht nur die deutsche, sondern auch die Kunst anderer Nationen wurde zum Gegenstand der Untersuchung gemacht. *Frey* versuchte, die Charakteristika der englischen Kunst vor allem in Abgrenzung von der deutschen[539] sowie die Existenz nationaler Stile in der europäischen Architektur darzulegen.[540] *Brinckmann* tut es ihm nationenübergreifend hinsichtlich der italienischen, französischen und deutschen Kunst gleich.[541]

Im Jahr 1936 erschien dann mit *Piepers* „Kunstgeographie, Versuch einer Grundlegung" eine vermeintlich umfassende Darstellung des kunstgeografischen Ansatzes.[542] *Pieper* setzt sich in seinem Werk – wie er in der Vorbemerkung ausführt und wie sich anhand der Auswahl der von ihm untersuchten Werke zeigt – jedoch fast ausschließlich mit der spätmittelalterlichen Bildkunst in Deutschland auseinander, die sich nach seinem Dafürhalten besonders gut für seine Untersuchungen eignete. Zugleich setzte sich unter den Verfechtern des kunstgeografischen Ansatzes die Erkenntnis durch, dass nicht überall ein einheitlicher Stil festzustellen ist. Beispielsweise kommt *Stange*, ein Anhänger des Nationalsozialismus und des kunstgeografischen Ansatzes, 1935 zu dem Ergebnis, dass es keinen einheitlichen fränkischen Landschaftsstil gebe.[543]

Der „Kunstgeografie" war nach Ende des Zweiten Weltkrieg wenig wissenschaftlicher Erfolg beschieden. Dies ist sicherlich dem Umstand geschuldet, dass es trotz einer im Wesentlichen von *Haussherr* angeschobenen fachlichen Neuausrichtung[544] bis heute nicht gelungen ist, den Vorwurf der nationalistischen Vereinnahmung vollständig zu entkräften. Hinzu kommt, dass die Zweifel, ob es einen wissenschaftlich nachweisbaren Zusammenhang zwischen geografischem Raum und Kunstwerk gibt, bis heute bestehen. Man mag sogar vermuten, dass niemals abschließend wird geklärt werden können, welchen Einfluss die Geografie auf die Entstehung eines Kunstwerks hat.

---

539 *Frey*, Englisches Wesen in der bildenden Kunst.

540 *Frey*, Die Entwicklung nationaler Stile in der mittelalterlichen Kunst des Abendlandes, S. 65 ff.

541 *Brinckmann*, Geist der Nationen: Italiener, Franzosen, Deutsche.

542 *Pieper*, Kunstgeographie.

543 *Stange*, Zur Kunstgeographie Frankens, S. 15.

544 *Haussherr*, Rheinische Vierteljahresblätter 1970, 158; *Haussherr*, Rheinische Vierteljahresblätter 1965, 351; einen guten Überblick über die jüngeren Veröffentlichungen zu diesem Thema gibt *Bornemeier*, Kunstgeographie.

bb. Pinder

Der deutsche Kunsthistoriker *Pinder* wird regelmäßig nicht zum Kreis der „Kunstgeografen" gezählt, doch seine Auffassungen stehen denen der soeben erwähnten Autoren teilweise sehr nahe. Er ist sicherlich einer der schillerndsten Kunsthistoriker des 20. Jahrhunderts. Einerseits spielte er in der deutschen Kunstgeschichte zwischen 1933 und 1945 mit seinen Untersuchungen zur Frage des „Deutschen" in der Kunst eine zentrale Rolle. Ihm jedoch aufgrund seiner Affinität zu den Nationalsozialisten als Kunsthistoriker keine Beachtung zu schenken – wie in der Vergangenheit häufig geschehen –, wird *Pinders* Leistung nicht gerecht. Er war nämlich nicht nur ein großer Gelehrter und Kenner vor allem der deutschen gotischen Plastik, sondern er hat darüber hinaus für die Kunstgeschichte neue Forschungsgebiete erschlossen und durch seine sehr verständlich geschriebenen Werke die Kunstgeschichte populär gemacht.[545]

Ausgangspunkt für *Pinders* Untersuchungen der deutschen Kunst ist der Ort, an dem das jeweilige Kunstwerk geschaffen worden ist.[546] Dieser Ort beeinflusse die Entstehung von Kunstwerken maßgeblich und habe daher für die Zuordnung eine Art Indizwirkung mit der Folge, dass Kunst, die auf deutschem Territorium geschaffen wurde, nur dann als nicht deutsch anzusehen sei, wenn sie „nachweislich nicht aus deutschem Blute kam, d. h. sie von einem Nichtdeutschen geschaffen wurde".[547] Aus diesem Zitat ergibt sich, dass *Pinder* ein weiteres Kriterium anführt, um die Nationalität von Kunstwerken zu begründen: die Nationalität des Künstlers. Es soll sich also jedenfalls immer dann um ein deutsches Kunstwerk handeln, wenn es auf deutschem Territorium von einem *Deutschen* geschaffen worden ist.

Pinder selbst zeigt auf, warum er zu einer nationalen Zuordnung von Kunstwerken anhand nur dieser beiden Kriterien neigt. Andere, subjektive Herangehensweisen tragen nach seiner Auffassung die Gefahr in sich, dass aufgrund der Verschiedenartigkeit der Ansichten, was als deutsche Kunst anzusehen sei, am Ende nichts mehr von der deutschen Kunst übrig bleibe.[548] *Pinder* war jedoch nicht in erster Linie daran gelegen, möglichst viele Kunstwerke als deutsche Kunst zu vereinnahmen. Er unterzog vielmehr in einem zweiten Schritt dasjenige, was er anhand der vorstehend genannten Kriterien als deutsche Kunst identifiziert hatte, einer weiteren Untersuchung mit dem Ziel, deutsche „Sonderleistungen" zu identifizieren und diese der Kunst anderer Nationen entgegenzusetzen. Auf diese Weise kommt *Pinder* beispielsweise zu dem Ergebnis, dass das Andachts-

---

[545] Eine erfreulich differenzierte Darstellung des Lebens Pinders liefert *Halbertsma,* Wilhelm Pinder.

[546] *Pinder,* Vom Wesen und Werden deutscher Formen, S. 29.

[547] *Pinder,* Vom Wesen und Werden deutscher Formen, S. 29.

[548] *Pinder,* Vom Wesen und Werden deutscher Formen, S. 30.

bild als Christus-Johannes-Gruppe eine nur in der deutschen Kunst zu findende Darstellung ist und es sich daher bei sämtlichen Werken dieser Art um deutsche Kunst handeln müsse.[549]

c. Zwischenergebnis

Will man begründen, warum der Entstehungsort eines Kunstwerks Einfluss auf dessen Nationalität haben soll, kann diese Begründung nur darin liegen, dass der geografische Raum eines Landes Einfluss auf die dort geschaffene Kunst hat. Bindeglied ist die Person des Künstlers, der die äußeren Faktoren im Kunstwerk umsetzen muss. Um einen einheitlichen Stil feststellen zu können, müssen viele Künstler diese äußeren Faktoren über eine längere Zeit ähnlich umsetzen. Gerade die Prämisse, dass die äußeren Faktoren die Erscheinungsform der Kunst universell bestimmen, wird jedoch auch von den „Kunstgeografen" nicht bewiesen, sondern lediglich behauptet. Ein gutes Beispiel hierfür ist die die Grundidee der Kunstgeografie gut beschreibende, aber unbegründete Aussage von Pieper, dass der „gleich bleibende Charakter der Kunst eines Raumes über Zeitstile hinweg" nicht geleugnet werden könne.[550]

Hinzu kommt, dass diese Auffassung eng mit der Überzeugung verwandt ist, dass „Blut und Boden" untrennbar mit einer Nation verbunden seien[551] und daher dazu taugen, diese von anderen Nationen abzugrenzen. Die wissenschaftliche Auseinandersetzung vermischt sich dabei immer wieder mit nationalistischen oder chauvinistischen politischen Gesinnungen, und es fällt vielfach schwer, jene von der politischen Vereinnahmung zu trennen. So schwingt bei vielen der vorgenannten Autoren der Verdacht mit, dass es ihnen eher darum ging, die „auch mit Hilfe der Kunst durchzusetzende Hegemonie des Deutschen und der deutschen Nation"[552] aufzuzeigen.

Vor diesem Hintergrund kann der Entstehungsort eines Kunstwerks nicht vorbehaltlos als Kriterium für die Nationalitätsbestimmung herangezogen werden. Von ihm sollte daher nur dann Gebrauch gemacht werden, wenn ausnahmsweise eine besondere Beziehung zwischen Kunstwerk und Entstehungsort besteht. Nur so kann sichergestellt werden, dass die überwundene politische Vereinnahmung von Kunstwerken nicht über den „Umweg" des Kriteriums des Entstehungsorts doch noch Eingang in die heutige Debatte um die Nationalität oder die nationale Zuordnung selbst findet.

---

549 Siehe unten S. 144 f.

550 *Pieper,* Kunstgeographie, S. 42.

551 *Bandmann,* Über das deutsche in der deutschen Kunst, S. 129.

552 *Rautmann,* Romantik im nationalen Korsett, S. 519.

Soll trotz der vorgenannten Schwierigkeiten der Entstehungsort als Kriterium der Nationalitätsbestimmung zur Anwendung kommen, ist hierfür ausweislich der kunstgeschichtlichen Diskussion ein längerfristiger Aufenthalt des Künstlers erforderlich. Hat er sich an einem Ort nur kurzfristig – beispielsweise für einen Urlaub – aufgehalten, ist die erforderliche Wechselwirkung zwischen Künstler und geografischem Raum nicht entstanden und kann sich daher auch nicht in den vor Ort entstandenen Kunstwerken manifestiert haben. Gleiches scheint auch in der juristischen Diskussion anerkannt zu sein. Nur so ist zu erklären, dass die Aquarelle, die *Macke* kurz vor seinem Tode 1914 während einer Reise nach Tunesien malte, als Beispiel für Werke angeführt werden, die nicht über eine so starke Bindung zu Tunesien verfügen sollen, dass sie als nationales tunesisches Kulturgut angesehen werden können.[553]

Als Beispiel für Kunstwerke, bei denen der Entstehungsort als Kriterium der Nationalitätsbestimmung Bedeutung erlangen kann, können die vierzehn Veduten der Stadt Dresden dienen, die *Bernardo Belotto*, genannt *Canaletto,* 1747 bis 1758 für den dortigen kurfürstlichen Hof schuf und die sich dort noch heute in der Gemäldegalerie der Alten Meister befinden.[554] *Canaletto* hat sich über einen Zeitraum von elf Jahren in Dresden aufgehalten, sich mit Dresden inhaltlich auseinandergesetzt und seinen ursprünglich venezianisch geprägten Malstil anhand von Studien der in der dortigen königlichen Galerie vorhandenen Werke perfektioniert. Gleiches gilt für die von *Lyonel Feininger* in den Jahren 1929 bis 1931 auf Einladung der Stadt Halle dort gemalten expressionistischen Stadtansichten,[555] von denen insbesondere die Ansicht des „Roten Turms“[556] sehr bekannt ist. Das Werk war bis 1937 im Besitz der Kunstsammlungen in der Moritzburg zu Halle und Bestand der dortigen Kunstsammlungen. 1937 wurde es enteignet und auf der Ausstellung „Entartete Kunst“ gezeigt und danach weiterveräußert. Erst vor Kurzem wurde die Ansicht des „Roten Turms“ zurückerworben und soll nun wieder in der Moritzburg ausgestellt werden. In diesen Fällen kommt dem Entstehungsort besondere Bedeutung zu und er ist daher für die Nationalitätsbestimmung heranzuziehen.

Lässt sich aus dem Entstehungsort ein Hinweis auf die nationale Zuordnung eines Kunstwerks entnehmen, so werden häufig auch andere Kriterien in dieselbe Richtung weisen. Die genannten Werke *Canalettos* und *Feiningers* waren für den Verbleib an ihrem Entstehungsort bestimmt und blieben auch lange dort. Daher weisen auch die Kriterien des Bestimmungsorts und der Belegenheit des

553 *Hanisch,* Der Fall Liotard, S. 23, insbesondere Fn. 18; *Weidner,* Kulturgüter, S. 197.

554 Eine dieser Veduten ist Abb. 12.

555 *Weidner,* Kulturgüter, S. 197, insbesondere Fn. 484.

556 Abb. 13.

Kunstwerks in diesen Fällen darauf hin, dass die Werke dem deutschen nationalen Kulturgut zuzuschreiben sind. Dass *Canaletto* Venezianer war, dürfte in diesem Fall in den Hintergrund treten.

6. Bestimmungsort

In der juristischen Diskussion wird der Umstand, dass ein Kunstwerk für einen bestimmten Ort geschaffen wurde, häufig als ein starkes Indiz für dessen nationale Zuordnung angesehen.[557] Die besondere Bedeutung des Bestimmungsorts ist regelmäßig gegeben bei einer Auftragsarbeit oder wenn der Künstler selbst einen bestimmten Aufstellungsort für das Werk vorgegeben hat. Sollte der Bestimmungsort zugleich der Entstehungsort sein, so zeugt dies regelmäßig von einer besonderen Beziehung des Werkes zu diesem Ort. Aber auch wenn das in Rede stehende Kunstwerk woanders entstanden ist, spricht regelmäßig einiges dafür, dass zwischen dem Bestimmungsort und dem Kunstwerk eine besondere Beziehung besteht, die diesem Kriterium großes Gewicht verleiht. Es ist jedoch unerlässlich, die Beziehung zwischen Werk und Ort im Einzelfall auf solche Umstände hin zu untersuchen, die über die rein formale Anknüpfung hinaus für das jeweilige Werk und damit auch für seine Nationalität von besonderer Bedeutung sind.

Das zeigt das von *Jayme* angeführte Beispiel der von *Canova* geschaffenen „Drei Grazien".[558] Die erste Fassung dieses Werks wurde 1813 von *Josephine de Beauharnais*, der früheren Gattin *Napoleons* und Kaiserin von Frankreich, bei *Canova* in Auftrag gegeben. Sehr zügig nach der Beauftragung des Künstlers wurde ein Gipsmodell der Gruppe angefertigt, dessen Umsetzung in Marmor sich jedoch bis nach dem Tode *Josephines* im Jahr 1814 hinzog. *John Russell*, der *6th Duke of Bedford*, war von der Gruppe sehr beeindruckt und bot umgehend an, das Werk an *Josephines* Stelle zu erwerben. Mit diesem Ansinnen hatte er jedoch keinen Erfolg, da *Eugène*, *Josephines* Sohn aus erster Ehe, das Werk für sich beanspruchte und es letztlich auch erhielt. Diese Version der „Drei Grazien" wurde später von *Maximilian*, einem Enkel *Josephines*, nach Sankt Petersburg gebracht, wo es heute noch in der Eremitage zu besichtigen ist. Der *Duke of Bedford* gab daraufhin noch 1814 eine weitere Version der „Drei Grazien" bei *Canova* in Auftrag, die drei Jahre später fertiggestellt wurde und 1819 in Woburn Abbey, der Residenz des *Duke of Bedford*, aufgestellt wurde.[559] *Canova*, der ihm freundschaftlich verbunden war, hat vermutlich selbst Einfluss auf die Aufstellung der Figurengruppe an dem eigens für sie geschaffenen Ort genommen. Auch ist zu

---

557 *Weidner*, Kulturgüter, S. 198; *Jayme*, Rechtsfrage, S. 139 f.; *ders.*, Anknüpfungsmaximen, S. 48; *Nahlik*, RdC 1967, 61, 157; *Maurer*, Ausfuhr, S. 35.

558 Abb. 14; *Jayme*, Rechtsfrage, S. 139 f.

559 Abb. 15.

vermuten, dass die Idee, die Gruppe auf einen Sockel zu stellen, dessen Oberteil sich drehen lässt, ebenfalls auf den Künstler zurückgeht.

Diese zweite Version der „Drei Grazien" sollte 1989 – immer noch im Besitz des heutigen *Duke of Bedford* – in die USA verkauft werden. Die britischen Behörden erteilten jedoch die hierfür erforderliche Ausfuhrgenehmigung nicht,[560] da die Plastik nach der Aussage des beratenden Experten unter alle drei *Waverley-Kriterien* falle.[561] Hierbei wurde unter anderem festgestellt, dass die „Drei Grazien" als britisches nationales Kulturgut anzusehen seien. Zweifelsohne spielen die Werke *Canovas* für Italien eine wesentliche Rolle, insbesondere wenn es sich um Werke handelt, die – wie die für den *Duke of Bedford* geschaffene zweite Fassung der „Drei Grazien" – auf italienischem Boden geschaffen wurden. Aber auch in diesem Fall wurde der Bestimmungsort (zu Recht) gegenüber dem Entstehungsort von den britischen Behörden für ausschlaggebend erachtet, zumal auch der Auftraggeber und spätere Eigentümer Brite war und der Künstler selbst der Aufstellung in England beiwohnte und diese maßgeblich beeinflusste.

Die zweite Fassung der „Drei Grazien" befindet sich dank einer breit angelegten Spendenaktion, die den Ankauf des Werks ermöglichte, auch heute noch in Großbritannien, im gemeinschaftlichen Eigentum des Victoria and Albert Museums und der National Galleries of Scotland, wo sie abwechselnd zu besichtigen ist.

Von besonderer Bedeutung ist das Kriterium des Bestimmungsorts, wenn das fragliche Kunstwerk Teil eines noch am ursprünglichen Bestimmungsort vorhandenen Ensembles ist. *Weidner* weist zutreffend darauf hin, dass in diesen Fällen häufig ein besonderes Interesse besteht, das Ensemble im Ganzen zu erhalten.[562] Es spricht daher in diesem Fall viel dafür, dass sämtliche Werke eines Ensembles als Kulturgut derjenigen Nation anzusehen sind, auf deren Territorium sich das Ensemble befindet.

7. Fundort

Für archäologische Gegenstände wird vielfach auch der Fundort als ein Kriterium der Nationalitätsbestimmung in Betracht gezogen.[563] Diese Auffassung deckt

---

560 *Jayme,* Rechtsfrage, S. 139 f.

561 *Polonsky/Canat,* ICLQ 1996, 557, 569 ff.; zu den *Waverley-Kritierien* und deren Anwendung siehe oben S. 60 ff.

562 *Weidner,* Kulturgüter, S. 198.

563 *Jayme,* Rechtsfrage, S. 150; *Müller-Katzenburg,* Internationale Standards, S. 151; *Blume,* Nationalität von Kulturgut, S. 74; *Weidner,* Kulturgüter, S. 199 f.; *Greenfield,* Return of cultural treasures S. 256 f.; *Jayme,* Anknüpfungsmaximen, S. 49; *Gornig,* Der internationale Kulturgüterschutz, S. 41; *Fraoua,* Le trafic illicite des biens culturels et leur restitution, S. 168.

sich mit Art. 4 (b) der UNESCO-Konvention 1970. Als – leider nur bei wenigen Autoren vorhandene – Begründung für die Relevanz des Fundorts führt *Weidner* an, dass der Fundort Aufschluss über die Zuordnung einer Sache zu einer bestimmten Kultur gebe und von einer engen Verbindung des Objekts mit diesem Ort zeuge.[564] Allerdings ist mit diesem Ansatz nicht viel gewonnen, da er nach der hier vertretenen Auffassung lediglich umschreibt, was unter der Nationalität eines Kunstwerks zu verstehen ist, nicht jedoch begründet, warum sich diese anhand des Fundorts bestimmen lassen soll.

Hinzu kommt, dass das in Rede stehende Stück an jedem beliebigen Ort zurückgelassen und dort nun gefunden worden sein kann. Auch der Fundort hat daher manchmal etwas Zufälliges. Teilweise ist der Fundort nicht einmal bekannt oder wird sogar gezielt verschleiert, um negative Konsequenzen zu vermeiden.[565]

Diese Schwierigkeiten führen jedoch nicht dazu, dass dem (bekannten) Fundort für die Nationalitätsbestimmung keine Bedeutung zuzumessen wäre. Auch insoweit ist maßgeblich, ob zwischen dem Werk und seinem Fundort eine Beziehung besteht, die dem Fundort besondere Bedeutung verleiht. Sie mag gegeben sein, wenn der archäologische Gegenstand Teil einer größeren Ausgrabung ist und die einzelnen Fundstücke an ihrem Fundort eine Einheit bilden.[566]

Auch bezüglich des Fundorts ist daher festzustellen, dass eine weitergehende Auseinandersetzung mit dem in Rede stehenden Werk erforderlich ist, um die Nationalität eines Kunstwerks – auch anhand eigentlich formaler Kriterien – feststellen zu können.

8. Herkunft des verwendeten Materials

Der Vollständigkeit halber sei an dieser Stelle auch erwähnt, dass in der jüngeren Literatur, die sich mit der Nationalität von Kunstwerken auseinandersetzt, ein weiteres Kriterium aufgetaucht ist: die Herkunft des verwendeten Materials.[567]

Eine Begründung dafür, warum die Herkunft des verwendeten Materials bedeutsam sein soll und wie diese festgestellt werden soll, liefern weder *Gornig* noch *Schuschke-Nehen*. Stattdessen verweisen beide auf die verschiedenen Werke von *Jayme*[568] sowie die Arbeit von *Jaeger*[569], von denen allerdings keiner dieses Kri-

---

[564] *Weidner*, Kulturgüter, S. 199.

[565] *Weidner*, Kulturgüter, S. 200.

[566] *Engstler*, Die territoriale Bindung von Kulturgütern im Rahmen des Völkerrechts, S. 67; *v. Schorlemer*, Internationaler Kulturgüterschutz, S. 39 f.; vgl. auch das Urteil des VGH Mannheim NVwZ-RR 1990, 296, das sich jedoch mit einem architektonischen Ensemble befasst.

[567] *Gornig*, Der internationale Kulturgüterschutz, S. 41; *Schuschke-Nehen*, Kulturgüterschutz, S. 209; vgl. auch *Goyder*, IJCP 1992, 219, 222.

[568] *Jayme*, Kunstwerk und Nation; *Jayme*, Anknüpfungsmaximen.

[569] *Jaeger*, Internationaler Kulturgüterschutz.

terium anführt. Besonders erstaunlich ist der Hinweis von *Gornig*, der dieses Kriterium irrtümlich auch in Art. 4 der UNESCO-Konvention 1970 ausgemacht haben will.

Aber auch wenn man diese Verwirrungen ignoriert, lässt sich keine Begründung dafür finden, warum die Herkunft des zur Herstellung eines Kunstwerks verwendeten Materials von Bedeutung für dessen Nationalität sein soll. Diese ist regelmäßig vollkommen zufällig, und es ist kaum ein Fall denkbar, dass eine besondere Beziehung zwischen einer Nation und dem Material eines Kunstwerks besteht. Die Herkunft des verwendeten Materials ist daher als Kriterium der Nationalitätsbestimmung abzulehnen.

9. Kunstwerke als Gegenstand eines fortwirkenden Kults

Gegenstände eines noch wirkenden Kults werden meist derjenigen Nation zugeschrieben, in deren Gebiet sich der Kultort befindet.[570] Häufig dürfte es sich dabei um Werke handeln, denen auch ein religiöser Wert beizumessen ist.

Es ist jedoch für die Zwecke dieser Arbeit nicht erforderlich, hinsichtlich der nationalen Zuschreibung des Kultobjekts den „Umweg" über den Kultort zu gehen. Diese Auffassung rührt aus dem Internationalen Privatrecht her, wo der Kultort als besonderer sachenrechtlicher Anknüpfungspunkt diskutiert wird.[571] Anders als für diese territoriale Anknüpfung kann für die Nationalitätsbestimmung unmittelbar auf die den Kult praktizierende soziale Gruppe abgestellt werden. Deren Nationalität ist sodann auch für die Nationalität des Kultguts maßgeblich.

Als Beispiel für einen Gegenstand eines fortwirkenden Kults wird vielfach der „Afo-A-Kom" angeführt.[572] Es handelt sich hierbei um eine in Holz geschnitzte Figur eines Manns, der die Zeichen der königlichen Dynastie des kleinen Kameruner Stamms der Kom, ein Zepter und eine bestimmte Haartracht, trägt. Diese Gottkönigsstatue tauchte in den 1970er Jahren auf einer Ausstellung über die Kameruner Kunst im Dartmouth College in den USA auf, von einem anerkannten US-amerikanischen Händler für primitive Kunst als Leihgabe zur Verfügung gestellt. Sie wurde von ihm für USD 60.000 zum Verkauf angeboten. Wie die

---

[570] *Weidner,* Kulturgüter, S. 194; *Jayme,* Anknüpfungsmaximen, 43 ff.; *Blume,* Nationalität von Kulturgut, S. 70; *Müller-Katzenburg,* Internationale Standards, S. 150; *Reichelt,* IPRax 1989, 254 f.; *Schaffrath,* Rückführung, S. 249; *Jayme,* Rechtsfrage, S. 148 f.; *ders.*, Anknüpfungsmaximen, S. 43 f.; *ders.*, Kunstwerk und Nation, S. 70 f.; vgl. auch *Siehr,* Freizügigkeit, S. 495 sowie *Maurer,* Ausfuhr, S. 35.

[571] Vgl. hierzu etwa *Weidner,* Kulturgüter, S. 194 f. mwN.

[572] *Weidner,* Kulturgüter, S. 195; *Jayme,* Rechtsfrage, S. 149; *Blume,* Nationalität von Kulturgut, S. 70; *Siehr,* Öffentliches Recht, S. 97 f.; vgl. auch *Schack*, Rn. 547 für die Rückforderung.

Statue in den Besitz dieses Händlers gelangt ist, lässt sich heute nicht mehr eindeutig aufklären. Während einerseits behauptet wird, dass sie gestohlen und auf dem Schwarzmarkt verkauft worden sei, gehen andere davon aus, dass die Kom selber die Statue veräußert hätten, um im Gegenzug westliche Waren – namentlich wird von einem neu gedeckten Dach oder einem Landrover gesprochen – zu erhalten.[573]

In dem Katalog zur Ausstellung befand sich eine Abbildung des „Afo-A-Kom". Dies wurde den Kom bekannt, und die Republik Kamerun verlangte die Rückgabe der Statue. Der Kulturattaché von Kamerun, selbst ein Kom, beschrieb die große kultische Bedeutung der Statue wie folgt:

> "It is the heart of the Kom, what unifies the tribe, the spirit of the nation, what holds us together. It is not an object of art for sale and could not be."[574]

Auch wenn die genauen Umstände nicht aufgeklärt werden konnten, unter denen der „Afo-A-Kom" in die USA gelangt war, kehrte er dennoch nach intensiven diplomatischen Verhandlungen zu den Kom nach Kamerun zurück. Der vermeintlich intensive nationale Bezug zu Kamerun hatte sich durchgesetzt.

Ob der „Afo-A-Kom" allerdings im Zeitpunkt seiner Rückkehr noch Gegenstand eines aktiven Kults war, darf heute bezweifelt werden. Der Nachfolger des bereits vor der Rückgabe verstorbenen Oberhaupts der Kom ließ nämlich eine eigene Statue als Zeichen seiner Macht anfertigen. Aber damit nicht genug: Nach der Rückgabe des „Afo-A-Kom" wussten die Kom angeblich nicht, wozu er diente und wie mit ihm zu verfahren war.[575]

Die Geschichte des „Afo-A-Kom" illustriert zweierlei; das berechtigte Interesse, den Gegenstand eines praktizierten Kults am Kultort zu halten, aber auch das Risiko, dass die kultische Herkunft eines Kunstwerks missbraucht wird, um wirtschaftliche Interessen durchzusetzen. Will man das Risiko des Missbrauchs einschränken, dürfte eine genaue und manchmal sehr schwierige Prüfung der jeweiligen Umstände im Vorfeld der Bestimmung der Nationalität eines Kunstwerks anhand eines noch praktizierten Kultes unumgänglich sein.

10. Rezeption des Kunstwerks

Das einzige – und aus diesem Grund bereits erwähnte – materielle Kriterium, das in der juristischen Diskussion um die Nationalität von Kunstwerken seit einiger Zeit diskutiert wird, ist der auf *Jayme* zurückgehende und von ihm wiederholt

---

[573] Time 5. November 1973, S. 61, 62.

[574] *Weidner,* Kulturgüter, S. 195; Time 5. November 1973, S. 61, 62.

[575] *Siehr,* Öffentliches Recht, S. 98; *Blume,* Nationalität von Kulturgut, S. 70.

vorgetragene Ansatz, dass die Rezeption eines Kunstwerks seine Nationalität mitbestimmt.[576] Ihm sind viele gefolgt.[577]

Nach dem Rezeptionskriterium ist für die Bestimmung der Nationalität auf die Bedeutung abzustellen, die das Kunstwerk für die Identität einer Nation und der sie bildenden Menschen gehabt hat.[578] Wie jedoch diese Bedeutung im Einzelfall zu bestimmen ist, bleibt trotz der vielen Äußerungen zu diesem Kriterium unklar. Vielmehr stellt das Kriterium der Rezeption ein „Auffangnetz für alle ideellen, ideologischen, künstlerischen und historischen Aspekte der Zuordnungskriterien“[579] dar. Es liegt auf der Hand, dass dieses sehr weite Verständnis des Kriteriums der Rezeption eine Subsumtion kaum zulässt und daher der Einschränkung bedarf. Ausgehend vom Begriff der „Rezeption“ kann ein Kunstwerk nur dann eine maßgebliche Bedeutung für die Identität einer Nation haben, wenn es von seinen Betrachtern als ein nationales Kunstwerk wahrgenommen, also rezipiert, worden ist. Maßgeblich sind also der Betrachter und seine Wahrnehmung des Kunstwerks.

Jayme verwendet als Beispiel für einen Fall, in dem die Rezeption maßgeblichen Einfluss auf die nationale Zuschreibung eines Kunstwerks hat, ein Gemälde *Watteaus*, die „Einschiffung nach Kythera“[580] in der 1717 entstandenen Fassung, das sich heute im Schloss Charlottenburg in Berlin befindet. Von *Watteau* als Aufnahmebild für die königliche Akademie der Künste in Paris geschaffen, wurde das Kunstwerk von Friedrich dem Großen aus einer Haager Kunstsammlung erworben und hing seit 1829 im Salon der Auguste Viktoria im Berliner Stadtschloss. Es verblieb auch nach dem Ende der Monarchie im Besitz der Familie Hohenzollern und ging erst vor Kurzem in das Eigentum der Stiftung Preußischer Kulturbesitz über. Ausschlaggebend für die nationale Zuschreibung sollen in diesem Fall die Nationalität und die Bedeutung der ehemaligen Besitzer des Werks sein, nicht hingegen die Nationalität des Künstlers.[581] Nach *Weidner*

[576] *Jayme,* Antonio Canova und die Nationalisierung der Kunst, S. 287 f.; *ders.*, Rechtsfrage, S. 149 f.; *ders.*, ZVglRWiss 1996, 158, 168 f.; *ders.*, IPRax 1996, 66, 67; *ders.*, Rückführung, S. 207; *ders.*, Rechtsbegriffe und Kunstgeschichte, S. 242; *ders.*, Kunstwerk und Nation, S. 71 f.

[577] *Weidner,* Kulturgüter, S. 200 f.; *Odendahl,* Kulturgüterschutz, S. 409; *Bila,* Kulturgüterschutz, S. 130 f.; *Bernsdorff/Kleine-Tebbe,* Kulturgutschutz in Deutschland, Teil A, § 1, Rn. 55; *Schack,* Kunst und Recht, Rn. 543; *Müller,* Kulturgüterschutz, S. 264; *Wyss,* Kultur als eine Dimension der Völkerrechtsordnung, S. 145; *Reichelt,* ÖJZ 1994, 339, 341; vgl. auch *Fechner,* Wohin gehören Kulturgüter?, S. 492; BVerwG NJW 1993, 3280 ff.; *Siehr,* Freizügigkeit, S. 495.

[578] *Jayme,* Rechtsfrage, S. 150; *Jayme,* Rückführung, S. 207.

[579] *Reichelt,* ÖJZ 1994, 339, 341.

[580] Abb. 1.

[581] *Jayme,* Rechtsfrage, S. 150.

soll auch der Umstand bedeutsam sein, dass sich das Werk seit langer Zeit im Inland befindet.[582]

Während der Begriff der Rezeption nach dem hier vertretenen Ansatz impliziert, dass die Wahrnehmung eines Kunstwerks durch die eine Nation bildenden Individuen (als ein Kriterium unter vielen) zur Bestimmung seiner Nationalität herangezogen werden soll, weist das Beispiel von *Watteau* in eine andere Richtung. Der Umstand, dass ein Werk über viele Jahre im Besitz des preußischen Königshauses war, zeigt nicht, dass es als ein nationales Kunstwerk wahrgenommen wurde. Vielmehr darf vermutet werden, dass das Werk hinter verschlossenen Türen hing und somit weitgehend unbekannt und daher auch der nationalen Identifikation nicht zugänglich war. Dies zeigt sich auch in der von *Jayme* und *Weidner* gegebenen Begründung für die Zuschreibung: Diese beruht nämlich bei näherem Hinsehen auf den bereits erwähnten „äußeren" Kriterien der Belegenheit und des Wohnsitzes des Eigentümers. Die eigentlich maßgebliche Frage, ob das Werk von den die Nation bildenden Menschen als ein nationales Kunstwerk begriffen wurde, bleibt unbeantwortet.

Dennoch ist dem Ansatz, auch die Rezeption eines Kunstwerks zur Bestimmung seiner Nationalität heranzuziehen, im Grundsatz zuzustimmen. Die Frage, wann ein Kunstwerk von den eine Nation bildenden Individuen als ein nationales Kunstwerk rezipiert wird, kann nur im Einzelfall festgestellt werden, da nur die subjektive Wahrnehmung seiner Betrachter für die nationale Zuschreibung maßgeblich ist. Nur dort, wo sich eindeutige Hinweise darauf finden, dass ein Kunstwerk als ein nationales begriffen wurde oder wird, kann dies eine entsprechende nationale Zuschreibung nach sich ziehen. Ein Hinweis hierauf kann beispielsweise sein, wenn ein Kunstwerk als wichtig für die Bildung einer Nation angesehen wird.[583] Hat nämlich dieses Werk bei seinen Betrachtern das Nationalbewusstsein angesprochen, so steht zu vermuten, dass diese es auch als ein nationales Kunstwerk begriffen haben.

Festzuhalten ist also, dass die Rezeption eines Kunstwerks zwar ein starkes Kriterium der nationalen Zuordnung ist, dass sich aber aufgrund des subjektiven Charakters dieses Kriteriums in den wenigsten Fällen wird nachweisen lassen, dass ein Kunstwerk tatsächlich als ein nationales Kunstwerk begriffen wurde.

11. Der Inhalt der Darstellung

Bisher wurden überwiegend die „äußeren Umstände" eines Kunstwerks für die Bestimmung seiner Nationalität herangezogen, auch wenn wie mehrfach er-

---

[582] *Weidner*, Kulturgüter, S. 200.

[583] Siehe unten S. 130 ff.

wähnt regelmäßig nur inhaltliche Auseinandersetzung mit den äußeren Umständen zur Anwendbarkeit des jeweiligen Kriteriums führt. Aber auch eine (nur) materielle Annäherung an ein Kunstwerk kann in vielen Fällen wertvolle Hinweise auf seine Nationalität geben, die jedoch bisher keinen Eingang in die juristische Diskussion gefunden haben. Ein solcher, der kunstgeschichtlichen Auseinandersetzung entnommener Ansatzpunkt ist der Inhalt der Darstellung. Die folgenden Betrachtungen werden zeigen, dass das Dargestellte – jedenfalls wenn das Werk gegenständlich ist – in verschiedenen Fällen in einer so starken Beziehung zu einer Nation steht, dass dieser Zusammenhang für die Zuordnung nicht außer Acht gelassen werden darf.

Georg Baselitz hat in Bezug auf die von ihm geschaffene Serie der „Helden-Bilder" gesagt, dass deutsche Malerei nur dort entstehen könne, wo sich der einzelne „Künstler auf die historische Lage bezieht. Das Ich wird zum Thema [und ist] die Instanz, aus der das Verständnis der Welt sich aufbaut: Ich male, also bin ich."[584] Im Kontrast zur Pop-Art, die sich mit der Waren- und Medienwelt in den USA beschäftigt, verfolgte *Baselitz* – wie er später selbst sagte – einen „individualistischen Ansatz".[585] Sehr ähnlich hatte sich auch *Max Beckmann* fünfzig Jahre früher über sein Selbstverständnis als deutscher Künstler geäußert.[586]

Neben dieser individualistischen Auseinandersetzung mit der historischen Lage, die insbesondere die Kunst in der Zeit nach dem Zweiten Weltkrieg prägte, werden vielfach auch „schlichte" Darstellungen geschichtlicher Begebenheiten als nationale Kunst angesehen. Der Fokus liegt hier stärker auf der Art und Weise und dem Inhalt der Darstellung als auf der individualistischen Verarbeitung dieses Sujets durch den Künstler. Die Darstellungen der Gräuel des Ersten Weltkriegs beispielsweise deuten darauf hin, dass es sich um deutsche Kunst handelt. Dies gilt insbesondere im Zusammenspiel mit der „barbarischen" Art der Darstellung, die sich unter anderem in den Werken von *Beckmann, Dix* und *Grosz* ausmachen lässt und die zur Folge hatte, dass – obwohl sie früher als Kritikpunkt gegen die deutsche Kunst vielfach vorgetragen wurde – die „Neue Sachlichkeit" im Allgemeinen und vor allem die Kunst *Beckmanns* als deutsch angesehen wurde. Das „Barbarische" wurde in der Folge der Weltkriege für die Deutschen „zum Teil ihrer kulturellen Identität".[587] Ein besonders eindrucksvoller Beleg für diese Auffassung ist eine Äußerung des Kunstkritikers *Karl Simon* aus dem Jahr 1919:

---

[584] *Gohr,* AI 1982, 67.

[585] *Gohr,* AI 1982, 67.

[586] *Belting,* Identität im Zweifel, S. 25.

[587] *Engels,* Auf der Suche nach einer „deutschen" Kunst, S. 186.

> „Diese unnatürliche, das heißt nicht beim Gefälligen stehen bleibende, sondern zum Geistigen vordringende, diese hässliche, das heißt wahrheitswollende, diese rohe und gewaltsame Kunst ist und wird immer die eigentlich deutsche Kunst sein."[588]

Die Künstler der „Neuen Sachlichkeit" und die von ihnen geschaffenen Werke wurden aber aus einem weiteren Grund als deutsch angesehen. Sie griffen in ihren Darstellungen auf Werke der spätmittelalterlichen Malerei in Deutschland zurück, die ihrerseits als deutsche Kunst wahrgenommen wurden.[589] *Beckmanns* Gemälde die „Nacht"[590] und „Kreuzabnahme"[591] sind hierfür gute Beispiele.[592] Die „Nacht", heute in der Sammlung K20 in Düsseldorf zu sehen, muss als ein Programmbild verstanden werden, mit dem *Beckmann* versuchte, seine Erlebnisse des Ersten Weltkriegs aufzuarbeiten. Das Dargestellte wirkt wie ein Bildausschnitt, der voll gefüllt ist und dessen Figuren sich wie ein Gitter über die Leinwand legen. Vor allem die fehlende räumliche Tiefe der Darstellung weckt Erinnerungen an *Grünewalds* Darstellung der „Versuchung des heiligen Antonius" im rechten Flügel der dritten Schauseite des Isenheimer Altars.[593] Ähnlich geht es dem Betrachter mit der „Kreuzabnahme", die sich heute im Museum of Modern Art in New York befindet. Auch sie zitiert altdeutsche Werke, beispielsweise von *Holbein d. Ä.*[594] Die nach dem Ersten Weltkrieg entstandenen Selbstbildnisse *Beckmanns*, allen voran das „Selbstbildnis als Clown"[595], nehmen über den die Verletzungen implizierenden Gestus des ausgestreckten Arms Bezug auf Darstellungen der „Engels-Pietà" oder des „Schmerzensmanns", wie sie im Mittelalter geläufig waren.

Diese Praxis ist jedoch nicht auf *Beckmanns* Werke beschränkt. Auch in den Werken anderer Künstler lassen sich ähnliche Zitate der deutschen spätmittelalterlichen Kunst ausmachen. Als Beispiel kann das Tryptichon „Der Krieg"[596] von *Dix* dienen, das heute in der Neuen Galerie der Staatlichen Kunstsammlungen in Dresden zu sehen ist. Auch dieses Werk ist in besonderer Weise Ausdruck der schrecklichen Ereignisse des Ersten Weltkriegs und hat insoweit bereits einen eindeutigen Bezug zur deutschen Geschichte. *Dix* hat darüber hinaus die Predella so gestaltet, dass sich der Betrachter unvermeidlich an *Holbeins* Darstellung des „Toten Christus"[597] erinnert fühlt.

---

[588] Zitiert nach *Engels,* Auf der Suche nach einer „deutschen" Kunst, S. 187.

[589] *Gebhardt,* Das Deutsche in der deutschen Kunst, S. 440 f.

[590] Abb. 16.

[591] Abb. 17.

[592] *Gebhardt,* Das Deutsche in der deutschen Kunst, S. 438.

[593] Abb. 18.

[594] *Gebhardt,* Das Deutsche in der deutschen Kunst, S. 438 f.

[595] Abb. 19, heute im Von-der-Heyd-Museum, Wuppertal.

[596] Abb. 20.

[597] Abb. 21.

Noch stärker ist der Bezug zur deutschen Geschichte und auch die Brutalität der Darstellung in dem während des Zweiten Weltkriegs entstandenen Gemälde „Selbstbildnis mit Judenpass“[598] des jüdischen Malers *Felix Nussbaum*, das die Kriegswirren überlebt hat und sich heute im Felix-Nussbaum-Haus in Osnabrück befindet. Es entstand in einem versteckten Kelleratelier in Brüssel unter bedrückenden Umständen. *Nussbaum* stellte sich selbst vor einer kahlen, grauen Mauer ohne andere Personen dar. Das im Hintergrund zu sehende Wohnhaus scheint von einer anderen Zeit zu zeugen, in der auch der Künstler ein normales bürgerliches Leben führte. Der Blick und die Körpersprache *Nussbaums* spiegeln die Erniedrigungen und die Hetze der Vergangenheit wider ebenso wie die Ahnung der bevorstehenden Vernichtung. Kurze Zeit nach Vollendung des Werkes wurde *Nussbaum* 1944 in Auschwitz umgebracht.[599]

Sicherlich werden sich derartige materielle Anhaltspunkte, die eine nationale Zuschreibung ermöglichen, bei Weitem nicht bei allen Kunstwerken ausmachen lassen. Jedenfalls in den vorstehend beschriebenen Fällen dürfte aber viel dafür sprechen, diese Werke als deutsches nationales Kulturgut anzusehen.

12. Für die Nationenbildung wichtige Werke

Ein Sonderfall der nationalen Zuschreibung anhand des Inhalts der Darstellung (und häufig auch der Rezeption) stellen die für die Nationenbildung wichtigen Werke dar. Während die nationale Zuschreibung regelmäßig auf der Annahme beruht, dass die Genese der Nation von dem ihr zuzuschreibenden Kunstwerk unabhängig ist, liegt diese besondere Beziehung in den hier zu erörternden Fällen ausnahmsweise vor. Es gibt nämlich einige Kunstwerke, die aufgrund des in ihnen Dargestellten für die Nationenbildung „mitverantwortlich“ waren und die daher eine Sonderstellung einnehmen.

In der juristischen Diskussion um die Nationalität von Kunstwerken wurde dieser Sonderstellung bisher kaum Aufmerksamkeit geschenkt,[600] sie blieb überwiegend der (kunst-)geschichtlichen Diskussion vorbehalten. Dennoch wird es sich bei diesen Werken häufig um nationale Kunstwerke derjenigen Nation handeln, deren Entstehung oder Festigung Gegenstand der Darstellung ist.

Die hier in Rede stehenden Werke sind meist ungefähr zu der Zeit entstanden, zu der auch die Nationen entstanden sind, und stellen regelmäßig weit in der Vergangenheit spielende Mythen dar. *Germer* beschreibt zutreffend, dass es immer

---

598 Abb. 22.

599 *Gebhardt,* Das Deutsche in der deutschen Kunst, S. 448 f.

600 Einzig *Weidner,* Kulturgüter, S. 201 scheint mit dem von ihr angeführten und in seinem genauen Umfang unklaren Kriterium des geschichtlichen Zusammenhangs auch dieses Kriterium für wesentlich zu erachten.

wieder die gleiche Art von Ereignis ist, die als Gegenstand einer Darstellung auf diese Weise nationale Bedeutung erlangen kann. Er erkennt sieben wiederkehrende Muster:

> „Die heldenhafte, wenngleich erfolglose Opposition gegen fremde Besatzer ebenso wie der erfolgreiche, zur nationalen Befreiung führende Widerstand, Gründungs- und Verfassungsakte, heroische Niederlagen und entscheidende Siege, die Definition der Nation durch ihren Glauben, sei es bei ihrem Bekenntnis für das Christentum, sei es in der Parteinahme für den Katholizismus oder Protestantismus oder sei es im Kampf gegen Nicht-Christen und schließlich die Mobilisierung von Massen."[601]

Die Mythen werden häufig so zugespitzt oder verändert, dass sie sich innerhalb eines statischen Werkes darstellen lassen. Oft wird dabei der Inhalt komprimiert und zugleich die Einprägsamkeit des Gezeigten erhöht. Ziel war, dass der Betrachter das Dargestellte für wahr erachtete und es nicht anhand möglicherweise abweichender Ergebnisse der geschichtlichen Forschung hinterfragte.[602] Dass dies sehr häufig gelang, ist auch dem Umstand geschuldet, dass es konkurrierende Medien, die eine ähnlich eindrucksvolle Darstellung des geschichtlichen Fundaments der Nationen möglich gemacht hätten, noch nicht gab. Den Kunstwerken kam daher eine Art „Interpretationsmonopol" zu.[603]

Besonders die junge deutsche Nation strebte nach einer einheitlichen eigenen nationalen Geschichte, über welche sie im Gegensatz zu den anderen europäischen Nationen – insbesondere Frankreich – nicht ohne Weiteres verfügte.[604] Dies hatte zur Folge, dass verschiedene Künstler im privaten wie staatlichen Auftrag versuchten, anhand geschichtlicher Ereignisse eine gesamtdeutsche Geschichte zu konstruieren.

Einige Beispiele mögen dies illustrieren. Ein Werk *Gunkels*, ein heute fast vergessener Künstler, stellt die „Hermannsschlacht"[605] im Teutoburger Wald im Jahr 9 n.Chr. dar, in der Hermann der Cherusker die römischen Truppen unter Varus besiegte. Leider ist dieses Gemälde, das der Stiftung Maximilianeum in München gehörte, im Zweiten Weltkrieg zerstört worden. Im Bildmittelpunkt, deutlich aus dem Schlachtgetümmel herausragend, war der siegreiche Feldherr auf seinem steigenden Pferd zu sehen, dargestellt vermutlich kurz vor dem Ende der für ihn siegreichen Schlacht. *Herrmann* wurde so als der erste Deutsche verehrt, der durch eine gesamtdeutsche Erhebung die Besetzung durch die Römer beendete.[606]

---

601 *Germer,* Retrovision, S. 35.

602 *Germer,* Retrovision, S. 34 f.

603 *Germer,* Retrovision, S. 43.

604 *Belting,* Identität im Zweifel, S. 50, der ohne nähere Angabe auf *Plessner,* Die verspätete Nation, verweist.

605 Abb. 23.

606 *Flacke,* Deutschland, S. 101.

Das zweite Beispiel stammt aus der Zeit der Befreiungskriege. Nachdem die französische Besatzung beendet worden war, rückten neben den sehr weit in der Vergangenheit liegenden auch jüngere militärische Erfolge in den Fokus der Darstellung. Vor allem die Völkerschlacht bei Leipzig im Jahr 1813 sah man als gesamtdeutsche Leistung an, die nur aufgrund einer alle Schichten der Bevölkerung erfassenden Begeisterung und Mobilmachung möglich geworden war.

Krafft hat die „Siegesmeldung nach der Schlacht bei Leipzig“[607] selbst in einem großen Gemälde festgehalten, das sich heute im Deutschen Historischen Museum in Berlin befindet. Zu sehen ist Fürst Schwarzenberg, der den Verbündeten die Nachricht vom Sieg über die französischen Truppen überbringt. Rechts im Bild ist auf seinem Schimmel Zar Alexander I. zu sehen, daneben der österreichische Kaiser Franz I. und der preußische König Wilhelm III. Die geschlagenen gegnerischen Truppen hingegen werden nicht dargestellt. Das Bild, von dem es unzählige Fassungen gibt, wurde als eine Darstellung des Siegs über die Franzosen und damit als ein Zeugnis des Kampfs der deutschen Länder für ihre nationale Freiheit begriffen. Dass ohne die ebenfalls dargestellten Verbündeten dieser Sieg für Preußen unmöglich gewesen wäre und er außerdem überwiegend ein Ergebnis der Kabinettsdiplomatie war, wurde ausgeblendet.[608]

Das Ausmaß der Mobilmachung und der nationalen Begeisterung für die Befreiungskriege nahm über die Jahre legendäre Ausmaße an.[609] Die fast grenzenlose Opferbereitschaft der Deutschen hat *Graef* in seinem heute in der Alten Nationalgalerie in Berlin zu sehenden Gemälde „Ferdinande von Schmettau opfert ihr Haar auf dem Altar des Vaterlands“[610] enthusiastisch dargestellt. Die Dargestellte verfügte nicht über Schmuck, den sie für die Kriegsführung spenden konnte, und kam stattdessen auf die Idee, ihre Haare zu verkaufen. Unter ihren Zeitgenossen wurde *Ferdinande* häufig mit folgenden Worten zitiert, die sie 1813 gesagt haben soll: „Ein Friseur bot mir zwei Thaler für mein Haar. Ich hatte nun auch etwas, das ich geben konnte fürs Vaterland.“ Der Mythos um die Haare von Ferdinande von Schmettau wurde auch zur Finanzierung des Ersten Weltkriegs und von den Nationalsozialisten im Angesicht des Zweiten Weltkriegs abermals bemüht.

Für den Kunsthistoriker *Hofmann*, der dem Begriff der „nationalen Kunst“ grundsätzlich skeptisch gegenübersteht, ist es gar die einzige Möglichkeit, Kunstwerke einer Nation zuschreiben zu können, wenn sich der Künstler in seinem Werk „konkret mit Daseinsfragen, Erwartungen und Ängsten der Nation“

---

607 Abb. 24.

608 *Flacke,* Deutschland, S. 120.

609 *Flacke,* Deutschland, S. 116 ff.

610 Abb. 25.

auseinandergesetzt hat.[611] Diese Äußerung verdeutlicht den besonderen Stellenwert, der diesem Kriterium in der kunstgeschichtlichen Diskussion zugemessen wird.

Hofmann führt als Beispiel die Kriegsdarstellungen *Menzels* an. Anders als in den zuvor genannten Werken habe sich *Menzel* in seinen Bildern mit den „Kehrseiten von Geschichte und Gesellschaft" auseinandergesetzt und damit auch die Schattenseiten einer im Übrigen sehr positiv dargestellten Thematik aufgezeigt.[612] Aus patriotischer Sicht bedenklich habe *Menzel* in seinem Gemälde „Friedrich und die Seinen bei Hochkirch"[613] eine Schlacht des Siebenjährigen Kriegs dargestellt, die mit einer Niederlage für die preußischen Truppen unter *Friedrich dem Großen* gegen die Österreicher endete. Er habe mit dieser Darstellung seine Auftraggeber, die Kritiker und die Öffentlichkeit zu einer kritischen Auseinandersetzung mit dem von ihm Dargestellten gezwungen. Die so entstandene besondere Beziehung des Kunstwerks zur Nation rechtfertigt nach *Hofmanns* Auffassung, bei den Kriegsdarstellungen *Menzels* von nationaler Kunst zu sprechen.

Über die Frage, inwieweit die Kunst *Menzels* Gesellschaftskritik zum Inhalt hat, besteht in der Forschung jedoch keine Einigkeit. So ist es abermals *Flacke*, die die Darstellung der vielen Toten und Verletzten in den Kriegsdarstellungen *Menzels* als ein Zeichen der „Opfer für das Vaterland" sieht, nicht jedoch als Gesellschaftskritik.[614] Unabhängig davon, ob man auch in den Kriegsdarstellungen *Menzels* Patriotismus und Nationalstolz erkennt, spricht vieles dafür, sie als deutsche nationale Kunstwerke anzusehen. Beigetragen zur Bildung oder zur Festigung der jungen deutschen Nation haben sie zumindest – ob nun aufgrund kritischer Auseinandersetzung oder durch das Stärken des nationalen Stolzes.

Die wenigen Werke, die unmittelbaren Einfluss auf die Entstehung oder Festigung von Nationen gehabt haben, dürften nahezu ausnahmslos der Nation zuzuschreiben sein, mit deren Genese sie sich inhaltlich beschäftigen.

13. Kunst im Auftrag des Staats

Sofern ein Staat ein Kunstwerk in Auftrag gegeben hat, spricht ebenfalls vieles dafür, dieses als Kulturgut der hinter diesem Staat stehenden Nation anzusehen. Sicher reicht der rein formale Aspekt eines Staatsauftrags für die nationale Zuschreibung nicht aus. Aber in den meisten Fällen setzen sich diese Werke mit dem Staat – möglicherweise verkörpert durch herausragende Persönlichkeiten –

---

611 *Hofmann,* Wie deutsch ist die deutsche Kunst?, S. 48.

612 *Hofmann,* Wie deutsch ist die deutsche Kunst?, S. 51 ff.

613 Abb. 26.

614 *Flacke,* Deutschland, S. 118.

oder seiner Geschichte auseinander. Neben das rein formale Kriterium tritt dann ein materielles, und beide zusammen bilden dann ein starkes Indiz dafür, dass das Werk der hinter dem beauftragenden Staat stehenden Nation zuzuschreiben ist.

In der juristischen Diskussion um die Nationalität von Kunstwerken taucht dieses Kriterium bisher kaum auf. Einzig *Schack* erwähnt das Bildnis des ersten deutschen Bundespräsidenten Heuss,[615] das *Kokoschka* gemalt hat.[616] In der kunstgeschichtlichen Diskussion ist es insbesondere *Gebhardt*, der sich mit der Nationalität von Kunst im Staatsauftrag in Deutschland auseinandersetzt.[617] Auch für ihn ist die Frage, ob es sich bei einem im Staatsauftrag entstandenen Kunstwerk um ein deutsches handelt, danach zu beurteilen, ob und inwieweit sich der Künstler mit der deutschen Geschichte oder Kunstgeschichte auseinandersetzt.[618]

Als Beispiele für Werke, bei denen diese Auseinandersetzung stattfindet, nennt *Gebhardt* die Werke von *Polke* und *Richter*, die in der Eingangshalle des Westportals des Reichstagsgebäudes in Berlin zu sehen sind. Die Umdeutung der deutschen Flagge in seinem Werk „Schwarz, Rot, Gold“[619], die *Richter* als mehrteiliges Tafelbild für diesen Ort hergestellt hat, verfügt zweifelsohne über eine eindeutige Beziehung zum deutschen Staat. Anders als *John's* berühmte „Flag“[620] des New Yorker Museum of Modern Art, bei der noch die Frage im Vordergrund steht, ob es sich bei ihr um eine Flagge oder um ein Bild handelt, verfremdet *Richters* Werk sein Vorbild ganz bewusst durch ein anderes Maß und eine abweichende Anordnung der Farben.[621] Die Folge ist ein ungezwungener, fast schon spielerischer Zugang zu Deutschland und seiner (jüngeren) Geschichte.

Aber auch *Polke* hat mit seinen fünf Leuchtkästen der Serie „Vor-Ort-Sein“[622] nationale Kunstwerke geschaffen. Gegenüber Richters Werk angebracht, formulieren diese Werke einen formalen wie inhaltlichen Kontrast und setzen sich anhand heiter-ironischer Bildzitate ebenfalls mit deutscher Politik und Geschichte auseinander. Mit zahlreichen weiteren Werken der 111 Künstler, die eingeladen waren, das neue Reichstagsgebäude auszustatten, verhält es sich ähnlich, da auch aus sehr vielen dieser Werke der Wunsch der Künstler spricht, sich mit Deutschland und seiner Geschichte auseinanderzusetzen.

---

615 Abb. 27.

616 *Schack*, Kunst und Recht, Rn. 543.

617 *Gebhardt*, Das Deutsche in der deutschen Kunst, S. 449 ff.

618 *Gebhardt*, Das Deutsche in der deutschen Kunst, S. 454.

619 Abb. 28.

620 Abb. 29.

621 *Gebhardt*, Das Deutsche in der deutschen Kunst, S. 456.

622 Abb. 30.

Allerdings haben diesen Wunsch nicht alle Künstler, die im Auftrag eines Staates Kunstwerke schaffen. *Tübkes* Werk „Frühbürgerliche Revolution in Deutschland“[623] – besser bekannt als „Bauernkriegspanorama“ –, das 1987 fertiggestellt wurde und heute das Panorama Museum in Bad Frankenhausen füllt, wurde zwar im Auftrag der DDR geschaffen, enthält aber nach *Gebhardt* „weder einen schlüssigen Beitrag zum Deutschen in der deutschen Kunst noch zur deutschen Geschichte“.[624] Die sehr detailreiche Darstellung habe zur Folge, dass der Betrachter keine Interpretation deutscher Geschichte finde.

Aus kunstgeschichtlicher Sicht ist *Gebhardts* Aussage zutreffend. Allerdings ist für die Zwecke der juristischen Zuordnung von Kunstwerken an eine Nation noch ein weiterer Aspekt zu beachten. *Tübkes* Werk geht auf den Wunsch der damaligen DDR-Führung zurück, ein Werk zu schaffen, das die geschichtliche Grundlage der DDR – wenn auch historisch nicht korrekt – illustrieren und damit untermauern sollte. Auch wenn also das Werk die kritische Auseinandersetzung mit der Geschichte vermissen lässt, ist es umso mehr Zeugnis des Kunst- und Geschichtsverständnisses der DDR-Führung. Das „Bauernkriegspanorama“ erinnert daher stark an diejenigen Werke, die ihrerseits für die Nationenbildung wichtig waren.[625] Dass es seine intendierte Wirkung verfehlt hat, ist wohl *Tübke* selbst zu „verdanken“. Er hat ein Werk geschaffen, das sich nicht politisch oder erzieherisch nutzen lässt, sondern vielmehr das Ende der DDR bereits prophezeit hat.[626]

Wenn Kunst im Auftrag eines Staates entsteht, spricht also vieles dafür, dass es sich hierbei auch um „seine“ nationale Kunst handelt, da diese Kunstwerke nur in den wenigsten Fällen nicht auch eine materielle Auseinandersetzung mit dem Staat zum Gegenstand haben oder aber über in Bilder gefasste, vergangene politische Ideen Zeugnis ablegen können.

14. Zuschreibung anhand von Eigenschaften einer Nation

Mit dem Ansatz, die Nationalität von Kunstwerken anhand der geografischen Situation an ihrem Entstehungsort zu beurteilen, eng verwandt ist die Idee, solche Faktoren heranzuziehen, die als einer Nation eigen angesehen werden. Mehrfach wurde versucht, ganze Stile oder auch nur einzelne Kunstwerke anhand abstrakt bestimmter Charakteristika für die deutsche Nation zu verein-

---

623 Das Werk lässt sich wegen seiner Größe nicht zusammenhängend darstellen, sodass an dieser Stelle von einer Abbildung abgesehen werden soll. Zahlreiche Abbildungen auf der Homepage des Panorama Museums in Bad Frankenhausen unter http://www.panorama-museum.de.

624 *Gebhardt,* Das Deutsche in der deutschen Kunst, S. 454.

625 Siehe oben S. 130 ff.

626 *Eduard Beaucamp,* FAZ 29. Mai 2004, S. 33.

nahmen. Vor allem zu Beginn des 20. Jahrhunderts war die Begründung der Existenz solcher nationalen Stile politisch gewollt, da man so die eigene Vormachtstellung auch in künstlerischer Hinsicht begründen wollte. Dass dies – wie bereits erwähnt – dazu führte, dass teilweise die politischen Ziele die Auseinandersetzung stärker bestimmten als die kunstgeschichtliche Analyse, liegt auf der Hand.

a. Wölfflin

Wegbereiter der Idee, dass zwischen Stil und Volkscharakter ein Zusammenhang bestehe, war der bereits im Zusammenhang mit der Kunstgeografie[627] erwähnte Kunsthistoriker *Wölfflin*. In seinem Werk „Kunstgeschichtliche Grundbegriffe" behandelt er vor allem die äußere Form von Kunstwerken, die er über begriffliche Gegensatzpaare beschreibt. So versucht *Wölfflin*, die formale Entwicklung verschiedener Kunstgattungen, vor allem der Renaissance und des Barock, nachzuvollziehen. Voraussetzung dieser formalen Untersuchung ist, dass Künstler und ihre Werke in verschiedene, unterschiedlich große soziale Gruppen eingeordnet werden, die jeweils eigene Stile ausbilden. Neben den Stil einer Schule treten so der Stil eines Landes und der einer Rasse.[628] Ergänzt wird diese Einteilung noch durch ein zeitliches Element, den sogenannten „Zeitstil".[629]

Für die Bestimmung eines in Abhängigkeit von einer Rasse stehenden „Volksstils" sind nach *Wölfflin* nicht das geografische Umfeld oder die klimatischen Bedingungen ausschlaggebend. Stattdessen beruhe der Volksstil auf der Grundlage eines „nationalen Empfindens, wo der Formgeschmack sich unmittelbar berührt mit geistig-sittlichen Momenten".[630] Der Volksstil stelle dabei keine mathematische Größe dar, sondern sei nur eine für den Historiker notwendige Hilfskonstruktion, die dazu dienen soll, in Zukunft nicht mehr (nur) die nationenübergreifenden Stile, wie beispielsweise Gotik und Renaissance, herauszuarbeiten, sondern vielmehr (insbesondere) innerhalb dieser Stile nationale Unterscheidungen vorzunehmen. *Wölfflin* selbst beschreibt dieses Anliegen so: „Es wird an der Zeit sein, dass die geschichtliche Darstellung der Baukunst Europas nicht mehr bloß einteilt nach Gotik, Renaissance usw., sondern die nationalen Physiognomien herausarbeitet, die auch durch importierte Stile nicht ganz verwischt werden können."[631]

Im Ergebnis geht *Wölfflin* also davon aus, dass es einen in Abhängigkeit von der Rasse stehenden Volksstil gibt, der zur Abgrenzung von anderen Nationen taugt.

---

[627] Siehe oben S. 114 ff.

[628] *Wölfflin,* Kunstgeschichtliche Grundbegriffe, S. 6.

[629] *Wölfflin,* Kunstgeschichtliche Grundbegriffe, S. 9.

[630] *Wölfflin,* Kunstgeschichtliche Grundbegriffe, S. 7 f.

[631] *Wölfflin,* Kunstgeschichtliche Grundbegriffe, S. 254.

b. Die Gotik als nationaler Stil

Ein gutes Beispiel dafür, wie die Vereinnahmung eines Stils als nationaler Stil erfolgte, ist die Gotik. Zwar dreht sich die Auseinandersetzung im Wesentlichen um die gotische Baukunst, sie lässt sich aber auf die gotische Malerei und Plastik ohne Weiteres übertragen.

Goethes Hymnus auf den vermeintlichen Baumeister des Straßburger Münsters, *Erwin von Steinbach*, war mitverantwortlich für eine Rezeption der Gotik als deutsche Kunst, die sich über einen Zeitraum von fast hundert Jahren hinziehen und dann zu einem jähen Ende kommen sollte. Bei der Gotik – so unterrichtet der junge Goethe seine Leser – handele es sich um „deutsche Baukunst, unsere Baukunst, da der Italiener sich keiner eigenen rühmen darf, vielweniger der Franzos“[632]. Eine Begründung für diese nationale Vereinnahmung findet sich wenig später etwa bei *Schlegel*, der *Goethes* Begeisterung für die Gotik teilte. Er machte Elemente „kühnster Fantasie“, wie er sie zugleich als Merkmal des germanischen Kunstschaffens ansah, in der gotischen Baukunst aus.[633] Man versuchte also, in der gotischen (Bau-)Kunst Eigenschaften zu finden, die sich unmittelbar und ausschließlich mit der deutschen Nation verbinden ließen.

Die Gotik-Euphorie kam zum Erliegen, als man im 19. Jahrhundert erkennen musste, dass die Gotik keine isolierte deutsche Leistung war, sondern dass ihre Entwicklung vielmehr in einem sehr engen Zusammenhang mit Frankreich stand. Eine Art „Rettungsversuch“ unternahm *Gerstenberg* noch, innerhalb der Gotik das typisch Deutsche auszumachen. Konnte man schon nicht den gesamten Stil als eine völlig eigenständige deutsche Leistung beanspruchen, so sollte wenigstens das genuin Deutsche einiger bedeutender Werke hervorgehoben und gegenüber Frankreich ins Feld geführt werden. In seinem Werk „Die deutsche Sondergotik“ von 1913 analysierte – der durch seinen Lehrer *Wölfflin* in stilistischen Betrachtungen geschulte – *Gerstenberg* nach 1350 entstandene Hallenkirchen und kommt dabei zu folgenden Ergebnissen:

> „Die langsame Bewegung bildet einen Wesenszug der germanischen Phantasietätigkeit überhaupt.“[634] –„Das schwer fassbare sondergotischer Räume, ihre Konzeption scheinbar ohne Grenzen, entspringt dem Drang zum Grenzenlosen, der dem deutschen Wesen eignet.“[635] – „Dieses Irrationale ist auch das Rätselhafte, wie aus unterirdischen Quellen immer aufs neue Gespeiste deutsche Lebensäußerungen, das andere Völker so leicht missverstehen und missdeuten.“[636]

---

[632] *Goethe,* Von deutscher Baukunst, S. 17.

[633] *Schlegel,* Ansichten und Ideen von der christlichen Kunst, S. 162 f.

[634] *Gerstenberg,* Deutsche Sondergotik, S. 134.

[635] *Gerstenberg,* Deutsche Sondergotik, S. 136.

[636] *Gerstenberg,* Deutsche Sondergotik, S. 137.

Ziel der vorgenannten Untersuchungen, mögen sie die Gotik insgesamt oder aber nur eine „Sondergotik“ betreffen, war es nicht, einzelne Werke oder Bauten als national deutsche Kunst zu reklamieren. Man versuchte vielmehr, den nationalen Einfluss auf die Entwicklung des gesamten Stils darzulegen, um auf diese Weise dann den Stil als solchen und die mit ihm verbundenen Entwicklungsleistungen für die eigene Nation zu reklamieren.

c. Die deutsche Renaissance

Der Gotik als nationalen deutschen Stils beraubt, versuchte man in vergleichbarer Weise, die Existenz einer „deutschen Renaissance“ als nationalen (Bau-)Stil darzulegen.[637] Man wollte der Renaissance im üblichen Sinne eine deutsche Renaissance entgegensetzen, die sich deutlich von der italienischen absetzen sollte. So hebt beispielsweise *Wölfflin* hervor, dass „deutsche Art [war] gleichbedeutend mit deutscher Renaissance“ sei.[638] Aber so sehr man auch in der deutschen Baukunst des 16. Jahrhunderts typische Elemente ausfindig machen konnte,[639] ein eigener Stil ließ sich hieraus nicht ableiten,[640] und man musste erkennen, dass auch die Renaissance sich nicht als deutscher Nationalstil vereinnahmen ließ.

Da die Romanik und die Ottonik kunsthistorisch noch wenig erforscht waren und die karolingische Kunst nur als übernational betrachtet werden konnte, endeten mit dem Scheitern der Idee einer deutschen Renaissance die Versuche, die Existenz eines deutschen Nationalbaustils zu begründen.[641]

d. Die Debatte um den Expressionismus

Dies galt jedoch vorläufig noch nicht für die Idee, die Malerei des Expressionismus zu Beginn des 20. Jahrhunderts als einen genuin deutschen Stil anzusehen. Dieser wurde den Deutschen nicht von anderen Nationen streitig gemacht.[642]

Häufig wurde die Vereinnahmung expressionistischer Werke durch einen Rückgriff auf deren vermeintlich gotischen Charakter begründet, auch wenn die wissenschaftlichen Erkenntnisse bereits damals eindeutig belegten, dass die Gotik nicht als ein deutscher (Bau-)Stil angesehen werden konnte. Der deutsche Kunst-

---

[637] *Belting,* Die Deutschen und ihre Kunst, S. 21 unter Berufung auf das umfangreiche Werk von *Lübke,* Geschichte der deutschen Renaissance, sowie einen Vortrag von *Wölfflin* zu diesem Thema.

[638] *Wölfflin,* Gedanken zur Kunstgeschichte, S. 110.

[639] *Gebhardt,* Das Deutsche in der deutschen Kunst, S. 234 ff.

[640] *Belting,* Die Deutschen und ihre Kunst, S. 23.

[641] *Belting,* Die Deutschen und ihre Kunst, S. 21.

[642] *Belting,* Die Deutschen und ihre Kunst, S. 42.

kritiker *Fechter* bringt dies in der stark chauvinistisch geprägten Stimmung zu Beginn des Ersten Weltkriegs wie folgt zum Ausdruck:

> „Es ist die alte gotische Seele, die trotz Renaissance und Naturalismus noch immer fortlebt, die im deutschen Barock allerorts wieder durchbricht, die manche noch im Rokoko zu spüren glauben, und die unverwüstlich trotz allem Rationalismus und Materialismus immer wieder ihr Haupt erhebt."[643]

Das Besondere an dem Versuch, den Expressionismus als Nationalstil zu vereinnahmen, war, dass erstmals zeitgenössische Werke als deutsch betrachtet wurden. Dies ließ eine unmittelbare Gegenüberstellung mit der zeitgenössischen französischen Malerei zu, die sich international größter Beliebtheit erfreute. Außerdem ließen sich nach der Auffassung der Zeitgenossen die Ursprünge des Expressionismus bis ins Mittelalter zurückverfolgen. Dies gab Kunsthistorikern Gelegenheit, über den – wissenschaftlich häufig nicht fundierten – „Umweg" über den Expressionismus die ottonische Kunst als ersten deutschen Stil darzustellen. Es ist abermals *Wölfflin*, der mit einer Interpretation einer Handschrift aus der Zeit um 1000, der sogenannten „Bamberger Apokalypse", diese Verbindung betont.[644] Diese Handschrift, die heute eines der bedeutendsten Werke des Klosters Reichenau ist, ist mit über 50 ganzseitigen Miniaturen geschmückt, die Gegenstand der Erörterungen *Wölfflins* waren. Für eine kurze Zeit schien es den Deutschen tatsächlich gelungen zu sein, einen eigenen Nationalstil zu finden.

Die Vereinnahmung des Expressionismus blieb zunächst bestehen, auch wenn die hierfür ins Feld geführten wissenschaftlichen Begründungen häufig nicht haltbar waren. Dies änderte sich jedoch bald nach der Machtergreifung durch die Nationalsozialisten, die den Expressionismus politisch ächteten. Alle Versuche – unter anderem des bereits erwähnten *Pinder* –, dieser Ächtung entgegenzutreten, schlugen fehl. Der bekannteste dieser Versuche stammt aus der Feder von *Benn*, der 1933 sein „Bekenntnis zum Expressionismus"[645] verfasst. Allerdings konnte auch er nicht verhindern, dass die Kunst des Expressionismus wenig später von vielen als „entartet" bezeichnet wurde.[646] Die „Moderne" war in Deutschland zu einem Schimpfwort geworden,[647] war sie doch allzu sehr mit der in Deutschland ungeliebten zeitgenössischen französischen Kunst verbunden. Man wollte lieber in Kauf nehmen, dass es keine deutsche Kunst mehr gebe, als undeutsche Kunst als deutsch zu bezeichnen. Auch dass mit der Ächtung des Expressionismus die gerade erst bis ins Mittelalter geschlagene Brücke deutscher Kunst wieder zusammenbrach, nahm man in Kauf. Von nun an musste sich die

---

643 *Fechter*, Der Expressionismus, S. 33.

644 *Wölfflin*, Die Bamberger Apokalypse, S. 5.

645 *Benn*, Gesammelte Werke in vier Bänden, 1959, Band 1, S. 240 ff.

646 *Belting*, Die Deutschen und ihre Kunst, S. 46.

647 *Belting*, Identität im Zweifel, S. 127.

Auseinandersetzung mit der deutschen Kunst also wieder ausschließlich der Vergangenheit widmen.[648]

Am Beispiel der Kunst des Expressionismus lässt sich gut ablesen, wie sehr die Frage, was als deutsche nationale Kunst anzusehen ist, politisch motiviert war. Innerhalb weniger Jahre war der Expressionismus von einem neuen Nationalstil zu „entarteter" Kunst geworden, ohne dass es wesentliche wissenschaftliche Erkenntnisse gegeben hätte, die diesen Umschwung hätten auch nur ansatzweise erklären können. Es bestehen daher große Zweifel, dass die Vereinnahmung von Kunstwerken anhand bestimmter, einer Nation eigener Faktoren mögliche Grundlage einer nationalen Zuschreibung für juristische Zwecke sein kann.

e. Die Zuordnung einzelner Werke

Es wurden aber nicht nur ganze Stile als national vereinnahmt, sondern man versuchte auch, bestimmte Eigenschaften zu benennen, die einer Nation selbst oder der Kunst dieser Nation anhaften und die damit eine Abgrenzung gegenüber der Kunst anderer Nationen ermöglichten. Auf diese Weise sollten auch einzelne Werke ohne Rücksicht auf ihren Stil als nationale Kunstwerke reklamiert werden.

Eigenschaften, die sich in der deutschen Kunst ausmachen lassen, hat beispielsweise *Pinder* beschrieben. In ihr sei die „Bewegung der Formen" von besonderer Bedeutung, die sich in einem „geheim graphischen Charakter" äußere.[649] Weiterhin gebe es eine „Neigung zum kleinen Maßstabe".[650] Diese Argumente hat *Pinder* vorwiegend ins Feld geführt, um eine Abgrenzung der deutschen von der italienischen Kunst, vor allem von der Renaissance, vornehmen zu können. Aus der Analyse der sich ergebenden Gegensätze wollte er sodann ableiten, dass die deutsche Kunst zu Unrecht als nicht der italienischen Kunst ebenbürtig angesehen wurde.

Häufiger wollten die Autoren jedoch die Bestimmung dessen, was sie als national deutsche Kunst ansehen, anhand menschlicher Attribute vornehmen. So sieht beispielsweise *Langbehn*, der zunächst anonyme Verfasser des 1890 erschienenen und viel beachteten Werks „Rembrandt als Erzieher", deutsche Kunst dort, wo große Individualität zum Ausdruck kommt, die er als deutsche Urkraft ansieht. Da – etwas verkürzt gesagt – Rembrandt als der individuellste aller Künstler anzusehen sei, sei er auch der größte deutsche Künstler.[651] Der damals sehr bekannte und angesehene Kunsthistoriker *Thode* sah deutsche Kunst dort, wo

---

[648] *Belting,* Die Deutschen und ihre Kunst, S. 47.

[649] *Pinder,* Vom Wesen und Werden deutscher Formen, S. 36 f.

[650] *Pinder,* Vom Wesen und Werden deutscher Formen, S. 37.

[651] *Langbehn,* Rembrandt als Erzieher, S. 1 ff.

sie „aus einem tiefen Müssen der Volksseele stammt".[652] Gemüt und Fantasie, zwei gegen- und miteinander wirkende Eigenschaften, waren für ihn die wesentlichen Kennzeichen der deutschen Kunst. Gerade diese beiden Begriffe sollten in der Folgezeit zu einer Leitidee für die deutsche Kunstkritik werden.[653]

Mit dem zu Beginn des 20. Jahrhunderts immer stärker auftretenden Chauvinismus wuchs auch das Bedürfnis, die deutsche Kunst vor allem von der französischen abzugrenzen und so die Überlegenheit der deutschen Kunst darzustellen. In dieser aufgeheizten Stimmung formulierte beispielsweise *Moeller van den Bruck* – ein später den Nationalsozialisten sehr nahestehender Publizist –, dass die deutsche Kunst „Gehaltskunst" sei und den Dingen auf den Grund gehe, während die französische „Formkunst" an der Oberfläche bleibe und als ein eindeutiges Zeichen des Niedergangs der romanischen Kultur zu werten sei. Hinzu kam mit dem Merkmal der Spiritualität noch eine religiöse Komponente, die ebenfalls der deutschen Kunst eigen sei.[654]

Zu den bisher geschilderten romantisch-idealistischen Eigenschaften kamen mit Beginn des 20. Jahrhunderts zunehmend Elemente, die die praktischere Ausrichtung der Deutschen unterstrichen, wie sie im Zuge der Industrialisierung erforderlich geworden war.[655] Diese Erweiterung der den Deutschen zuzuschreibenden Eigenschaften ließ sich nach Auffassung der Zeitgenossen auch in der Kunst wiederfinden. *Chamberlain*, ein britischer Ideologe, attestierte der deutschen Kunst ein doppeltes Gesicht. Auf der einen Seite zeichne „Tiefe, Gewalt und Unmittelbarkeit des Ausdrucks" die deutsche Kunst aus, aber auch die „Neigung, mit Wahrhaftigkeit und Treue der Natur nachzugehen" machte er in ihr aus.[656]

Die Liste der die deutsche Kunst bestimmenden Eigenschaften der Deutschen ließe sich an dieser Stelle fast endlos verlängern. Vor allem ab 1900 sollte nicht zuletzt auch die Menge der zugeschriebenen Eigenschaften dafür sorgen, dass es reichlich deutsche Kunst gab. Das Prinzip der Vereinnahmung blieb jedoch stets das gleiche.

Die Überzeugung, dass die genannten Eigenschaften untrennbar mit der Kunst einer Nation verbunden sind, ist – wie auch das geografische Umfeld des Künstlers – weitestgehend Ausfluss der Überzeugung, dass „Blut und Boden" untrennbar mit der Nation verbunden seien, dass es sich hierbei um etwas der Nation als von Anfang an Eigenes handele, das unverwechselbar sei.[657] Diese Auffassung

---

652 *Thode*, Acht Vorträge über norddeutsche Malerei, S. 21.

653 *Engels*, Auf der Suche nach einer „deutschen" Kunst, S. 56.

654 *Van Moeller den Bruck*, Der Kunstwart 1905, 501, 503 f.

655 *Engels*, Auf der Suche nach einer „deutschen" Kunst, S. 63 f.

656 *Chamberlain*, Die Grundlagen des neunzehnten Jahrhunderts, S. 1001.

657 *Bandmann*, Über das deutsche in der deutschen Kunst, S. 129.

blieb auch dann noch bestehen, als verschiedene wissenschaftliche Untersuchungen ergaben, dass nationale Charaktere sich erst und ausschließlich durch kulturelle Zusammenhänge schaffende Ereignisse in der Geschichte bildeten.[658]

Dass – selbst wenn man weiterhin an der Idee eines sich auch in der Kunst spiegelnden Nationalcharakters festhielt – die einer Nation zugeschriebenen Eigenschaften dennoch einem stetigen Wandel unterlagen, zeigt eindrucksvoll die Zeit nach dem Ersten Weltkrieg. Nach der militärischen Niederlage gegen die Franzosen 1918 wurde das „Barbarische", das bislang häufig als Kritik gegen die deutsche Kunst vorgebracht und daher in Abrede gestellt wurde, als ein besonderes Merkmal der deutschen Kunst angesehen. Es wurde für die Deutschen „zum Teil ihrer kulturellen Identität". Auf diese Weise wurde versucht, die Werke der „Neuen Sachlichkeit" in Deutschland, allen voran die Werke *Beckmanns*, als deutsche Kunst zu vereinnahmen. Und in der Tat: Bei der Betrachtung von *Beckmanns*, bereits oben erwähnten Werken „Die Nacht"[659] und „Kreuzabnahme"[660] fühlt sich der Betrachter auch heute noch an die spätmittelalterliche Kunst in Deutschland erinnert.[661] In ihnen kommt große Grausamkeit zum Aus. druck, Körper werden stark gekrümmt und gebrochen dargestellt, und der Schmerz steht vielen der dargestellten Personen ins Gesicht geschrieben. Gerade diese „barbarische" Art der Darstellung hatte zur Folge, dass viele Werke der „Neuen Sachlichkeit" und vor allem die Werke *Beckmanns* vor 1933 als deutsche Kunst angesehen wurden. Dass diese Auffassung ebenso schnell endete, wie sie begonnen hatte, steht auf einem anderen Blatt.[662]

f. Zwischenergebnis

Die vorstehenden Ausführungen haben gezeigt, dass bereits der Ansatzpunkt, dass es einen unveränderlichen Nationalcharakter gibt, der sich auch in der nationalen Kunst niederschlägt, kaum haltbar ist. Die den Nationalcharakter bildenden Eigenschaften – so es sie überhaupt gibt – stellen nämlich gerade keine Konstanten dar, sondern unterliegen vielmehr einem ständigen Wandel aufgrund geschichtlicher Ereignisse. Eine allgemeine Definition dieser Eigenschaften ist daher kaum möglich.

Selbst wenn man die Existenz allgemeiner nationaler Eigenschaften unterstellt und dann in einem zweiten Schritt überprüfen will, ob ein Kunstwerk diese in sich verkörpert, stellt man fest, dass auch dies kaum zu leisten ist, da die genannten Eigenschaften regelmäßig so diffus sind, dass eine eindeutige Zuordnung nur

---

658 *Bandmann,* Über das deutsche in der deutschen Kunst, S. 129.

659 Abb. 16.

660 Abb. 17.

661 *Gebhardt,* Das Deutsche in der deutschen Kunst, S. 438.

662 Siehe oben S. 128 f.

selten möglich ist. Dies gilt insbesondere für diejenigen Eigenschaften, die nicht das Kunstwerk selbst, sondern menschliche Züge beschreiben sollen. Was einen Menschen hinreichend genau beschreiben kann, lässt sich nicht ohne Schwierigkeiten auf ein Kunstwerk übertragen.

Bei der Vereinnahmung ganzer Stile kommt noch ein weiterer Aspekt erschwerend hinzu: Auch die Verfechter der nationalen Zuschreibung von Kunstwerken anhand ihres Stils wollten nicht jedes einzelne Kunstwerk dieses Stils als national vereinnahmen. Es sollte vielmehr in erster Linie die Bedeutung der Nation für die künstlerische Entwicklung des gesamten Stils dargelegt werden. Letztlich ging es, wie *Rautmann* treffend formulierte, darum, die „auch mit Hilfe der Kunst durchzusetzende Hegemonie des Deutschen und der deutschen Nation" darzulegen.[663] Selbst wenn man annimmt, dass der Nationalcharakter sich auch in der Kunst manifestiert, können also aufgrund der nationalen Vereinnahmung eines Stils Aussagen über die Nationalität des einzelnen Werkes kaum Aussagen getroffen werden.

Behält man dann noch im Blick, dass viele der Versuche, einen Nationalstil zu begründen, eher politisch als kunstgeschichtlich-wissenschaftlich motiviert waren und sich deren Verfechter teilweise sogar in offenen Widerspruch zu fundierten wissenschaftlichen Erkenntnissen setzten, so kann daraus nur das Fazit gezogen werden, dass hieraus für die juristische Zuschreibung eines Kunstwerks an eine Nation keine Erkenntnisse gewonnen werden können.

Dies hat allerdings nicht zur Folge, dass die vorstehenden Ausführungen damit für die juristische Diskussion belanglos wären. Vielmehr können sie als Mahnung dienen, nicht allzu vorschnell bestimmte Eigenschaften eines Kunstwerks als ein Argument für die nationale Zuschreibung heranzuziehen, auch wenn dies gerade opportun sein sollte.

15. Zuschreibung nach dem Typus des Kunstwerks

Eine der juristischen Diskussion ebenfalls noch fremde, in der kunstgeschichtlichen Diskussion jedoch seit Langem zu findende Methode zur Bestimmung der Nationalität eines Kunstwerks ist die Zuschreibung nach dem Typus des Kunstwerks. Allerdings erlaubt keinesfalls jeder Typus eines Kunstwerks eine nationale Zuschreibung. Vielmehr gibt es sehr viele Typen, die nicht mit einer Nation verbunden sind. So kann man beispielsweise als Ölgemälde ausgeführte Porträts nicht aufgrund ihrer Eigenschaft als Ölgemälde einer Nation zuschreiben. Dennoch gibt es bestimmte Typen von Kunstwerken, denen dieser universelle Charakter nicht beizumessen ist und der nationale Zuordnung möglich macht.

---

[663] *Rautmann,* Romantik im nationalen Korsett, S. 519.

Die nationale Zuordnung bestimmter Typen von Kunstwerken beruht dabei darauf, dass sich diese nur in der Kunst einer Nation nachweisen lassen. Damit geht dieses Kriterium über die bereits genannten Kriterien des Entstehungsorts und der Nationalität des Künstlers, die beide regelmäßig ebenfalls erfüllt sein dürften, hinaus.

Bandmann führt in diesem Zusammenhang den Typus des Wandelaltars an, der eine „Eigentümlichkeit Deutschlands" darstelle.[664] Diese Form des Altars „sei im Zyklischen und Akthaften des mittelalterlichen Kultes" verhaftet und lasse sich eindeutig von der auch in Italien zu findenden Form des „einfachen" Altarretabels oder eines feststehenden Flügelaltars unterscheiden.[665]

Ein herausragendes Beispiel eines solchen Wandelaltars ist der „Isenheimer Altar" von *Grünewald*, der sich heute im Musée d'Unterlinden in Colmar befindet.[666] Er wird häufig als ein Hauptwerk der deutschen Kunst bezeichnet.[667] Die Tatsache, dass es sich bei dem Isenheimer Altar um einen Wandelaltar handelt, ist zwar nicht der einzige, aber dennoch ein wesentlicher Umstand, der diese Aussage stützt. In diese Richtung weist auch der von *Bandmann* ebenfalls erwähnte Umstand, dass die Farbgebung des „Isenheimer Altars" und die in ihm zu findende „Belebung des Atmosphärischen" stark von der sogenannten Donauschule beeinflusst seien,[668] einem sich um die Künstler *Altdorfer* und *Huber* rankenden Kreis von Malern um 1520 in Bayern und Oberösterreich.

Pinder verweist auf einen weiteren Typus von Kunstwerk, der sich nur in der deutschen Kunst wiederfindet: das Andachtsbild als Christus-Johannes-Gruppe.[669] Unter einem Andachtsbild versteht man ein kleinformatiges Bild zur verinnerlichten religiösen Andacht. Wichtige Anstöße für die Entwicklung dieses Typus kamen aus der byzantinischen Ikonenmalerei, die nach der Besetzung Konstantinopels im Jahre 1204 in den Westen gelangten und dort vielfach als Vorbild für die Kunst der (Früh-)Renaissance dienten.[670] Es gibt jedoch zahlreiche Motive, die in Andachtsbildern dargestellt wurden. Neben der Christus-

---

[664] *Bandmann,* Über das deutsche in der deutschen Kunst, S. 139. *Bandmann* verweist in diesem Zusammenhang auf *Pinder,* Sonderleistungen der deutschen Kunst, bleibt eine nähere Bezeichnung der Fundstelle jedoch schuldig.

[665] *Bandmann,* Über das deutsche in der deutschen Kunst, S. 139.

[666] Siehe hierzu auch die Ausführungen oben S. 129. Weitere Informationen zum Isenheimer Altar sowie Abbildungen unter http://www.musee-unterlinden.com.

[667] So unter anderem bei *Gebhardt,* Das Deutsche in der deutschen Kunst, S. 334.

[668] *Bandmann,* Über das deutsche in der deutschen Kunst; siehe hierzu auch *Gebhardt,* Das Deutsche in der deutschen Kunst, S. 334.

[669] *Pinder,* Vom Wesen und Werden deutscher Formen, S. 32.

[670] Zu diesem Prozess sehr instruktiv *Belting,* Das Bild und sein Publikum im Mittelalter, insbesondere S. 199 ff.

Johannes-Gruppe findet man sehr häufig Darstellungen der Maria mit dem Leichnam Christi (auch als Engelspietà bezeichnet) sowie von Christus mit der Dornenkrone. Unter einer Christus-Johannes-Gruppe, die auch als Johannesminne bezeichnet wird, versteht man eine Abbildung des Apostels Johannes, der seinen Kopf an die Brust Christi lehnt. Die Darstellung geht auf eine im Johannesevangelium geschilderte Begebenheit beim letzten Abendmahl zurück. Ein besonders schönes Beispiel für eine Christus-Johannes-Gruppe findet sich heute im Bode-Museum in Berlin.[671]

Hinsichtlich der nationalen Zuschreibung der Andachtsbilder als Christus-Johannes-Gruppe ist zu beachten, dass *Pinder* für diese Einordnung im Wesentlichen die Nationalität des Künstlers und den Entstehungsort des Kunstwerks und weniger den Typus des Kunstwerks heranzieht.[672] Diesen führt er stattdessen an, um besondere Leistungen der deutschen Kunst aufzuzeigen. Dennoch ist der Rückschluss zulässig, dass auch *Pinder* davon ausgeht, dass Andachtsbilder als Christus-Johannes-Gruppe als deutsches Kulturgut anzusehen sind.

Die vorstehend beispielhaft angeführten beiden Typen von Kunstwerken sind nicht die einzigen, die ein Indiz dafür in sich tragen, dass es sich bei ihnen um deutsches nationales Kulturgut handelt. Für die deutsche nationale Kunst wie für diejenige anderer Nationen lassen sich zahlreiche weitere Typen ausmachen, auf die dies ebenfalls zutrifft.

Allerdings kann auch der Typus eines Kunstwerks alleine nicht über Nationalität eines Kunstwerks im juristischen Sinne entscheiden. Selbst wenn sich ein Typus nur in der Kunst einer Nation nachweisen lässt, kann dieser Umstand nur dann besondere Bedeutung erlangen, wenn sich hieraus ein besonderes Verhältnis von Werk und Nation ergibt. Dies wird jedoch nur selten der Fall sein. Häufig werden aber andere Kriterien in die gleiche Richtung weisen.

Von dem vorgenannten zu unterscheiden ist der Fall, dass ein Typus zwar erstmals, aber nicht ausschließlich in der Kunst einer Nation nachzuweisen ist. Auch in diesem Fall wurden die ersten Werke dieses Typus als eine besondere künstlerische Leistung einer Nation gewürdigt. *Pinder* erwähnt in diesem Zusammenhang die Landschaftsgemälde *Altdorfers*, die „ohne irgendeinen Vorwand nichts als eine Landschaft" zeigen.[673] Für die juristische Frage nach der Nationalität von Kunstwerken ergibt sich hieraus jedoch nichts.

---

[671] Abb. 31.

[672] *Pinder,* Vom Wesen und Werden deutscher Formen, S. 32 f.

[673] *Pinder,* Vom Wesen und Werden deutscher Formen, S. 33.

16. Zuschreibung über eine herausragende Künstlerpersönlichkeit

Es gab und gibt immer wieder Künstler, welche die Kunst einer bestimmten Periode besonders nachhaltig geprägt haben. Manchmal wird die Kunst dieser Periode sogar nach diesem Künstler benannt. So kommt beispielsweise *Bandmann* zu dem Ergebnis, dass die Kunst in Deutschland bis etwa in das Jahr 1550 als „dürerisch" und in den Niederlanden die Kunst des 15. Jahrhunderts als „eyckisch" bezeichnet werden könne.[674]

Nicht immer muss die Vorbildfunktion eines Künstlers gleich so weitreichend sein, in einigen Fällen lässt sich auch ein „nur" regionaler Einfluss einer Künstlerpersönlichkeit ausmachen. Als Beispiel kann hier die Kunst *Riemenschneiders* angeführt werden, der die Plastik in Franken im frühen 16. Jahrhundert stark prägte. Die vielen Werke, die regelmäßig die Qualität *Riemenschneiders* nicht erreichen, sich aber an ihm orientiert haben, zeugen davon.[675] *Pinder* bezeichnete *Riemenschneider* aufgrund seines starken Einflusses auf das fränkische Kunstschaffen gar als „zarten Tyrann".[676]

Die Tatsache, dass die Werke dieser herausragenden Künstler von solch immensem Einfluss auf ihre unmittelbaren Nachfolger waren, ist nach Auffassung *Bandmanns* auch für die Nationalität der von seinen Nachfolgern geschaffenen Kunstwerke von Bedeutung. Sie soll sich nach derjenigen des „Vorreiters" richten.[677] Für die juristische Auseinandersetzung um die Nationalität von Kunstwerken ist hiermit jedoch kaum etwas gewonnen. Zwar mag man auch die Zugehörigkeit zu einer Künstlerschule als ein erstes Indiz der nationalen Zuschreibung werten. Eine besondere Beziehung zwischen Kunstwerk und Nation, die diesem Kriterium im Einzelfall besondere Bedeutung verleihen würde, wird sich daraus jedoch kaum jemals ergeben.

17. Fazit

Es gibt also eine ganze Reihe von Kriterien, die zur Bestimmung der Nationalität eines Kunstwerks herangezogen wurden und werden. Nicht alle hier erwähnten und teilweise der kunstgeschichtlichen Diskussion entnommenen Kriterien sind jedoch tauglich, die Nationalität in rechtlicher Hinsicht zu bestimmen, und nicht alle haben den gleichen Stellenwert. Wie zu verfahren ist, wenn nicht alle Kriterien in die gleiche Richtung weisen, wird im 7. Kapitel erörtert. An dieser Stelle

---

674 *Bandmann,* Über das deutsche in der deutschen Kunst, S. 138.

675 *Lichte,* Tilman Riemenschneider, S. 102 f.

676 *Pinder,* Die deutsche Plastik vom ausgehenden Mittelalter bis zum Ende der Renaissance, S. 414.

677 Vgl. *Bandmann,* Über das deutsche in der deutschen Kunst, S. 139.

nur so viel: Auch in einer solchen Situation hilft nur eine Betrachtung des Einzelfalls.

Dass in der juristischen Diskussion bisher Zurückhaltung geübt wurde, auch materielle Kriterien für die Nationalitätsbestimmung heranzuziehen, erscheint bei manchen der hier vorgestellten Kriterien verständlich. Die Erörterungen haben ergeben, dass einige der der kunstgeschichtlichen Diskussion entnommenen Kriterien kaum taugen, um den Rechtsbegriff der Nationalität eines Kunstwerks zu konkretisieren. Zu schwammig sind hier einzelne Faktoren, zu groß der politische Einfluss auf die angeblich wissenschaftliche Auseinandersetzung. Es sind aber auch einige Kriterien aufgezeigt worden, die, obwohl bisher nur in der kunstgeschichtlichen Diskussion erörtert, auch aus rechtswissenschaftlicher Sicht von Interesse sind und helfen, ein vollständigeres Bild der Nationalität eines Kunstwerks zu zeichnen. Sie anzuwenden sollte auch dem – gegebenenfalls sachverständig beratenen – Juristen möglich sein.

Auch diejenigen Kriterien, die nicht zur Bestimmung der Nationalität von Kunstwerken herangezogen werden können, muss der Rechtsanwender kennen, mahnen sie ihn doch zum vorsichtigen Umgang mit dem Rechtsbegriff des nationalen Kunstwerks. Sonst gerät man allzu leicht in Versuchung, den Expressionismus als nationale deutsche Kunst zu beschreiben, weil „er so deutsch" war.[678]

[678] *Belting,* Die Deutschen und ihre Kunst, S. 46.

6. Kapitel: Zweifel am Konzept der nationalen Zuordnung

Bevor untersucht wird, wie mit den einzelnen Kriterien in der Praxis umzugehen ist, sollen noch diejenigen Gehör finden, die in Abrede stellen, dass es so etwas wie nationale Kunstwerke gibt. Dieser Ansatz findet sich in der kunstgeschichtlichen wie in der juristischen Diskussion. Vor allem nach dem Zweiten Weltkrieg fand er viele Anhänger, da zu dieser Zeit hier wie dort die Frage aufkam, ob nach dem Geschehenen eine nationale Zuordnung von Kunstwerken jemals wieder erfolgen könne. Während jedoch in der offeneren kunstgeschichtlichen Auseinandersetzung teilweise schlicht vorgetragen wurde, dass es aufgrund der vielen geschichtlichen Brüche keine Geschichte der deutschen Kunst gebe,[679] manifestierte sich die ablehnende Haltung gegenüber der nationalen Kunst in der Rechtswissenschaft in einem kulturellen Internationalismus. Die Idee des Weltkulturerbes erhielt so neuen Auftrieb.

I. Die Idee des Weltkulturerbes und des Erbes der Menschheit

Bei den zahlreichen Kriterien zur Nationalitätsbestimmung wurde mehrfach erwähnt, dass in der kunstgeschichtlichen Diskussion politische Ziele starken Einfluss auf die wissenschaftliche Auseinandersetzung mit der Nationalität von Kunstwerken hatten. Betrachtet man allerdings die juristische Auseinandersetzung um die grundsätzliche Frage, ob kultureller Nationalismus oder Internationalismus[680] für den Kulturgüterschutz maßgeblich sein soll, stellt man fest, dass auch die juristische Diskussion häufig politisch motiviert ist.

Die sogenannten Importländer, also diejenigen Staaten, die über Jahrhunderte große Mengen von Kulturgütern importiert haben, propagieren häufig kulturellen Internationalismus, dessen Ziel es sein soll, die bestmögliche Erhaltung, die gerechte Verteilung und die allgemeine Zugänglichkeit von Kunstwerken sicherzustellen.[681]

---

[679] *Gohr,* Museum, S. 19.

[680] Dieses Begriffspaar geht auf *Merryman,* Mich.L.Rev. 1984/85, 1881, 1916. zurück; *Engstler,* Die territoriale Bindung von Kulturgütern im Rahmen des Völkerrechts, S. 13 ff. erörtert viele Beispiele.

[681] *Müller-Katzenburg,* Internationale Standards, S. 155; *Fechner,* DÖV 1992, 609, 610 f.; *Hugger,* JuS 1992, 997, 1003.

Der Ansatz, Kulturgüter als Teil des weltweiten kulturellen Erbes anzusehen, hat in der rechtswissenschaftlichen Literatur[682] und in verschiedenen internationalen Verträgen Niederschlag gefunden. Den Anfang machte die dem Kriegsrecht zuzuordnende Haager Konvention von 1954,[683] wonach jede Schädigung von Kulturgut eine Schädigung des kulturellen Erbes der gesamten Menschheit bedeutet. Ein weiterer Meilenstein in dieser Hinsicht ist das UNESCO-Übereinkommen vom 16. November 1972 über den Schutz des Kultur- und Naturerbes der Welt,[684] wonach jeder Verfall und Untergang eines Bestandteils des Kulturerbes eine zu verhindernde Schmälerung des Erbes aller Völker der Welt darstellt.[685] Heute basieren fast alle internationalen Verträge zur Erhaltung und zum Schutz von Kulturgütern auf der Idee, dass alle Kulturgüter Teil des Erbes der Menschheit seien.[686] Hieran ändert auch der Umstand nichts, dass in erster Linie die Belegenheitsstaaten verpflichtet sind, die erfassten Kulturgüter zu schützen und zu erhalten.

Verlässt man die vorwiegend politische Ebene, stellt man fest, dass sich den beiden grundsätzlichen Positionen verschiedene Schutzrichtungen zuordnen lassen. Während es dem kulturellen Internationalismus sehr häufig darum geht, wesentliches Kulturgut zu schützen und zu erhalten, wird über den kulturellen Nationalismus regelmäßig das Recht eines jeden Staates geschützt, „sein" nationales Kulturgut unter Schutz zu stellen.[687] Diese beiden Interessen stehen zwar in einem Spannungsverhältnis, schließen einander aber nicht aus.[688] Dieses Verständnis eines Nebeneinanders beider Ansätze lässt sich auch der UNESCO-Konvention 1972 entnehmen, deren Präambel die Notwendigkeit betont, Kulturgüter unabhängig davon zu schützen, welchem Volk sie gehören, und damit die Möglichkeit einer nationalen Zuschreibung impliziert.

Allerdings finden sich auch in der juristischen Auseinandersetzung Stimmen, die die Idee des kulturellen Internationalismus nicht nur im Bereich des Substanzschutzes sehen, sondern mit ihrer Hilfe auch den Ansatz der nationalen Zu-

---

682 Vgl. insbesondere die zahlreichen Äußerungen von *Merryman* zu diesem Thema: Mich.L.Rev. 1984/85, 1881; IJCP 2005, 11; IJCP 1994, 61; N.Y.U. JILP 1983, 757; Am.J.Int.L. 1986, 831; ferner vor allem *Rudolf,* Über den internationalen Schutz von Kulturgütern; und *Dolzer,* Die Deklaration des Kulturguts zum „common heritage of mankind".

683 UNTS 249, 215 ff; deutsche Übersetzung in BGBl 1967 I 1233.

684 BGBl 1977 II 213.

685 *Bila,* Kulturgüterschutz, S. 20.

686 *Odendahl,* Kulturgüterschutz, S. 632.

687 *Müller-Katzenburg,* Internationale Standards, S. 155; *Schuschke-Nehen,* Kulturgüterschutz, S. 208; *Odendahl,* Kulturgüterschutz, S. 410 mwN.

688 *Müller-Katzenburg,* Internationale Standards, S. 155; *Roellecke,* Warum schützen wir Kulturgüter?, S. 43; *Jayme,* Kunstwerk und Nation, S. 74, insbesondere Fn. 112.

schreibung von Kulturgütern in Abrede stellen wollen.[689] Diese Ansicht ist jedoch schlecht begründet. *Odendahl* macht zutreffend darauf aufmerksam, dass die Ablehnung der Möglichkeit einer nationalen Bindung von Kulturgütern häufig mit solchen Normen begründet wird, die dem kulturellen Internationalismus entspringen. Aufgrund der unterschiedlichen Schutzrichtungen ist dies jedoch unzulässig. So können die Haager Konvention 1954 und die UNESCO-Konvention 1972 aufgrund ihres dem Substanzschutz verpflichteten Schutzzwecks nicht als Begründung dafür herangezogen werden, dass auch eine nationale Zuschreibung von Kunstwerken durch sie ausgeschlossen werde.[690]

Auch das in der Tat über den Gedanken des Substanzschutzes hinausgehende und immer wieder angeführte Argument, dass die Idee des kulturellen Internationalismus eine gerechtere Verteilung aller Kulturgüter bewirke, kann allenfalls als politische Forderung verstanden werden. Die juristische Idee des kulturellen Internationalismus jedenfalls impliziert keine Verteilungsentscheidung, sei sie gerecht oder ungerecht.[691]

Am Ende bleibt also die Erkenntnis, dass es eine nationale Zuschreibung von Kunstwerken trotz der Idee des kulturellen Internationalismus geben kann. Das aus rechtspositiver Sicht schlagende Argument sind die im 4. Kapitel erörterten nationalen, europäischen und internationalen Regelungen, die diesen Gedanken in sich tragen.

II. Keine nationale Zuordnung von Kunstwerken

Da die kunstgeschichtliche Diskussion nicht unter dem Zwang steht, mit der Nationalität von Kunstwerken als Rechtsbegriff umgehen zu müssen, ist es dort auch möglich, vollkommen in Abrede zu stellen, dass es nationale Kunstwerke gibt. Diese Haltung hat insbesondere nach dem Zweiten Weltkrieg zahlreiche Anhänger gefunden, sie lässt sich aber nicht nur in dieser Zeit ausmachen. *Nietzsche* beispielsweise hat bereits propagiert, dass es keine originale deutsche Kunst gebe, da diese ausschließlich von der Person des Schöpfers her zu begreifen sei.[692]

Dies ist jedoch bei Weitem nicht die einzige Begründung dafür, dass es keine nationale deutsche Kunst gebe. Für den Kunsthistoriker *Gohr* ist es die deutsche Geschichte, welche die Entwicklung einer künstlerischen Tradition nicht zu-

689 *Rudolf*, Über den internationalen Schutz von Kulturgütern, S. 870; vgl. auch *Hipp*, Schutz, S. 16 f.

690 *Odendahl*, Kulturgüterschutz, S. 632.

691 *Flacke/Bruckmüller/Germer*, Mythen der Nationen, 1998, S. 44.

692 *Meyer*, Nietzsche und die Kunst, S. 67.

gelassen und daher auch das Entstehen einer deutschen nationalen Kunst verhindert hat:

> „Es gibt keine Geschichte der deutschen Kunst; außer in der Art einer Nicht-Geschichte, als eine Verfehlung einer eigentlichen Geschichte in dem Sinne, dass eine Tradition von Formen oder Stil entstand, der von Generation zu Generation getragen hätte. Durch zahlreiche Brüche und Verwerfungen wurde sie daran gehindert, eine ebenso stetige Tradition auszubilden wie in Italien, Frankreich oder den Niederlanden."[693]

Die Verschiedenheit der geschichtlichen Traditionen mag auch der Grund dafür gewesen sein, warum der ursprünglich deutsche Kunsthistoriker *Pevsner* 1956 mit „The Englishness of English Art" ein Werk verfasste, das jene Traditionen für die englische Kunst aufzeigt, die nach *Gohr* in der deutschen (Kunst-) Geschichte fehlen.

Aus anderen Gründen verneint *Klotz* die Existenz der deutschen Kunst. Er geht davon aus, dass nicht die Nationen, sondern die künstlerischen Traditionen maßgeblich für die Entstehung von Kunstwerken sind:

> „Es liegt doch allzu nahe, ethnische Besonderheiten erkennen zu wollen, obwohl es doch überwiegend künstlerische Traditionen sind, die ästhetische Vorlieben entstehen lassen."[694]

Suckale, der bereits im Titel seines großen Werks „Kunst in Deutschland" jeden Bezug zur Frage der Nationalität von Kunstwerken vermeidet,[695] führt als Begründung an, dass es in Europa vor der Wende 1800 keine nationalen Grenzen gegeben habe. Die vor 1800 geschaffene Kunst könne daher nicht als national, sondern nur als europäisch angesehen werden. Dieser Auffassung *Suckales* liegt zugrunde, dass es nationale Kunstwerke erst gibt, seitdem die Nationen entstanden sind. Dem ist zuzustimmen, sofern es um die Zuordnung zur Zeit der Entstehung der Kunstwerke geht. Aus rechtlicher Sicht ist jedoch die heutige Zuordnung maßgeblich. Diesbezüglich haben die vorstehenden Ausführungen im 5. Kapitel gezeigt, dass Kunstwerke einer Nation auch dann zugeschrieben werden können, wenn sie vor 1800 entstanden sind.

In jüngerer Zeit hat eine heftig geführte Auseinandersetzung zum Thema der Nationalität von Kunstwerken die Aufmerksamkeit in besonderem Maße auf sich gezogen. Auslöser war das auch auf Deutsch veröffentlichte Werk „Die Verantwortung des Künstlers: Avantgarde zwischen Terror und Vernunft" des französischen Kunsthistorikers und Schriftstellers *Jean Clair*. Tenor dieser Schrift ist u.a., dass sich die kunstideologischen Ansätze der Nationalsozialisten aus der deutschen Kunst ergeben hätten, ohne dass es hierzu eines besonderen Akts der

---

[693] *Gohr*, Museum, S. 19.

[694] *Klotz*, Geschichte der deutschen Kunst, S. 12.

[695] *Suckale*, Kunst in Deutschland, S. 8.

Vereinnahmung bedurft hätte. Dieses Werk kulminiert in der Aussage, dass sich die SS-Rune unmittelbar aus der Kunst des deutschen Expressionismus ableiten lasse.[696]

Den Ausführungen *Clairs* widersprach der deutsche Kunsthistoriker *Hofmann*, indem er die deutsche Kunst in den europäischen Kontext einordnete und dadurch dasjenige, was als deutsche Kunst anzusehen sei, begrenzte. Für ihn gibt es keine „wechselseitige Deckungsfähigkeit von Kunst und Nation“, weil sie nicht auf den gleichen „Bewusstseinsprozessen“ beruhen.[697] Die Künstler müssten als Individuen begriffen werden, nicht als „Vollstrecker eines kollektiven Kunstwollens, das sich ihrer bemächtigt und ihnen die Entscheidungen abnimmt“.[698] Kunst wie Nation sind kein *„organisches Ganzes“*, sondern vielstimmig zusammengesetzt.[699] Dies hat nach Hofmann zur Folge, dass es kein „gesetzmäßiges, unverwechselbares Wertgefüge“ gibt, welches als deutsche Kunst angesehen werden kann.[700]

Die Konsequenz aus *Hofmanns* Ausführungen ist, dass Nationen nicht selbst als Schöpfer von Kunstwerken in Betracht kommen. Auch nutzen Künstler die Nationen nicht als Sprachrohr. Nur wenn die Nationen sich in einzelnen Kunstwerken erkennen, die Kunstwerke also zu „nationalen Identifikationssymbolen“ werden, erkennt auch *Hofmann* an, dass es sich um ein nationales Kunstwerk handelt.[701]

III. Zwischenergebnis

Die Auseinandersetzung zwischen *Hofmann* und *Clair* zeigt, dass die kunstgeschichtliche Diskussion um die Nationalität von Kunstwerken teilweise auch heute noch von politischen und polemischen Elementen geprägt ist.

Die lebhafte Diskussion über die Nationalität von Kunstwerken zeigt, wie sehr die hierzu vertretenen Ansätze auch im Grundsätzlichen divergieren. *Hofmann* ist jedenfalls insoweit zuzustimmen, dass es nicht zu einer pauschalen nationalen Vereinnahmung von Kunstwerken kommen darf. In der juristischen Praxis kann dieser Gefahr jedoch durch die strikte Anwendung der zuvor dargelegten Kriterien vorgebeugt werden.

---

696 *Clair,* Die Verantwortung des Künstlers, S. 32 ff.

697 *Hofmann,* Wie deutsch ist die deutsche Kunst?, S. 46.

698 *Hofmann,* Wie deutsch ist die deutsche Kunst?, S. 48.

699 *Hofmann,* Wie deutsch ist die deutsche Kunst?, S. 47.

700 *Hofmann,* Wie deutsch ist die deutsche Kunst?, S. 46.

701 *Hofmann,* Wie deutsch ist die deutsche Kunst?, S. 47 f.; vgl. hierzu oben S. 130 ff.

Indem zahlreiche Autoren in der Nachkriegszeit Kunstwerke statt in einen nationalen in einen europäischen oder gar abendländischen Kontext einzuordnen versuchten, haben sie den sehr belasteten Begriff der „deutschen Kunst" vermieden. Dieser „Eurozentrismus", wie *Gebhardt* ihn bezeichnet,[702] und eine Hinwendung zu ikonografischen Studien haben die inhaltliche Auseinandersetzung mit geschichtlich belasteten Kunstwerken wieder möglich gemacht.[703] *Gebhardts* Abhandlung „Das Deutsche in der deutschen Kunst" zeigt, dass man sich heute dieser Materie wieder zuwenden kann, ohne sich dem latenten Vorwurf der „Deutschtümelei" auszusetzen.

Wenn unmittelbar nach dem Zweiten Weltkrieg die Existenz einer nationalen deutschen Kunst verneint wurde, mag auch dies ebenso politisch (und nicht wissenschaftlich) begründet gewesen sein wie in der Vorkriegszeit die Vereinnahmung möglichst vieler Kunstwerke. Der mit derartigen Aussagen konfrontierte Rechtsanwender muss daher eingehend prüfen, worauf die jeweilige Ablehnung des Konzepts der nationalen Zuordnung beruht. Teilweise dürfte die Ablehnung heute nicht mehr als zwingend angesehen werden. Dass jedoch die Diskussion um die Nationalität von Kunstwerken auch heute noch schwierig ist, zeigt exemplarisch die Auseinandersetzung zwischen *Clair* und *Hofmann*, die ihrerseits auch zu einem bedächtigen Umgang mit diesem schwierigen Rechtsbegriff mahnt.

---

[702] *Gebhardt,* Das Deutsche in der deutschen Kunst, S. 35.

[703] *Gebhardt,* Das Deutsche in der deutschen Kunst, S. 34 ff.

7. Kapitel: Der Umgang mit den diversen Kriterien

Die für die Bestimmung der Nationalität eines Kunstwerks heranzuziehenden Kriterien sind im 5. Kapitel dargestellt worden. Ihre Anwendung soll im Folgenden erörtert werden. Darüber hinaus wurde bereits aufgezeigt, dass dem Begriff des *„Nationalen"* im Kulturgüterschutz zwei Funktionen zukommen können: zum einen die Zuordnung eines Kunstwerks zu einer Nation, zum anderen die Bestimmung, welche der nationalen Kunstwerke geschützt werden sollen.[704] Im Folgenden geht es zunächst um die Zuordnung von Kunstwerken, erst später um die Bestimmung der zu schützenden Werke unter III.

I. Die Anwendung der Kriterien in Konfliktfällen

Die Nationalität eines Kunstwerks kann ohne Weiteres bestimmt werden, wenn alle Kriterien in dieselbe Richtung weisen. Dies dürfte allerdings kaum jemals der Fall sein, da wegen der Vielzahl der Kriterien sich fast immer eines ausmachen lassen wird, das auf eine andere Nation hinweist. Auch wenn dieser Facettenreichtum ein besonderes Merkmal des zu untersuchenden Gegenstands ist,[705] muss er sich doch dem Problem stellen, wie zu verfahren ist, wenn die Kriterien in verschiedene Richtungen weisen.

Sämtlichen Normen, die auf die Nationalität von Kunstwerken Bezug nehmen, ist gemeinsam, dass sie diese Frage nicht regeln. Selbst die UNESCO-Konvention 1970, die in Art. 4 ausdrücklich verschiedene Kriterien benennt, lässt den Rechtsanwender darüber im Unklaren, wie im Falle von widersprüchlichen Ergebnissen bei Anwendung der einzelnen Kriterien zu verfahren ist.[706] Dies ist im Folgenden zu erörtern.

1. Besondere Bedeutung einzelner Kriterien

Vereinzelt wird mit wenig nachvollziehbaren Argumenten vorgetragen, dass der Nationalität des Künstlers bei der Bestimmung der Nationalität der von ihm geschaffenen Kunstwerke zentrale Bedeutung zukommen muss. So ist nach *Maurer* die Nationalität des Künstlers „wohl der wichtigste Anknüpfungspunkt".[707]

---

704 Siehe oben S. 15 ff.

705 Vgl. *Odendahl,* Kulturgüterschutz, S. 410.

706 Siehe oben S. 83.

707 *Maurer,* Ausfuhr, S. 35. Der dort angegebene Hinweis auf *Jayme* ist unklar.

Ähnlich will *Peya* „vor allem die territoriale Belegenheit des Kulturgutes und die Nationalität des Künstlers“ zur Nationalitätsbestimmung heranziehen.[708] *Jayme*, auf den sich interessanterweise beide Autoren berufen, verweist seinerseits entweder auf die bereits erwähnte Entscheidung *Jeanneret v. Vichey*[709] oder auf Art. 4 der UNESCO-Konvention 1970.[710] Während sich aus *Jeanneret v. Vichey* in der Tat ableiten lässt, dass das mit der Sache befasste US-amerikanische Gericht von der besonderen Bedeutung der Nationalität des Künstlers für die Nationalität der von ihm geschaffenen Werke ausging, ergibt sich dies aus Art. 4 UNESCO-Konvention 1970 gerade nicht. Vielmehr stehen die in Art. 4 genannten Kriterien gleichrangig nebeneinander. Worin *Jayme* die Rechtfertigung für die von ihm vorgetragene Abweichung vom Wortlaut des Art. 4 sieht, sagt er leider nicht.

Eine wie in *Jeanneret v. Vichey* aufgestellte allgemeine Regel, dass einzelne Kriterien – sei es die Nationalität des Künstlers oder ein anderes Kriterium – von besonderer Bedeutung für die Nationalitätsbestimmung sind, lässt sich ohnehin nicht begründen[711] und ist daher abzulehnen. Die Vielschichtigkeit der zu untersuchenden Kunstwerke und die sich daraus ergebende große Anzahl möglicher Anknüpfungspunkte steht dem entgegen. Allerdings wurde bei der Erörterung der Kriterien bereits versucht, diejenigen besonders hervorzuheben, die regelmäßig von größerer Bedeutung sind als andere. Eine allgemeinverbindliche Wertigkeit lässt sich jedoch hieraus nicht ableiten, da letztlich nur eine umfassende Betrachtung des einzelnen Kunstwerks sämtliche Umstände und ihre Relevanz für die Nationalitätsbestimmung erhellen kann.

Doch kann dem Rechtsanwender eine allgemeine Hilfestellung zum Wert der Kriterien gegeben werden. Unter den vorstehenden Ausführungen finden sich solche, die nur einen mittelbaren Rückschluss auf die Nationalität des in Rede stehenden Kunstwerks zulassen, da sie sich nicht mit diesem Werk selbst, sondern (nur) mit seinen „Begleitumständen“ beschäftigen. Hierzu zählen beispielsweise die Nationalität des Künstlers und des Eigentümers sowie die Zuschreibung anhand der Zugehörigkeit des Künstlers zu einer bestimmten Künstlerschule. Da Ausgangspunkt für die Bestimmung der Nationalität eines Kunstwerks jedoch stets dieses selbst sein muss, wird man den mittelbaren Kriterien regelmäßig weniger Gewicht beimessen müssen als solchen, die sich unmittelbar aus dem Werk selbst – also vor allem seinem Inhalt – ergeben.

---

[708] *Peya,* Ausfuhr, S. 100.

[709] Zum Gegenstand dieser Entscheidung siehe oben S. 107 ff.

[710] Vgl. hierzu beispielsweise *Jayme,* Kunstwerk und Nation, S. 61 f.; *ders.*, Anknüpfungsmaximen, S. 45 ff.; *ders.,* Rechtsfrage; vgl. zur UNESCO-Konvention 1970 oben S. 80 ff.

[711] Siehe hierzu *Odendahl,* Kulturgüterschutz, S. 410.

2. Keine Beschränkung auf einzelne Kriterien

Abzulehnen ist auch der Ansatz, statt auf sämtliche der zuvor genannten und im konkreten Fall anwendbaren Kriterien nur auf einige wenige oder gar nur auf ein Kriterium zu rekurrieren. *Mußgnug* etwa will die Nationalität eines Kunstwerks einzig am Ort seiner rechtmäßigen und dauerhaften Belegenheit festmachen.[712] Auch *Turner* kommt zu einem vergleichbaren Ergebnis, indem er die in Art. 4 der UNESCO-Konvention 1970 genannten Kriterien so auslegt, dass nur die „zeitliche Reihenfolge des rechtmäßigen Erwerbs" zur Bestimmung der Zugehörigkeit zum kulturellen Erbe eines Vertragsstaats der Konvention heranzuziehen ist.[713] Als Grund für diese Engführung wird häufig genannt, dass nur die Anknüpfung an ausschließlich objektive Kriterien eine zuverlässige Bestimmung der Nationalität gewährleisten könne.[714]

Es wurde jedoch bereits ausgeführt, dass die Beschränkung auf objektive Kriterien nicht nur ungeeignet ist, die gewünschte Zuverlässigkeit der Zuschreibung herzustellen, sondern dass allein die umfassende Untersuchung eines Kunstwerks einschließlich des Blicks in die Kunstgeschichte ein fundiertes Urteil über die Nationalität eines Kunstwerks gewährleisten kann.[715] Das Erfordernis der umfassenden Auseinandersetzung hat seinen Ursprung in der Vielschichtigkeit des zu untersuchenden Kunstwerks und spiegelt diese wider.

3. Wertende Gesamtbetrachtung

Abgesehen von den wenigen zuvor genannten Auffassungen herrscht in der juristisch-akademischen Diskussion weitgehend Einigkeit, dass eine wertende Gesamtbetrachtung sämtlicher im konkreten Fall anwendbaren Kriterien für die Bestimmung der Nationalität eines Kunstwerks maßgeblich sein soll. Wie dies jedoch im Einzefall erfolgen soll, ist unklar. Dies zeigt sich bereits in den verschiedenen Bezeichnungen für diese wertende Gesamtbetrachtung. *Gordon* bezeichnet die im Hinblick auf die in Art. 4 UNESCO-Konvention 1970 genannten Kriterien als *„connection test"*[716] und umschreibt dessen Inhalt wie folgt:

> "That is, the item must be not only cultural, it must also be sufficiently connected to the interested country to give that country preference over other countries."[717]

---

[712] *Mußgnug,* Staatsangehörigkeit; siehe oben S. 103 f. und S. 108 ff.

[713] *Turner,* Restitutionsrecht, S. 214 ff.; ihm folgt *Schaffrath,* Rückführung, S. 22.

[714] *Mußgnug,* Staatsangehörigkeit, S. 1534.

[715] Siehe oben S. 103 ff.

[716] *Gordon,* Harv.Int.L.J. 1971, 537, 542; vgl. auch von *v. Schorlemer,* Internationaler Kulturgüterschutz, S. 62 f.

[717] *Gordon,* Harv.Int.L.J. 1971, 537, 545.

Maßgeblich für die Bestimmung der Nationalität im Konfliktfall ist danach also, ob das Kunstwerk mit einem Staat hinreichend verbunden *(„sufficiently connected")* ist. Anhand dieser Verbindung soll dann zu beurteilen sein, welcher Nation der Vorzug *(„preference")* zu geben ist.

Etwas präziser formulieren diejenigen, die das in Rede stehende Kunstwerk der Nation zuschreiben wollen, zu der es die „engste Verbindung" aufweist.[718] *Hanisch* möchte die Nation mit der engsten Verbindung zu einem Kunstwerk anhand eines *„grouping of contacts"* bestimmen, allerdings ohne dem Leser zu verraten, was genau er sich darunter vorstellt.[719]

Trotz der vage bleibenden Beschreibungen ist dem Ansatz, dass die „engste Verbindung" maßgeblich ist, im Grundsatz zuzustimmen. Da jedoch für die nationale Zuschreibung von Kunstwerken vor allem materielle Gesichtspunkte heranzuziehen sind,[720] ist zu ergänzen, dass die *materiell* engste Verbindung ausschlaggebend ist. Für den Rechtsanwender bedeutet dies, dass er zunächst sämtliche der vorgenannten (und im konkreten Fall anwendbaren) Kriterien einzeln prüfen und die Aussagekraft jedes einzelnen dieser Kriterien im Einzelfall bestimmen muss. Im Ergebnis ist dann – will man trotz der gerade nicht naturwissenschaftlich zu begründenden Nationalität eine mathematische Annäherung versuchen – derjenigen Nation der Vorzug zu geben, bei der die Summe aus den für sie sprechenden Kriterien, gewichtet nach ihrer Aussagekraft, am größten ist.

Es kann vorkommen, dass einige der Kriterien im Hinblick auf das einzelne Kunstwerk zu keinem Ergebnis kommen.[721] Sie sind dann selbstverständlich außer Betracht zu lassen. Die Anwendung der vorgenannten Kriterien führt jedoch dazu, dass jedes Kunstwerk einer Nation zugeschrieben werden kann. Auch wenn bei einigen Werken nur ein kleinerer Teil der Kriterien angewendet werden kann, reicht dies doch immer noch aus, um die Nationalität zu bestimmen. Die Nationalität eines Kunstwerks ist also eine *relative* Nähebeziehung, die in Abhängigkeit von der Nähe des Kunstwerks zu anderen Nationen steht.

Es trifft zu, dass diese Abwägungen in wenigen, besonders schwierigen Fällen kunsthistorischen Sachverstand erfordert, über den der „normale" Rechtsanwender kaum verfügen wird. Auch ist das Abwägungsergebnis in diesen Fällen nicht immer vorhersehbar. Es ist jedoch bereits im Plädoyer für die Relevanz der materiellen Kriterien ausgeführt worden, dass dies der Preis ist, der für eine fundierte Bestimmung der Nationalität zu zahlen ist.

---

[718] *Müller-Katzenburg,* Internationale Standards, S. 154; *Rietschel,* Kulturgüterschutz, S. 18; *Hipp,* Schutz, S. 16; *Hanisch,* Der Fall Liotard, S. 24; *Ferrer-Correira,* AnnIDI 1991, 90, 155, der von *„lien le plus étroit"* spricht.

[719] *Hanisch,* Der Fall Liotard, S. 24.

[720] Vgl. auch oben S. 103 ff.

[721] So zutreffend auch *Weidner,* Kulturgüter, S. 202.

4. Keine „Doppelstaater"

Die vorstehenden Ausführungen deuten jedoch noch auf einen weiteren Umstand hin, welcher bisher in der rechtswissenschaftlichen Auseinandersetzung nicht in besonderer Tiefe behandelt wurde: Ein Kunstwerk kann nur einer Nationalität sein. Andernfalls wäre die wertende Gesamtbetrachtung überflüssig, da das in Rede stehende Werk sämtlichen Nationen zuzuschreiben wäre, die über eine hinreichende Beziehung zu ihm verfügen. Als erstes Argument für eine „doppelte Staatsangehörigkeit" von Kunstwerken könnte man anführen, dass sie die schwierige Entscheidung, welcher Nation letztlich der Vorzug zu geben ist, meidet. Dies trifft jedoch nur eingeschränkt zu, da nunmehr letztlich für alle infrage kommenden Nationen zu entscheiden wäre, ob ihre Verbindung zu dem in Rede stehenden Kunstwerk hinreichend ist. Wann diese Schwelle jedoch erreicht ist, ist ebenfalls schwierig zu definieren. Hinzu kommt, dass – da sich diese Entscheidung ebenfalls nach dem vorgenannten Kriterienkatalog richten müsste – auch in der Rechtsanwendung insoweit keine Erleichterung, sondern vielmehr eine Vervielfachung des Aufwands und der Probleme zu erwarten ist.

Die eigentliche Rechtfertigung dafür, ein Kunstwerk nur einer Nation zuzuschreiben und damit alle anderen auszuschließen, liegt jedoch in den Regelungen zum nationalen Kulturgüterschutz. Diese haben nämlich regelmäßig zur Folge, dass die Unterschutzstellung eines Kunstwerks durch eine Nation (oder den sie vertretenden Staat) aufgrund der dann regelmäßig eintretenden Immobilisierung alle anderen Nationen von der Möglichkeit ausschließt, entsprechende eigene Rechte geltend zu machen. Gäbe es eine mehrfache Nationalität, dann könnten Nationen, die über eine weniger enge Verbindung zu einem Kunstwerk verfügen, auch die Nation mit der engsten Verbindung von der Ausübung dieser Rechte ausschließen. Dies mag man in den wenigen Fällen für angemessen halten, in denen zwei Nationen annähernd gleich enge Beziehungen zu einem Kunstwerk haben. In aller Regel wird jedoch die umfassende Untersuchung eines Kunstwerks anhand der vorgenannten Kriterien ohne Weiteres zu dem Ergebnis kommen, dass einer Nation der Vorzug zu geben ist.

Ebenfalls für die Annahme nur einer einzigen Nationalität spricht, dass nach der hier vertretenen Auffassung – die zugegebenermaßen auch rechtspolitisch motiviert ist – nur wenigen Kunstwerken, die von besonderer Bedeutung für die jeweilige Nation sind, der Schutz als nationales Kunstwerk zuteil werden soll. Dieses Ziel wird auch dadurch gefördert, dass jedes Werk nur einer Nation zugeordnet ist und auch nur von dieser geschützt werden kann. Sind mehrere Nationen zur Unterschutzstellung berechtigt, führt dies zu einer größeren Anzahl geschützter Werke.

II. Befugnis zur Bestimmung der Nationalität anhand der Kriterien

Es wurde aufgezeigt, anhand welcher Kriterien die Nationalität eines Kunstwerks zu bestimmen und wie in Fällen einander widersprechender Kriterien zu verfahren ist. Offen ist noch, wer berechtigt ist, die Entscheidung über die Nationalität zu fällen. Bei der Erörterung der verschiedenen rechtlichen Regelungen, die auf den Rechtsbegriff der Nationalität rekurrieren, ist jedoch bereits ausgeführt worden, dass dies eine Aufgabe und Befugnis des einzelnen Staats ist.

Für die Begründung dieser Auffassung lassen sich verschiedene Anhaltspunkte finden. Der erste betrifft den Inhalt der zu treffenden Entscheidung. Was als Kulturgut einer Nation anzusehen ist, kann – vor allem auf der Grundlage materieller Kriterien – inhaltlich am besten von Vertretern dieser Nation entschieden werden.[722] Außerdem ist die Bestimmung des eigenen nationalen Kulturguts auch in formaler Hinsicht eine ureigene Aufgabe der betroffenen Nation. Dass nicht die Nation, sondern der Staat als das sie vertretende Rechtssubjekt diese Entscheidung formal trifft, ergibt sich aus dem bereits geschilderten Verhältnis von Nation und Staat.[723] Für diese Auffassung spricht auch der eher formale Gesichtspunkt, dass auf der internationalen Ebene keine Instanz existiert, die in der Lage wäre, diese Einteilung fundiert und verbindlich für die jeweiligen Staaten vorzunehmen.

Dass die Entscheidungskompetenz auf europäischer Ebene den Mitgliedstaaten zufällt, ergibt sich zudem eindeutig aus Art. 1 Nr. 1 Spiegelstrich 1 der RL 93/7/EWG. Ihr unterfällt ein Kunstwerk nämlich nur, wenn es „nach den einzelstaatlichen Rechtsvorschriften oder Verwaltungsverfahren im Sinne des Art. 36 (AEUV) als „nationales Kulturgut von künstlerischem, geschichtlichem oder archäologischem Wert“ eingestuft wurde. Ähnlich ist es bei der nach der Verordnung zu erteilenden Ausfuhrgenehmigung, die gemäß Art. 2 Abs. 2 Unterabs. 3 „dann verweigert werden [kann], wenn die betreffenden Kulturgüter unter eine Rechtsvorschrift zum Schutz nationalen Kulturguts von künstlerischem, geschichtlichem oder archäologischem Wert in dem betreffenden Mitgliedstaat fallen.“ Die hier angesprochenen Regelungen sind solche der Mitgliedstaaten und können daher auch nur von diesen ausgeführt werden.

Für eine von den Mitgliedstaaten vorzunehmende Bestimmung „ihres“ nationalen Kulturguts spricht auch der in Art. 5 Abs. 1 AEUV verankerte Grundsatz der Subsidiarität, wonach Entscheidungen, die nicht zwingend auf der europäischen Ebene getroffen werden müssen, von den einzelnen Mitgliedstaaten zu treffen

---

722 So beispielsweise *Peya,* Ausfuhr, S. 100.

723 Siehe oben S. 17 f.; im Ergebnis auch *Leible,* in: Grabitz/Hilf, Art. 30 EGV, Rn. 18; *Schwarze,* JZ 1994, 111, 113.

sind.[724] Aufgrund dieser gesetzlichen Vorgaben verwundert es nicht, dass in der zu Art. 36 AEUV ergangenen Sekundärliteratur Einigkeit besteht, dass die Bestimmung der Nationalität in die Zuständigkeit der Mitgliedstaaten fällt.[725]

Um sicherzustellen, dass jedes Kunstwerk auch rechtstechnisch nur über eine Nationalität verfügt, sollte den Staaten bei der Bestimmung der Nationalität kein weiter Ermessensspielraum zustehen, da andernfalls die Gefahr bestünde, dass mehrere Staaten dasselbe Kunstwerk für die von ihnen vertretenen Nationen beanspruchen.

Es ist also im Ergebnis Sache des die Nation rechtlich vertretenden Staats, die Nationalität der Kunstwerke auf der Grundlage aller in Betracht kommenden Kriterien mittels einer wertenden Gesamtbetrachtung festzulegen.

III. Bestimmung der zu schützenden Kunstwerke

Die *relative* Nähebeziehung ist maßgeblich für die Zuordnung aller Kunstwerke zu einer Nation. Dies bedeutet jedoch nicht zugleich, dass alle einer Nation zugeschriebenen Kunstwerke geschützt werden müssen. Welche Werke aus dem großen Kreis der nationalen Kulturgüter eines Staates geschützt werden, richtet sich regelmäßig nach den unterschiedlich strengen Vorgaben des jeweiligen nationalen Rechts. Häufig wird der Schutz dabei nur solchen Kunstwerken zuteil, die durch einen besonderen staatlichen Akt unter Schutz gestellt worden sind, in Deutschland beispielsweise durch die Eintragung in das Verzeichnis national wertvollen Kulturguts.

Die nationalen Regelungen unterliegen kaum einer wirkungsvollen Kontrolle von außen. Auf internationaler Ebene sind die Vertragsstaaten der UNESCO-Konvention 1970 zwar gehalten, deren Vorgaben in nationales Recht umzusetzen. Da diese Vorgaben jedoch reichlich verschwommen sind, ergeben sich aus ihnen kaum zwingende Beschränkungen für die Vertragsstaaten. Auf der europäischen Ebene müssen die rechtlichen Vorgaben für die Auswahl der durch Ausnahme von der Warenverkehrsfreiheit zu schützenden Kunstwerke zwar den Vorgaben von Art. 36 AEUV genügen. Eine Kontrolle der nationalen Regelungen findet jedoch auch hier kaum statt.[726]

---

[724] *Schwarze,* JZ 1994, 111, 117.

[725] *Turner,* Restitutionsrecht, S. 179; *Schuschke-Nehen,* Kulturgüterschutz, S. 77; *Schwarze,* JZ 1994, 111, 113 f.; *Uhl,* Handel, S. 126; *Fechner,* DÖV 1992, 609, 612; *Caldoro,* Kulturgüterschutz, S. 123; *Bila,* Kulturgüterschutz, S. 120, 129; *Fechner,* DÖV 1992, 609, 612; *Maurer,* Ausfuhr, S. 55; *Müller-Graff,* in: von der Groeben/Schwarze, Art. 30 EG, Rn. 65.

[726] Vgl. oben S. 67 ff.

Auch wenn *Jayme* und *Müller-Katzenburg* dem Begriff des *Nationalen* im Bereich des internationalen Kulturgüterschutzes eine „Doppelfunktion“[727] zuschreiben und somit den Eindruck erwecken, dass in international einheitlicher Weise Kunstwerke stets nur dann geschützt werden, wenn sie von besonderer nationaler Bedeutung sind,[728] ist dies (leider) nicht zutreffend, da viele der maßgeblichen nationalen Regelungen dieses Erfordernis nicht kennen. Man denke nur an Italien, das sämtliche seiner Kulturgüter schützt und diesen Schutz nicht von einer besonderen nationalen Bedeutung abhängig macht.

Rechtspolitisch wünschenswert wäre es vielmehr, dass aus dem Kreis der nationalen Kulturgüter nur die wenigen geschützt werden, die für die jeweilige Nation von besonderer, *absoluter* Bedeutung sind. Nicht nur würden auf diese Weise die widerstreitenden Interessen eines freien Kunstaustauschs und -handels mit dem Schutz nationaler Kunstwerke in angemessener Weise zum Ausgleich gebracht. Auch die einen maßvollen Umgang fordernden internationalen und europäischen Vorgaben würden auf diese Weise eingehalten. In diese Richtung geht wohl auch die Aussage *Turners*, dass „nicht alle Objekte […] von nationaler Bedeutung sein“ können.[729] Die zu schützenden Kunstwerke würden – wie heute in vielen Staaten bereits der Fall – nur eine kleine Teilmenge der nationalen Kulturgüter bilden.

Maßgeblich für die Bestimmung der besonderen nationalen Bedeutung sollten ebenfalls die in dieser Arbeit erörterten Kriterien der Nationalitätsbestimmung sein, da (nur) sie geeignet sind, über das Verhältnis eines Kunstwerks zu einer Nation abschließend Auskunft zu geben. Nur wenn diese Kriterien eine herausragend starke Beziehung des Kunstwerks zu seiner Nation erkennen lassen, sollte das Kunstwerk als nationales Kunstwerk geschützt werden. Die Darstellung der Kriterien enthält viele Hinweise darauf, wann eine solche besondere Beziehung gegeben sein kann.

Die Entscheidung darüber, welche der nationalen Kunstwerke als besonders bedeutend für die Nation anzusehen und deshalb schutzfähig sind, muss dabei – wie auch die Entscheidung über die Nationalität als solche[730] – von den einzelnen Staaten selbst getroffen werden.

---

[727] *Jayme,* Kunstwerk und Nation, S. 62.

[728] *Müller-Katzenburg,* Internationale Standards, S. 151 f.; *Jayme,* Kunstwerk und Nation, S. 62.

[729] *Turner,* Restitutionsrecht, S. 182.

[730] Siehe oben S. 160 f.

IV. Die Person des Rückgabegläubigers nach der Richtlinie über die Ausfuhr von Kulturgütern

Ein gutes Beispiel für die mit der Nationalität von Kunstwerken möglicherweise verbundenen Schwierigkeiten ist die Bestimmung des Rückgabegläubigers nach der Richtlinie über die Ausfuhr von Kulturgütern.[731] Anspruch auf die Rückgabe hat gemäß Art. 2 RL der Mitgliedstaat, aus dessen Hoheitsgebiet das Werk unrechtmäßig verbracht wurde. Dieser ist zwar regelmäßig schnell bestimmt, wenn allerdings mehrere Mitgliedstaaten die Herausgabe eines Kunstwerks geltend machen, ist die Entscheidung nicht so eindeutig. Dieser Fall kann eintreten, wenn ein Kunstwerk in der Vergangenheit (nacheinander) in verschiedenen Staaten belegen war, die es jeweils als ihr nationales Kulturgut unter Schutz gestellt haben. Wegen des den Mitgliedstaaten vielfach eingeräumten weiten Ermessensspielraums bei der Beurteilung, ob es sich um nationales Kulturgut handelt, und der weit verbreiteten Praxis der Mitgliedstaaten, möglichst viele Werke zu schützen, mag dieser bisher fiktive Fall tatsächlich einmal eintreten.

Der Wortlaut der Richtlinie hilft dem Rechtsanwender in dieser Frage nicht. Taucht ein von mehreren Mitgliedstaaten unter Schutz gestelltes Werk in einem dritten Mitgliedstaat auf, gibt Art. 2 RL jedem dieser Staaten einen Rückgabeanspruch. Letztlich maßgeblich dafür, wohin das Kunstwerk am Ende zurückzugeben ist, wäre dann dessen ursprüngliche Belegenheit. Zwar mag der Mitgliedstaat, in dem sich das Werk vorübergehend befunden hat und unter Schutz gestellt wurde, mit seiner Rückgabeklage zunächst durchdringen. Sobald das Kunstwerk jedoch an ihn zurückgegeben worden ist, kann der ursprüngliche Belegenheitsstaat seinerseits erfolgreich die Rückgabe fordern.

Maßgeblich für die endgültige Zuordnung sollte jedoch auch in solchen Konfliktfällen nicht der Ort der ursprünglichen Belegenheit, sondern die Nationalität des Kulturguts sein. Geht man nach der hier vertretenen Auffassung davon aus, dass Kulturgüter nur eine Nationalität haben, hat dies zur Folge, dass nur ein Mitgliedstaat das in Rede stehende Werk als „sein“ nationales Kulturgut unter Schutz stellen und auch nur ihm ein Rückgabeanspruch zustehen kann. Bei der nationalen Zuordnung kann den Mitgliedstaaten daher auch kein weiter Ermessensspielraum zustehen, da andernfalls mehrere Mitgliedstaaten aufgrund unterschiedlicher Auslegung der rechtlichen Vorgaben ein Kunstwerk als (nur) ihr Kulturgut ansehen könnten. Hinsichtlich des vor allem auf europäischer Ebene regelmäßig pauschal als weit bezeichneten Beurteilungsspielraums der Mitgliedstaaten[732] ist daher eine differenzierte Betrachtungsweise erforderlich: Weit ist dieser Spielraum (nur), sofern es um die Frage geht, welche der zahlrei-

---

[731] Siehe hierzu oben S. 68 ff.

[732] Siehe oben S. 67 f.

chen – anhand der verschiedenen Kriterien ermittelten – nationalen Kulturgüter unter Schutz zu stellen sind. So besitzt jeder Mitgliedstaat die Entscheidungsgewalt darüber, ob nur einige Spitzenwerke oder aber sehr viele Werke unter Schutz gestellt werden, solange diese nur sämtlich als national anzusehen sind. Bei der nationalen Zuordnung hingegen kann dieser Ermessenspielraum nicht bestehen.

Prozessual hat dies zur Folge, dass das zuständige Gericht des ersuchten Mitgliedstaats eine Entscheidung darüber zu treffen hat, ob der ersuchende Mitgliedstaat das in Rede stehende Werk zu Recht als sein nationales Kulturgut im Sinne von Art. 36 AEUV eingestuft hat.[733] Für gegen die Bundesrepublik Deutschland gerichtete Herausgabeverlangen ergibt sich dies aus § 6 Abs. 1 Nr. 1 KultGüRückG. Sofern ein anderer als der ersuchende – also auch der ersuchte – Mitgliedstaat durch die Entscheidung des Gerichts seine eigenen Interessen beeinträchtigt sieht, kann er nach Maßgabe des jeweiligen nationalen Rechts einen Antrag auf Beteiligung am Verfahren stellen und so die fehlerhafte Vereinnahmung des Kunstwerks rügen. Hat das Gericht Zweifel daran, dass das insoweit maßgebliche nationale Recht des ersuchenden Mitgliedstaats den Vorgaben des europäischen Rechts entspricht, kann (und letztinstanzlich muss) es diese Frage dem Europäischen Gerichtshof im Wege des Vorabentscheidungsverfahrens gemäß Art. 267 AEUV vorlegen.[734]

---

[733] So ausdrücklich auch die Begründung der Richtlinie, KOM (91) 447 endg., S. 28, abgedruckt in BR-Ds. 137/92; im Ergebnis ebenso *Eberl,* NVwZ 1994, 729, 734; *Bila,* Kulturgüterschutz, S. 172 und *Schuschke-Nehen,* Kulturgüterschutz, S. 142 f., diese allerdings unter irreführendem Hinweis auf die Begründung der Richtlinie.

[734] KOM (91) 447 endg., S. 28, abgedruckt in BR-Ds. 137/92; so auch *Hipp,* Schutz, S. 329; *Berndt,* Internationaler Kulturgüterschutz, S. 159.

8. Kapitel: Schlussbetrachtung

Kunstwerke können von besonderem Wert für eine Nation sein und dürfen dann von dem die Nation vertretenden Staat besonderen Regeln (insbesondere Exportverboten) unterworfen werden. Sie sind aber nicht nur für diese Nation von Bedeutung. Auch andere Nationen, der Kunsthandel und letztlich alle Kunstinteressierten, welche die Vielfältigkeit von Kunstausstellungen zu schätzen wissen, haben ein berechtigtes Interesse an einem funktionierenden internationalen kulturellen Austausch.

Dieses Spannungsverhältnis lässt sich mit den Begriffen „kultureller Nationalismus" und „kultureller Internationalismus" umschreiben.[735] Um dieses Spannungsverhältnis aufzulösen, bedarf es zum einen einer intensiven internationalen Zusammenarbeit, zum anderen aber auch ausgewogener nationaler und internationaler Regeln. Der Status quo spiegelt dies leider (noch) nicht wider, da die Idee des kulturellen Nationalismus wie die des kulturellen Internationalismus teilweise überspannt und so die Berechtigung der jeweils anderen Position geleugnet wird.

Die vorliegende Arbeit hat die Regeln zum Schutz nationaler Kunstwerke anhand eines die Rechts- und Kunstwissenschaft übergreifenden Ansatzes analysiert und versucht, den abstrakten Begriff des nationalen Kunstwerks mit Leben zu füllen. Sie will dazu beitragen, ein übergreifendes Schutzkonzept für nationale Kunstwerke zu entwickeln. Zu wünschenswert wäre, dass nicht nur die nationale Zuordnung, sondern auch die Auswahl der wenigen als nationale Werke zu schützenden Kunstwerke nach international einheitlichen Regeln vorgenommen würde.

Diese Arbeit ist aber auch ein Plädoyer für eine an materiellen Kriterien orientierte nationale Zuschreibung von Kunstwerken. Ihre Vielschichtigkeit verbietet die bisher von den Juristen praktizierte formale Herangehensweise, so vorteilhaft sie in mancher Hinsicht auch sein mag.

Dass die vorgetragenen Thesen durchaus streitbar sind, ist dem Verfasser bewusst, eine abschließende Antwort auf die Frage nach der Nationalität von Kunstwerken unmöglich. Aber auch eine geschärfte Diskussion kann dazu beitragen, dass der Schutz herausragender nationaler Kulturgüter auch zukünftig als wichtige Aufgabe anerkannt und umgesetzt wird.

---

[735] Siehe oben S. 149.

Abbildungsverzeichnis

Abb. 1

Watteau, Jean-Antoine
Die Einschiffung nach Kythera, 1718
Öl auf Leinwand, 129 × 194 cm
Berlin, Schloss Charlottenburg
Grasselli/Rosenberg, Watteau, S. 408 f.
http://de.wikipedia.org/wiki/Einschiffung_nach_Kythera

Abb. 2

Duchamp, Marcel
Fountain, 1917 (Original verschollen)
Verschiedene Repliken, in Form und Größe voneinander abweichend.
Schwarz, Duchamp, S. 649
http://de.wikipedia.org/wiki/Fountain_(Duchamp)#Repliken

Abb. 3

Schinkel, Karl Friedrich
Mittelalterliche Stadt an einem Fluss, 1815
Öl auf Leinwand, 94 × 140 cm
Berlin, Schloss Charlottenburg
Haus, Schinkel, S. 174
http://www.smb.spk-berlin.de/gdr/vg/s5.html

Abb. 4

Overbeck, Friedrich
Italia und Germania, 1811–1828
Öl auf Leinwand, 94,9 × 104,1 cm
München, Neue Pinakothek
Blühm/Gerkens, Overbeck, S. 143
http://de.wikipedia.org/wiki/Italia_und_Germania

Abb. 5

Canova, Antonio
Trauernde Italia, Grabmal für Vittorio Alfieri, 1806–1810
Marmor, 480 × 360 cm
Florenz, Santa Croce
Licht, Antonio Canova, S. 41
http://www.museumsinflorence.com/foto/opera%20s.croce/alfieri.html

Abb. 6

Holbein d. J., Hans
Darmstädter Madonna (Madonna des Bürgermeisters Meyer), 1526–1528
Öl auf Nadelholz, 146,5 × 102 cm
Frankfurt, Städel Museum
Sander, Hans Holbein, S. 403
http://de.wikipedia.org/wiki/Datei:Darmstadtmadonna.jpg

Abb. 7

van Gogh, Vincent
Un jardin à Auvers, 1890
Öl auf Leinwand, 64 × 80 cm
Paris, Sammlung Jacques Walter
De la Faille, van Gogh, S. 816

Abb. 8

Carroll, Lewis
Alice Liddell als Bettelmädchen, Sommer 1858
Photographie, 16,8 × 13 cm
Morris L. Parrish Collection, Princeton
Taylor/Wakeling, Lewis Carroll, S. 62
http://de.wikipedia.org/w/index.php?title=Datei:Alicebeggar.png&filetimestamp=20060323105846

Abb. 9

Moore, Henry
Bird Basket, 1939
Holz und Zwirn, Länge 41,9 cm
The Henry Moore Foundation, Perry Green
Sylvester, Henry Moore, S. 129
http://www.henry-moore-fdn.co.uk/matrix_engine/content.php?page_id=441

Abb. 10

Turner, Joseph Mallord William
The blue Rigi, 1842
Wasserfarbe auf Papier, 29,7 × 45 cm
The Tate Gallery, London
Shanes, Turner, S. 228
http://www.tate.org.uk/collections/featured-works-blue-rigi.shtm

Abb. 11

Unbekannter Künstler
Büste der Nofretete, ca. 1345 v. Chr.
Kalkstein mit bemalter Stuckschicht, Höhe 47 cm
Ägyptische Abteilung des Neuen Museums, Berlin
Wildung/Wullen, Hieroglyphen, S. 54 f.
http://de.wikipedia.org/wiki/Datei:Wiki_nefertiti_bittidjz.jpg

Abb. 12

Belotto, Bernardo (genannt Canaletto)
Dresden vom rechten Ufer der Elbe unterhalb der Augustus-Brücke, 1752
Öl auf Leinwand, 165 × 95 cm
Gemäldegalerie Alte Meister, Dresden
Seipel, Canaletto, S. 87
http://de.wikipedia.org/wiki/Datei:CanalettoDresden_oberhAugBrck.JPG

Abb. 13

Feininger, Lyonel
Roter Turm I, 1930
Öl auf Leinwand, 100 × 80 cm
Stiftung Moritzburg, Halle a. d. Saale
Büchel/Hüneke/Romanus, Lyonel Feininger, S. 35
http://stiftung-moritzburg.de/aktuelles/einzelansicht/?tx_ttnews% 5Btt_news%5D=73&
tx_ttnews%5B backPid%5D=60&cHash=268b892447

Abb. 14

Canova, Antonio
Drei Grazien, 1. Fassung, 1813–1816
Marmor
Eremitage, Sankt Petersburg
http://www.hermitagemuseum.org/html_En/08/hm88_0_1_38_1.html

Abb. 15

Canova, Antonio
Drei Grazien, 2. Fassung, 1814–1817
Marmor, 173 × 97,2 × 57 cm
Victoria and Albert Museum, London und National Gallery of Scotland, Edinburgh
Myssok, Canova, S. 301
http://www.vam.ac.uk/images/image/12649-popup.html

Abb. 16

Beckmann, Max
Die Nacht, 1918–1919
Öl auf Leinwand, 133 × 154 cm
Kunstsammlung K 20, Düsseldorf
Lackner, Beckmann, S. 67
http://www.kunstsammlung.de/de/sammlungen/sammlungen-k20.html

Abb. 17

Beckmann, Max
Kreuzabnahme, 1917
Öl auf Leinwand, 151,2 × 128,9 cm
Museum of Modern Art, New York
Lackner, Beckmann, S. 65
http://www.moma.org/collection/object.php?object_id=79759

Abb. 18

Grünewald, Matthias
Versuchung des heiligen Antonius, rechter Flügel der dritten Schauseite des Isenheimer Altars, 1506–1515
Öl auf Lindenholz
Musee d'Unterlinden, Colmar
Fraenger, Grünewald, Tafel 16
http://de.wikipedia.org/w/index.php?title=Datei:Grunewald_Isenheim3.jpg

Abb. 19

Beckmann, Max
Selbstbildnis als Clown, 1921
Öl auf Leinwand, 100 × 59 cm
Von der Heydt-Museum, Wuppertal
Schulz-Hoffmann/Weiss, Max Beckmann, S. 218
http://kunst.gymszbad.de/zab2006/ts-2/beckmann/beckmann.htm

Abb. 20

Dix, Otto
Der Krieg, 1929–1930
Tryptichon, Öl auf Leinwand, Mitteltafel 204 × 204 cm,
Seiten 204 × 102 cm, Predella 60 × 204 cm
Galerie Neue Meister, Staatliche Kunstsammlungen, Dresden
Herzogenrath/Schmidt, Dix, S. 260
http://www.km.bayern.de/blz/eup/03_07_themenheft/11.asp

Abb. 21

Holbein d. J., Hans
Der tote Christus im Grab, 1521–1522
Öl auf Lindenholz, 30,5 × 200 cm
Kunstmuseum, Basel
Sander, Hans Holbein, S. 378 f.
http://de.wikipedia.org/w/index.php?title=Datei:Hans_Holbein-_The_Body_of_the_Dead_Christ_in_the_Tomb. JPG

Abb. 22

Nussbaum, Felix
Selbstbildnis mit Judenstern, 1943
Öl auf Leinwand, 56 × 49 cm
Felix-Nussbaum-Haus, Osnabrück
Junk/Zimmer, Nussbaum, S. 2
http://www.osnabrueck.de/fnh/35845.asp?bigpic=0

Abb. 23

Gunkel, Friedrich
Die Hermannsschlacht, 1864
Öl auf Leinwand
Kriegsverlust, ehemals Stiftung Maximilianeum, München
Flacke, Mythen der Nationen, S. 106
http://www.dhm.de/ausstellungen/mythen/d7.html

Abb. 24

Krafft, Johann Peter
Siegesmeldung nach der Schlacht bei Leipzig, 1839
Öl auf Leinwand, 192 × 268 cm
Deutsches Historisches Museum, Berlin
Flacke, Mythen der Nationen, S. 119
http://www.dhm.de/ausstellungen/mythen/d30.html

Abb. 25

Graef, Gustav
Ferdinande von Schmettau opfert ihr Haar auf dem Altar des Vaterlandes, um 1863
Öl auf Leinwand, 97 × 123 cm
Nationalgalerie, Berlin
Flacke, Mythen der Nationen, S. 116
http://de.wikipedia.org/w/index.php?title=Datei:Gustav_Graef-Ferdinande_von_Schmettau_opfert.jpg

Abb. 26

Menzel, Adolph
Friedrich und die Seinen bei Hochkirch, 1850–1856
Öl auf Leinwand, 295 × 378 cm
verschollen, ehemals Berlin, Nationalgalerie
Kohle, Adolph Menzels Friedrich-Bilder, S. 356

Abb. 27

Kokoschka, Oskar
Portrait des Bundespräsidenten Prof. Dr. Theodor Heuss, 1950
Öl auf Leinwand, 105 × 80 cm
Museum Ludwig, Köln
Gohr, Museum Ludwig Köln, S. 129
http://www.hdg.de/lemo/objekte/pict/BiographieHeussTheodor_gemaeldeKokoschkaPortraitHeuss/index.html

Abb. 28

Richter, Gerhard
Schwarz Rot Gold, 1998
Farbemailliertes Glas, 6 Platten, 2072 × 317 cm
Kunstsammlung des Deutschen Bundestags, Berlin
Adriani/Kaernbach/Stempel, Kunst, S. 20 f.
http://www.bundestag.de/blickpunkt/bilderInhalte/0409/500px/0409016a.jpg

Abb. 29

Johns, Jasper
Flag, 1954–1955
Enkaustik, Öl und Collage auf Stoff,
aufgebracht auf Sperrholz (3 Platten), 107,3 × 153,8 cm
Museum of Modern Art, New York
Hunter, The Museum of Modern Art, S. 224
http://www.moma.org/interactives/exhibitions/1996/johns/pages/johns.flag.html

Abb. 30

Polke, Sigmar
Vor-Ort-Sein,
fünf Leuchtkästen mit prismatischem Kunststoff,
129 × 104 cm, 1998–1999
die Titel der Leuchtkästen lauten
Konrad Adenauer ermahnt Fotoreporter:
„Jetzt haben Sie aber genug fotografiert",
Kräftemessen,
Hammelsprung,
Eulenspiegeleien,
Germania
Kunstsammlung des Deutschen Bundestags, Berlin
Adriani/Kaernbach/Stempel, Kunst, S. 32 f.

Abb. 31

Unbekannter Künstler
Christus-Johannes-Gruppe, ca. 1310
farbig gefasstes und vergoldetes Eichenholz, 89 × 45 cm
Bode Museum, Berlin
Duby/Daval, Skulptur, S. 424
http://commons.wikimedia.org/wiki/File:Apostel_Johannes_an_der_Brust_Christi_Bodenseegebiet_um_1310.jpg

Literaturverzeichnis

Adriani, Götz/Kaernbach, Andreas/Stempel, Karin (Hrsg.), Kunst im Reichstagsgebäude, Köln 2002.

Asam, Herbert, Rechtsfragen des illegalen Handels mit Kulturgütern, Ein Überblick, in: *Mansel, Heinz-Peter* (Hrsg.), Festschrift für Erik Jayme, München 2004, Band II, S. 1651–1668.

Bandmann, Günter, Über das deutsche in der deutschen Kunst, in: *Landeszentrale für politische Bildung* (Hrsg.), Das deutsche Volk: von der Einheit seines Geistes, Hannover 1968, S. 126–147.

Basedow, Jürgen/Siehr, Kurt (Hrsg.), Private Law in the International Arena, Den Haag 2000.

Bator, Paul, An Essay on the International Trade in Art, Stanford Law Review 34 (1982), S. 275–384.

Beaucamp, Eduard, Alles bleibt, wie es niemals war, Unbeirrbarer Häretiker der modernen Orthodoxie und Erneuerer der Ikonographie: Zum Tod des Leipziger Malers Werner Tübke, FAZ vom 29. Mai 2004, S. 33.

Beck, Charlotte, Die Rückgabe gestohlener und rechtswidrig ausgeführter Kulturgüter nach dem UNIDROIT-Übereinkommen 1995 und das deutsche internationale Privatrecht, Entlebuch 2007.

Belting, Hans, Die Deutschen und ihre Kunst, Ein schwieriges Erbe, München 1992.

Belting, Hans, Identität im Zweifel, Ansichten der deutschen Kunst, Köln 1999.

Belting, Hans, Das Bild und sein Publikum im Mittelalter, Form und Funktion früher Bildtafeln der Passion, 3. Aufl., Berlin 2000.

Benn, Gottfried (Hrsg.), Gesammelte Werke in vier Bänden, Essays, Reden,Vorträge, Bd. 1, Wiesbaden 1959.

Berndt, Joachim, Internationaler Kulturgüterschutz, Abwanderungsschutz, Regelungen im innerstaatlichen Recht, im Europa- und Völkerrecht, Köln 1998.

Bernsdorff, Norbert/Kleine-Tebbe, Andreas (Hrsg.), Kulturgutschutz in Deutschland, Ein Kommentar, Köln 1996.

Berschin, Walter, Die Palatina in der Vaticana, Eine deutsche Bibliothek in Rom, Darmstadt 1992.

Beyerlin, Ulrich (Hrsg.), Recht zwischen Umbruch und Bewahrung, Berlin 1995.

Bila, Jacqueline, Nationaler Kulturgüterschutz in der Europäischen Union, Bonn 1997.

Blühm, Andreas/Gerkens, Gerhard (Hrsg.), Johann Friedrich Overbeck, Ausstellungskatalog Lübeck 1989.

Blume, Arvid, Nationalität von Kulturgut, Eine internationale Betrachtung, Hamburg 2007.

Böckenförde, Ernst-Wolfgang, Staat, Nation, Europa, Studien zur Staatslehre, Verfassungstheorie und Rechtsphilosophie, Frankfurt am Main 2000.

Boguslavsky, Mark, Der Begriff des Kulturguts und seine rechtliche Relevanz, in: *Dolzer, Rudolf/Jayme, Erik/Mußgnug, Reinhard* (Hrsg.), Rechtsfragen des internationalen Kulturgüterschutzes, Heidelberg 1994, S. 3–12.

Boos, Sabine, Kulturgut als Gegenstand des grenzüberschreitenden Leihverkehrs, Berlin 2006.

Bornemeier, Birgit, Kunstgeographie, Die kunstgeographische Analyse als Methode einer synthetisch-kulturgeographischen Raumdifferenzierung; am Beispiel der Renaissance in Deutschland, Trier 2006, im Internet abrufbar unter http://deposit.d-nb.de/cgi-bin/dokserv?idn=978871561/http://nbn-resolving.de/urn:nbn:de:hbz:385-3555.

Brenner, Michael (Hrsg.), Der Staat des Grundgesetzes – Kontinuität und Wandel, Tübingen 2004.

Brinckmann, Albert Erich, Geist der Nationen: Italiener, Franzosen, Deutsche, Hamburg 1938.

Bröhmer, Jürgen/Bieber, Roland/Calliess, Christian/Langenfeld, Christine/Weber, Stefan/Wolf, Joachim (Hrsg.), Internationale Gemeinschaft und Menschenrechte, Köln 2005.

Buberl, Brigitte, Sehnsucht nach Identität und Freiheit, in: *Vitali, Christoph* (Hrsg.), Ernste Spiele, Stuttgart 1995, S. 484–489.

Büche, Wolfgang/Hüneke, Andreas/Romanus, Peter (Hrsg.), Lyonel Feininger, Die Halle-Bilder, München 1991

Bürger, Peter, Die Deutschen und ihre Kunst, Wie Kunsthistoriker offene Wunden behandeln, Die Zeit, 4. Mai 2000, S. 53.

Byrne-Sutton, Quentin, Le trafic international des biens culturels sous l'angle de leur revendication par l'Etat d'origine, Aspects de droit international privé, Zürich 1988.

Caldoro, Stefano, Nationaler Kulturgüterschutz und Freizügigkeit der Unionsbürger, Berlin 2009.

Catelani, Alessandro, La circolazione dei beni culturali, Commento alla Legge 30 marzo 1998, n. 88, Mailand 1998.

Chamberlain, Houston Stewart, Die Grundlagen des neunzehnten Jahrhunderts, München 1900.

Clair, Jean, Die Verantwortung des Künstlers, Avantgarde zwischen Terror und Vernunft, Köln 1998.

Dahm, Georg/Delbrück, Jost/Wolfrum, Rüdiger, Der Staat und andere Völkerrechtssubjekte. Räume unter internationaler Verwaltung, 2. Aufl., Berlin 2002.

Dolzer, Rudolf, Die Deklaration des Kulturguts zum „common heritage of mankind“, in: *Dolzer, Rudolf/Jayme, Erik/Mußgnug, Reinhard* (Hrsg.), Rechtsfragen des internationalen Kulturgüterschutzes, Heidelberg 1994, S. 13–32.

Dolzer, Rudolf/Jayme, Erik/Mußgnug, Reinhard (Hrsg.), Rechtsfragen des internationalen Kulturgüterschutzes, Heidelberg 1994.

Duby, Georges/Daval, Jean-Luc (Hrsg.), Skulptur, Von der Antike bis zum Mittelalter, 8. Jahrhundert v. Chr. bis 15. Jahrhundert, Band 1, Sonderausgabe Köln 2006.

Eberl, Wolfgang, Probleme und Auswirkungen der EG-Vorschriften zum Kulturgüterschutz, NVwZ 1994, S. 729–736.

Eberlein, Kurt Karl, Was ist deutsch in der deutschen Kunst?, Leipzig 1934.

El-Bitar, Julia, Das Verhältnis zwischen „Freiem Geleit" und gemeinschaftsrechtlicher Rückgabeklage, EuZW 2005, S. 173–176.

El-Bitar, Julia, Der deutsche und der französische Kulturgüterschutz nach der Umsetzung der Kulturgüterrückgaberichtlinie, Eine materiellrechtliche und kollisionsrechtliche Untersuchung, Frankfurt am Main 2007.

Engels, Christoph, Auf der Suche nach einer „deutschen" Kunst, Max Beckmann in der Wilhelminischen Kunstkritik, Weimar 1997.

Engstler, Ludwig, Die territoriale Bindung von Kulturgütern im Rahmen des Völkerrechts, Köln, Berlin, Bonn, München 1964.

Faille, J.-B. de la, The Works of Vincent van Gogh, His Paintings and Drawings, Amsterdam 1970.

Fechner, Frank, Rechtlicher Schutz archäologischen Kulturguts, Regelungen im innerstaatlichen Recht, im Europa- und Völkerrecht sowie Möglichkeiten zu ihrer Verbesserung, Berlin 1991.

Fechner, Frank, Die Vorhaben der EG zum Kulturgüterschutz, DÖV 1992, S. 609–618.

Fechner, Frank, Prinzipien des Kulturgüterschutzes, Eine Einführung, in: *Fechner, Frank/Oppermann, Thomas/Prott, Lyndel V.* (Hrsg.), Prinzipien des Kulturgüterschutzes, Berlin 1996, S. 11–46.

Fechner, Frank, Wohin gehören Kulturgüter?, Rechtliche Ansätze eines Ausgleichsmodells, in: *Grupp, Klaus/Hufeld, Ulrich* (Hrsg.), Recht – Kultur – Finanzen, Heidelberg 2005, S. 485–498.

Fechner, Frank, Kulturgüterschutz auf europäischer Ebene, in: *Gornig, Gilbert H./Horn, Hans-Detlef/Murswiek, Dietrich* (Hrsg.), Kulturgüterschutz – internationale und nationale Aspekte, Berlin 2007, S. 141–155.

Fechner, Frank/Oppermann, Thomas/Prott, Lyndel V. (Hrsg.), Prinzipien des Kulturgüterschutzes, Berlin 1996.

Fechter, Paul, Der Expressionismus, 3. Aufl., München 1919.

Ferrer-Correira, Antonio, La vente internationale d'objects d'art, sous l'angle de la protection du patrimoine culturel, Annuaire de l'Institut de Droit International 64 (1991), S. 90–192.

Fiedler, Wilfried, Die Nation als Rechtsbegriff, Bemerkungen zu ihrem völkerrechtlichen Stellenwert, in: *Jayme, Erik/Mansel, Heinz-Peter* (Hrsg.), Nation und Staat im internationalen Privatrecht, Heidelberg 1990, S. 45–56. (zitiert: Rechtsbegriff)

Fiedler, Wilfried (Hrsg.), Internationaler Kulturgüterschutz und die deutsche Frage, Berlin 1991.

Flacke, Monika, Deutschland, Die Begründung der Nation aus der Krise, in: *Flacke, Monika/Bruckmüller, Ernst/Germer, Stefan* (Hrsg.), Mythen der Nationen, Berlin 1998, S. 101–128.

Flacke, Monika/Bruckmüller, Ernst/Germer, Stefan (Hrsg.), Mythen der Nationen, Ein europäisches Panorama, Berlin 1998.

Fraenger, Wilhelm, Matthias Grünewald, München 1983.

Frank, Rainer (Hrsg.), Recht und Kunst, Heidelberg 1996.

Fraoua, Ridha, Le trafic illicite des biens culturels et leur restitution, Analyse des réglementations nat. et internat.; critiques et propositions, Freiburg/CH 1985.

Frey, Dagobert, Englisches Wesen in der bildenden Kunst, Stuttgart 1942.

Frey, Dagobert, Die Entwicklung nationaler Stile in der mittelalterlichen Kunst des Abendlandes, Darmstadt 1970.

Freytag, Christiane, „Cultural Heritage“: Rückgabeansprüche von Ursprungsländern auf „ihr“ Kulturgut, in: *Fechner, Frank/Oppermann, Thomas/Prott, Lyndel V.* (Hrsg.), Prinzipien des Kulturgüterschutzes, Berlin 1996, S. 175–200.

Frier, Pierre Laurent, Droit du patrimoine culturel, Paris 1997.

Fuchs, Angelika, Kulturgüterschutz und Kulturgutsicherungsgesetz, IPRax 2000, S. 281–286.

Fuchs, Christine, Avantgarde und erweiterter Kunstbegriff, Eine Aktualisierung des Kunst- und Werkbegriffs im Verfassungs- und Urheberrecht, Baden-Baden 2000.

Gamboni, Dario, Kunstgeographie, Disentis 1987.

Gebhardt, Volker, Das Deutsche in der deutschen Kunst, Köln 2004.

Geiger, Rudolf (Hrsg.), EUV/EGV, Vertrag über die Europäische Union und Vertrag zur Gründung der Europäischen Gemeinschaft, 4. Aufl., München 2004.

Germer, Stefan, Retrovision: Die Rückblickende Erfindung der Nationen durch die Kunst, in: *Flacke, Monika/Bruckmüller, Ernst/Germer, Stefan* (Hrsg.), Mythen der Nationen, Berlin 1998, S. 33–52.

Gerstenberg, Kurt, Ideen zu einer Kunstgeographie Europas, Leipzig 1922.

Gerstenberg, Kurt, Deutsche Sondergotik: Eine Untersuchung über das Wesen der deutschen Baukunst im späten Mittelalter, 2. Aufl., Darmstadt 1963 (zitiert: Deutsche Sondergotik).

Goethe, Johann Wolfgang von, Von deutscher Baukunst, hrsg. von *Fechner, Jörg-Ulrich,* Darmstadt 1989.

Gohr, Siegfried, In the Absence of Heroes, The Early Work of Georg Baselitz, Artforum International 1982, S. 67–69.

Gohr, Siegfried, Das Museum zwischen Traum und Bedrängnis in der deutschen Kulturgeschichte, Köln 1995 (zitiert: Museum).

Gohr, Siegfried (Hrsg.), Museum Ludwig Köln, Bestandskatalog, München 1986.

Gordon, John, The UNESCO Convention on the Illicit Movement of Art Treasures, Harvard International Law Journal 12 (1971), S. 537–556.

Gormley, Laurence William, Prohibiting the restrictions on trade within the EEC, The theory and application of Articles 30–36 of the EEC Treaty, Amsterdam 1985.

Gornig, Gilbert H., Der internationale Kulturgüterschutz, in: *Gornig, Gilbert H./Horn, Hans-Detlef/Murswiek, Dietrich* (Hrsg.), Kulturgüterschutz – internationale und nationale Aspekte, Berlin 2007, S. 17–63.

Gornig, Gilbert H./Horn, Hans-Detlef/Murswiek, Dietrich (Hrsg.), Kulturgüterschutz – internationale und nationale Aspekte, Berlin 2007.

Goyder, Joanna, Free Movements of Goods and European Community Law, Part I, International Journal of Cultural Property 1 (1992), S. 219–225.

Grabitz, Eberhard/Hilf, Meinhard (Hrsg.), Das Recht der Europäischen Union, 39. Ergänzungslieferung (Stand Juli 2009), München.

Grasselli, Margaret Morgan/Rosenberg, Pierre, mit Unterstützung von Nicole Parmatier, Watteau, Ausstellungskatalog Berlin 1985.

Grawert, Rolf, Staatsvolk und Staatsangehörigkeit, in: *Isensee, Josef/Kirchhof, Paul* (Hrsg.), Handbuch des Staatsrechts der Bundesrepublik Deutschland, 3. Aufl., Heidelberg 2004, S. 105–141.

Greenfield, Jeanette, The return of cultural treasures, 2. Aufl., Cambridge 1996.

Groeben, Hans von der/Schwarze, Jürgen (Hrsg.), Kommentar zum Vertrag über die Europäische Union und zur Gründung der Europäischen Gemeinschaft, Band 1, 6. Aufl., Baden-Baden 2003.

Gropp, Rose-Maria, Die Einzigartige, FAZ vom 12. Oktober 2009, S. 27.

Grupp, Klaus/Hufeld, Ulrich (Hrsg.), Recht – Kultur – Finanzen, Heidelberg 2005.

Halbertsma, Marlite, Wilhelm Pinder und die deutsche Kunstgeschichte, Worms 1992.

Hammer, Felix, Die geschichtliche Entwicklung des Denkmalrechts in Deutschland, Tübingen 1995.

Hanisch, Hans, Der Fall Liotard und die nationale Zuordnung eines Kunstwerks, in: *Frank, Rainer* (Hrsg.), Recht und Kunst, Heidelberg 1996, S. 19–36.

Haus, Andreas, Karl Friedrich Schinkel als Künstler, München, Berlin 2001.

Haussherr, Reiner, Überlegungen zum Stand der Kunstgeographie, Zwei Neuerscheinungen, Rheinische Vierteljahresblätter 30 (1965), S. 351–371.

Haussherr, Reiner, Kunstgeographie, Aufgaben, Grenzen, Möglichkeiten, Rheinische Vierteljahresblätter 34 (1970), S. 158–171.

Heller, Hermann/Niemeyer, Gerhart, Staatslehre, Leiden 1934.

Herzog, Roman/Kunst, Hermann (Hrsg.), Evangelisches Staatslexikon, Stuttgart 1975.

Herzogenrath, Wulf/Schmidt, Johann-Karl (Hrsg.), Dix, Ausstellungskatalog Stuttgart 1991.

Hipp, Anette, Schutz von Kulturgütern in Deutschland, Berlin 2000.

Hofmann, Werner, Wie deutsch ist die deutsche Kunst? Eine Streitschrift, Leipzig 1999.

Hohmann, Harald/John, Klaus/Hohmann-John (Hrsg.), Ausfuhrrecht, München 2002.

Hollein, Max/Steinle, Christa (Hrsg.), Religion, Macht, Kunst. Die Nazarener, Köln 2005.

Hönes, Ernst-Rainer, Das Gesetz zum Schutz deutschen Kulturguts gegen Abwanderung vom 6. August 1955, BayVerwBl 1989, S. 38–42.

Hönes, Ernst-Rainer, Die UNESCO-Konvention über Maßnahmen zum Verbot und zur Verhütung der rechtswidrigen Einfuhr, Ausfuhr und Übereignung von Kulturgut vom 14. November 1970, BayVerwBl 2006, S. 165–173.

Hugger, Heiner, Rückführung nationaler Kulturgüter und internationales Recht am Beispiel der Elgin Marbles, JuS 1992, S. 997–1004.

Hunter, Sam (Hrsg.), The Museum of Modern Art, New York, New York 1984.

Isensee, Josef/Kirchhof, Paul (Hrsg.), Handbuch des Staatsrechts der Bundesrepublik Deutschland, Heidelberg 2004.

Jaeger, Andrea, Internationaler Kulturgüterschutz, Rechtslage, Rechtspraxis, Rechtsentwicklung, Köln 1993.

Jayme, Erik, Neue Anknüpfungsmaximen für den Kulturgüterschutz im internationalen Privatrecht, in: *Dolzer, Rudolf/Jayme, Erik/Mußgnug, Reinhard* (Hrsg.), Rechtsfragen des internationalen Kulturgüterschutzes, Heidelberg 1994, S. 35–52 (zitiert: Anknüpfungsmaximen).

Jayme, Erik, Pasquale Stanislao Mancini (1817–1888), Die Nation als Rechtsbegriff im internationalen Privatrecht, JuS 1988, S. 933–937.

Jayme, Erik, Internationaler Kulturgüterschutz: Lex originis oder lex rei sitae, Tagung in Heidelberg, IPRax 1990, S. 347–348.

Jayme, Erik, Nation und Staat im internationalen Privatrecht, Einführung, in: *Jayme, Erik/Mansel, Heinz-Peter* (Hrsg.), Nation und Staat im internationalen Privatrecht, Heidelberg 1990, S. 3–12.

Jayme, Erik, Die Nationalität des Kunstwerks als Rechtsfrage, in: *Reichelt, Gerte* (Hrsg.), Internationaler Kulturgüterschutz, Wien 1992, S. 129–153 (zitiert: Rechtsfrage).

Jayme, Erik, Anknüpfungsmaximen für den Kulturgüterschutz im Internationalen Privatrecht, in: *Dominicé, Christian* (Hrsg.), Etudes de droit international en l'honneur de Pierre Lalive, Basel, Frankfurt am Main 1993, S. 717–732.

Jayme, Erik, Archäologie und Internationales Privatrecht, Tagung der Deutsch-Türkischen Juristenvereinigung in Pergamon, IPRax 1996, S. 66–67.

Jayme, Erik, Kulturgüterschutz in ausgewählten europäischen Ländern, ZVglRWiss 95 (1996), S. 158–169.

Jayme, Erik, Die Rückführung von Kunstwerken zwischen Recht und Wirklichkeit, in: *Jayme, Erik* (Hrsg.), Nationales Kunstwerk und Internationales Privatrecht, Heidelberg 1999, S. 203–213 (zitiert: Rückführung).

Jayme, Erik, Kunstwerk und Nation, Zuordnungsprobleme im internationalen Kulturgüterschutz, in: *Jayme, Erik* (Hrsg.), Nationales Kunstwerk und Internationales Privatrecht, Heidelberg 1999, S. 54–74.

Jayme, Erik, Rechtsbegriffe und Kunstgeschichte, in: *Jayme, Erik* (Hrsg.), Nationales Kunstwerk und Internationales Privatrecht, Heidelberg 1999, S. 237–253.

Jayme, Erik, Antonio Canova und die Nationalisierung der Kunst, in: *Basedow, Jürgen/ Siehr, Kurt* (Hrsg.), Private law in the international arena, Den Haag 2000, S. 281–288.

Jayme, Erik, Antonio Canova: Die politische Dimension der Kunst, Frankfurt/M. 2000.

Jayme, Erik, Antonio Canova und das nationale Kunstwerk, Zur Ideengeschichte des europäischen Kulturgüterschutzes, in: *Jayme, Erik* (Hrsg.), Wiener Vorträge, Wien 2001, S. 171–186.

Jayme, Erik, Das freie Geleit für Kunstwerke, Wien 2001.

Jayme, Erik, Menschenrechte und Internationaler Kulturgüterschutz, Symposium zum 65. Geburtstag von Reinhard Mußgnug in Heidelberg, IPRax 2001, S. 380–381.

Jayme, Erik (Hrsg.), Nationales Kunstwerk und Internationales Privatrecht, Heidelberg 1999.

Jayme, Erik (Hrsg.), Wiener Vorträge, Wien 2001.

Jayme, Erik/Mansel, Heinz-Peter (Hrsg.), Nation und Staat im internationalen Privatrecht, Heidelberg 1990.

Jellinek, Georg, Allgemeine Staatslehre, unveränderter 7. Nachdruck 1960, Darmstadt 1921.

Jenschke, Christoff, Der völkerrechtliche Rückgabeanspruch auf in Kriegszeiten widerrechtlich verbrachte Kulturgüter, Berlin 2005.

Junk, Peter/Zimmer, Wendelin, Felix Nussbaum, Leben und Werk, Köln, Bramsche 1982.

Kandinsky, Wassiliy/Marc, Franz, Der Blaue Reiter, Dokumentarische Neuausgabe von Klaus Lankheit, München 1984.

Kaufmann, Thomas DaCosta, Toward a Geography of Art, Chicago 2004.

Kempen, Bernhard, Internationaler Kulturgüteraustausch: Die Bedeutung der „Rechtsverbindlichen Rückgabezusage", in: *Brenner, Michael* (Hrsg.), Der Staat des Grundgesetzes – Kontinuität und Wandel, Tübingen 2004, S. 1079–1098.

Kienle, Florian/Weller, Marc-Philippe, Die Vindikation gestohlener Kulturgüter im IPR, IPRax 2004, S. 290–294.

Kinderman, Spencer, The Unidroit Draft Convention on Cultural Objects: An Examination of the Need for a Uniform Legal Framework for Controlling the Illicit Movement of Cultural Property, Emory International Law Review 7 (1993), S. 457–584.

Klotz, Heinrich, Geschichte der deutschen Kunst, Mittelalter, München 2003.

Knott, Hermann J., Der Anspruch auf Herausgabe gestohlenen und illegal exportierten Kulturguts, Internationalprivatrechtliche und rechtsvergleichende Aspekte zum Herausgabeanspruch des privaten Eigentümers und des Herkunftsstaates, Baden-Baden 1990.

Kohle, Hubertus, Adolph Menzels Friedrich-Bilder, Theorie und Praxis der Geschichtsmalerei im Berlin der 1850er Jahre, München, Berlin 2001.

Kohls, Frank, Kulturgüterschutz, Wirkungen von Verstößen gegen Ausfuhrverbote und Möglichkeiten der Rückführung illegal verbrachter Kulturgüter ; eine vergleichende Untersuchung mit den Rechten Dänemarks, Norwegens und Schwedens, Frankfurt am Main 2001.

Kühl, Isabel, Der internationale Leihverkehr der Museen, Köln 2004.

Lackner, Stephan, Max Beckmann, Köln 1979.

Landeszentrale für politische Bildung (Hrsg.), Das deutsche Volk: von der Einheit seines Geistes, Leer 1968.

Langbehn, Julius, Rembrandt als Erzieher. Von einem Deutschen, Leipzig 1890.

Langewiesche, Dieter, Nation, Nationalismus, Nationalstaat in Deutschland und Europa, München 2000.

Leibholz, Gerhard, Nation, in: *Herzog, Roman/Kunst, Hermann* (Hrsg.), Evangelisches Staatslexikon, Stuttgart 1975, S. 1589–1595.

Lemberg, Eugen, Nationalismus I, Psychologie und Geschichte, Reinbek 1964.

Lenz, Carl Otto/Bergmann, Jan/Borchardt, Klaus-Dieter (Hrsg.), EU- und EG-Vertrag, Kommentar zu dem Vertrag über die Europäische Union und zu dem Vertrag zur Gründung der Europäischen Gemeinschaft, 4. Aufl., Köln 2006.

Lepsius, Mario Rainer, Demokratie in Deutschland, Soziologisch-historische Konstellationsanalysen; ausgewählte Aufsätze, Göttingen 1993.

Licht, Fred, Antonio Canova: Beginn der modernen Skulptur, München 1983.

Lichte, Claudia (Hrsg.), Tilman Riemenschneider, Werke seiner Blütezeit, Regensburg 2004.

Loosli, Mauro, Kulturgüterschutz in Italien, Rechtliche Grundlagen und Instrumente; Handel und Verkehr, Zürich 1996.

Lübke, Wilhelm, Geschichte der deutschen Renaissance, Stuttgart 1873.

Mäckler, Andreas, 1460 Antworten auf die Frage: was ist Kunst?, Köln 2003.

Maier-Gräfe, Alfred Julius, Der Fall Böcklin und die Lehre von den Einheiten, Stuttgart 1905.

Maurer, Christoph H. M., Die Ausfuhr von Kulturgütern in der Europäischen Union, Frankfurt am Main 1997.

Merryman, John Henry, International Art Law, From Cultural Nationalism to a common Cultural Heritage, New York University Journal of International Law and Politics 15 (1983), S. 757–763.

Merryman, John Henry, Thinking about the Elgin Marbles, Michigan Law Review 83 (1984–85), S. 1881–1923.

Merryman, John Henry, Two Ways of Thinking about Cultural Property, American Journal of International Law 80 (1986), S. 831–853.

Merryman, John Henry, „Protection" of cultural „Heritage"?, American Journal of Comparative Law 38 (1990), S. 513–522.

Merryman, John Henry, The Nation and the Object, IJCP (1) 1994, S. 61–76.

Merryman, John Henry, Cultural Property Internationalism, IJCP (12) 2005, S. 11–39.

Meyer, Theo, Nietzsche und die Kunst, Tübingen 1993.

Mittler, Elmar, Raub oder Rettung, Versuche der Wiedergewinnung, in: *Mittler, Elmar* (Hrsg.), Bibliotheca Palatina, HD 1986, S. 458–493.

Moeller van den Bruck, Arthur, Die Überschätzung der französischen Kunst in Deutschland, Der Kunstwart 18 (1905), S. 501–508.

Müller, Markus, Kulturgüterschutz: Mittel nationaler Repräsentation oder Wahrung des gemeinsamen Erbes der Menschheit, in: *Fechner, Frank/Oppermann, Thomas/Prott, Lyndel V.* (Hrsg.), Prinzipien des Kulturgüterschutzes, Berlin 1996, S. 257–275.

Müller-Katzenburg, Astrid, Internationale Standards im Kulturgüterverkehr und ihre Bedeutung für das Sach- und Kollisionsrecht, Berlin 1996.

Museums, Libraries and Archives Council, UK Export Licensing for Cultural Goods, Procedures and guidance for exporters of works of art and other cultural goods, London 2010.

Mußgnug, Reinhard, Überlegungen zur Umsetzung der neuen EG-Vorschriften über den Verkehr mit Kulturgütern, in: *Beyerlin, Ulrich* (Hrsg.), Recht zwischen Umbruch und Bewahrung, Berlin 1995, S. 1225–1250 (zitiert: Überlegungen).

Mußgnug, Reinhard, Europäischer und nationaler Kulturgüter-Schutz, in: *Mußgnug, Reinhard/Roellecke, Gerd* (Hrsg.), Aktuelle Fragen des Kulturgüterschutzes, Heidelberg 1998, S. 11–30.

Mußgnug, Reinhard, Die deutsche Renitenz gegen das Kulturgutrecht der EG, EuR 2000, S. 564–591.

Mußgnug, Reinhard, Kunstwerke und anderes Kulturgut, in: *Hohmann, Harald/John, Klaus* (Hrsg.), Ausfuhrrecht, München 2002, S. 1818–1848.

Mußgnug, Reinhard, Die Staatsangehörigkeit des Kulturguts, in: *Bröhmer, Jürgen/Bieber, Roland/Calliess, Christian u. a.* (Hrsg.), Internationale Gemeinschaft und Menschenrechte, Köln 2005, S. 1531–1542 (zitiert: Staatsangehörigkeit).

Mußgnug, Reinhard/Roellecke, Gerd (Hrsg.), Aktuelle Fragen des Kulturgüterschutzes, Heidelberg 1998.

Myssok, Johannes, Antonio Canova, Die Erneuerung der klassischen Mythen in der Kunst um 1800, Petersberg 2007.

Nafziger, James A. R., An Anthro-Apology for managing the international flow of cultural property, Houston Journal of International Law 4 (1981–82), S. 189–201.

Nafziger, James A. R., The new international framework for the return, restitution or forfeiture of cultural property, New York University Journal of International Law and Politics 15 (1982–83), S. 789–812.

Nahlik, Stanislaw, La protection internationale des bien culturels en cas de conflict armé, Recueil des Cours de l'Académie de Droit International 120-I (1967), S. 61–163.

Nahlik, Stanislaw, Rezension zu Halina Niec, The Proper Country of the Work of Art. International Protection of the Integrity of the National Cultural Heritage, Polish Yearbook of International Law 11 (1981–82), S. 258–261.

Niec, Halina, The Proper Country of the Work of Art., International Protection of the Integrity of the National Cultural Heritage, Warschau, Krakau 1980.

Niedobitek, Matthias, Kultur und europäisches Gemeinschaftsrecht, Berlin 1992.

Nipperdey, Thomas, Arbeitswelt und Bürgergeist, München 1994.

Odendahl, Kerstin, Kulturgüterschutz, Entwicklung, Struktur und Dogmatik eines ebenenübergreifenden Normensystems, Tübingen 2005.

Oliver, Peter, Free movement of goods in the European Community, Under articles 30 to 36 of the Rome Treaty, 3. Aufl., London 1996.

Pabst, Friederike, Kulturgüterschutz in nicht-internationalen bewaffneten Konflikten, Berlin 2008.

Peya, Andreas, Die Ausfuhr von Kulturgütern im nationalen und Gemeinschaftsrecht, Frankfurt am Main 2002.

Pieper, Paul, Kunstgeographie, Versuch einer Grundlegung, Berlin 1936.

Pieroth, Bodo/Hartmann, Bernd, Rechtswegbeschränkung zur Sicherung des Leihverkehrs mit ausländischen Kulturgütern, NJW 2000, S. 2129–2135.

Pieroth, Bodo/Kampmann, Bernd, Außenhandelsbeschränkungen für Kunstgegenstände, NJW 1990, S. 1385–1390.

Pinder, Wilhelm, Die deutsche Plastik vom ausgehenden Mittelalter bis zum Ende der Renaissance, Berlin 1929.

Pinder, Wilhelm, Vom Wesen und Werden deutscher Formen: geschichtliche Betrachtungen, Die Kunst der deutschen Kaiserzeit bis zum Ende der staufischen Klassik, Leipzig 1937 (zitiert: Vom Wesen und Werden deutscher Formen).

Pinder, Wilhelm, Sonderleistungen der deutschen Kunst, eine Einführung, München 1944.

Plessner, Helmuth, Die verspätete Nation, Über die politische Verführbarkeit bürgerlichen Geistes, unveränderter Nachdruck der 1. Aufl. 1959, Frankfurt am Main 2001.

Poli, Jean-François, La protection des biens culturels meubles, Paris 1996.

Polonsky, Michael/Canat, Jean-François, The British and the French system of control of the export of works of art, International and Comparative Law Quarterly 45 (1996), S. 557–591.

Preusschen, Diethardt von, Kulturgutsicherungsgesetz und EG-Recht, EuZW 1999, S. 40–42.

Prott, Lyndel V., Commentary on the Unidroit Convention on stolen and illegally exported cultural objects 1995, Leicester 1997.

Prott, Lyndel V./O'Keefe, Patrick J., „Cultural Heritage" or „Cultural Property"?, International Journal of Cultural Property 1 (1992), S. 307–320.

Prott, Lyndel V./O'Keefe, Patrick J., Law and the Cultural Heritage, Band 3 Movement, London, Edinburgh 1989.

Prunty, Ann, Toward Establishing an International Tribunal for the Settlement of Cultural Property Disputes: How to keep Greece from Losing its Marbles, The Georgetown Law Journal 72 (1984), S. 1155–1182.

Raber, Hans Georg, Das kulturelle Erbe der Menschheit, Bestandsaufnahme und Perspektiven des internationalen Kulturgüterschutzes, 1994.

Ramier, Timothy, Agent Judiciaire du Tresor v. Walter; Fait du Prince and a King's Ransom, International Journal of Cultural Property 6 (1997), S. 337–342.

Ratzel, Friedrich, Anthropo-Geographie oder Grundzüge der Anwendung der Erdkunde auf die Geschichte, Stuttgart 1882.

Rautmann, Peter, Romantik im nationalen Korsett, Zur Friedrich-Rezeption am Ende der Weimarer Republik und zur Zeit des Faschismus, in: *Vitali, Christoph* (Hrsg.), Ernste Spiele, Stuttgart 1995, S. 517–526.

Reichelt, Gerte, Europäischer Kunstmarkt, ÖJZ 1994, S. 339–342.

Reichelt, Gerte (Hrsg.), Internationaler Kulturgüterschutz, Wien 1992.

Reichelt, Gerte, Kulturgüterschutz und internationales Verfahrensrecht, IPRax 1989, S. 254–255.

Reichelt, Gerte (Hrsg.), Neues Recht zum Schutz von Kulturgut, Wien 1997.

Renan, Ernest, Qu'est-ce qu'une nation?, Paris 1934.

Ress, Georg, Kultur und europäischer Binnenmarkt, Welche rechtlichen Auswirkungen hat der EWG-Vertrag jetzt und nach der Verwirklichung des europäischen Binnenmarktes auf die Kulturpolitik der Bundesrepublik Deutschland, insbesondere im Bereich der Kulturförderung?, Gutachten für das Bundesministerium des Innern, Stuttgart 1991.

Rietschel, Solveig, Internationale Vorgaben zum Kulturgüterschutz und ihre Umsetzung in Deutschland, Das KGÜAG – Meilenstein oder nur fauler Kompromiss in der Geschichte des deutschen Kulturgüterschutzes?, Berlin 2009.

Ripa, Cesare, Iconologia, overo descrittione di diverse imagini cavate dall'antichità, e di propria inventione, reprografischer Nachdruck der Ausgabe Rom 1603, Hildesheim 1970.

Roellecke, Gerd, Warum schützen wir Kulturgüter?, in: *Mußgnug, Reinhard/Roellecke, Gerd* (Hrsg.), Aktuelle Fragen des Kulturgüterschutzes, Heidelberg 1998, S. 31–49.

Rudolf, Walter, Über den internationalen Schutz von Kulturgütern, in: *Hailbronner, Kay* (Hrsg.), Staat und Völkerrechtsordnung, Berlin 1989, S. 851–871.

Sander, Jochen, Hans Holbein d. J., Tafelmaler in Basel, Ausstellungskatalog München 2005.

Schack, Haimo, Kunst und Recht, Bildende Kunst, Architektur, Design und Fotografie im deutschen und internationalen Recht, 2. Aufl., Tübingen 2009.

Schaffrath, Christina, Die Rückführung unrechtmäßig nach Deutschland verbrachten Kulturguts an den Ursprungsstaat, Frankfurt am Main 2007.

Schlegel, Friedrich, Dritter Nachtrag alter Gemählde, Europa. Eine Zeitschrift, Frankfurt am Main 1805, S. 109–145.

Schlegel, Friedrich, Ansichten und Ideen von der christlichen Kunst, herausgegeben und mit einer Einleitung versehen von Hans Eichner, Darmstadt 1959.

Schmeinck, Sabine, Internationalprivatrechtliche Aspekte des Kulturgüterschutzes, Berlin 1994.

Schnaase, Carl, Geschichte der bildenden Künste, Düsseldorf 1860.

Schoen, Susanne, Die rechtsverbindliche Rückgabezusage – Das „Freie Geleit" für Kulturgut, in: *Schoen, Susanne* (Hrsg.), Im Labyrinth des Rechts?, Magdeburg 2007, S. 79–100.

Schorlemer, Sabine von, Internationaler Kulturgüterschutz, Ansätze zur Prävention im Frieden sowie im bewaffneten Konflikt, Berlin 1992.

Schulze, Hagen, Staat und Nation in der europäischen Geschichte, 2. Aufl., München 2004.

Schulz-Hoffmann, Carla/Weiss, Judith C. (Hrsg.), Max Beckmann, Retrospektive, Ausstellungskatalog München 1984.

Schuschke-Nehen, Laura, Kulturgüterschutz in Deutschland und der Europäischen Union, Köln 2008.

Schwarz, Arturo, The Complete Works of Marcel Duchamp, Band 2, 3. Aufl., New York 1997.

Schwarze, Jürgen, Der Schutz nationalen Kulturguts im europäischen Binnenmarkt, JZ 1994, S. 111–117.

Schwarze, Jürgen (Hrsg.), EU-Kommentar, 1. Aufl., Baden-Baden 2000.

Seidl-Hohenveldern, Ignaz, Patrimoine culturel mobilier et Marché intérieur de la Communauté européenne, in: *Dominicé, Christian* (Hrsg.), Etudes de droit international en l'honneur de Pierre Lalive, Basel, Frankfurt am Main 1993, S. 753–762.

Seidl-Hohenveldern, Ignaz, Kunstraum im Krieg, in: *Westphalen, Friedrich von* (Hrsg.), Lebendiges Recht, Heidelberg 1995, S. 51–62.

Seipel, Wilfried (Hrsg.), Bernardo Bellotto genannt Canaletto, Europäische Veduten, Ausstellungskatalog Wien 2005.

Shanes, Eric (Hrsg.), Turner. Aquarelle, Ausstellungskatalog München 2001.

Siehr, Kurt, International Art Trade and the Law, Receuil des Cours de l'Académie de Droit International 243 VI (1993), S. 9–292.

Siehr, Kurt, Handel mit Kulturgütern in der EWG, NJW 1993, S. 2206–2209.

Siehr, Kurt, Öffentliches Recht und Internationales Privatrecht beim grenzüberschreitenden Kulturgüterschutz, in: *Dolzer, Rudolf/Jayme, Eric/Mußgnug, Reinhard* (Hrsg.), Rechtsfragen des internationalen Kulturgüterschutzes, Heidelberg 1994, S. 83–103 (zitiert: Öffentliches Recht).

Siehr, Kurt, Freizügigkeit und Kulturgüterschutz in der Europäischen Union, in: *Immenga, Ulrich/Möschel, Wernhard/Reuter, Dieter* (Hrsg.), Festschrift für Ernst-Joachim Mestmäcker, S. 483–496 (zitiert: Freizügigkeit).

Siehr, Kurt, Kulturgüterschutz innerhalb der Europäischen Union, ZVglRWiss 95 (1996), S. 170–187.

Siehr, Kurt, Die EG-Richtlinie von 1993 über die Rückgabe von Kulturgütern und der Kunsthandel, in: *Reichelt, Gerte* (Hrsg.), Neues Recht zum Schutz von Kulturgut, Wien 1997, S. 29–43 (zitiert: EG-Richtlinie).

Sparr, Jürgen, Kulturhoheit und EWG-Vertrag, Eine Untersuchung zur Einschränkung des gesetzgeberischen Handlungsspielraums der Mitgliedstaaten in kulturellen Angelegenheiten durch den EWG-Vertrag, dargestellt an Hand des freien Waren- und Dienstleistungsverkehrs, Baden-Baden 1991.

Stange, Alfred, Zur Kunstgeographie Frankens, Erlangen 1935.

Stern, Klaus, Das Staatsrecht der Bundesrepublik Deutschland, Staatsorgane, Finanz- und Haushaltsverfassung, Notstandsverfassung, München 1980.

Stern, Klaus, Das Staatsrecht der Bundesrepublik Deutschland, Die geschichtlichen Grundlagen des deutschen Staatsrechts, München 2000.

Strauch, Gregor, Rechtsverhältnisse an Kulturgütern im internationalen Sachenrecht, Berlin 2007.

Stumpf, Eva, Kulturgüterschutz, Frankfurt am Main 2003.

Suckale, Robert, Kunst in Deutschland, Von Karl dem Großen bis heute, Köln 2000.

Sylvester, David (Hrsg.), Henry Moore, Sculpture and Drawing 1921–1948, Band 1, 4. Aufl., London, Bradford 1957.

Taschner, Hans Claudius, Kulturgüterschutz aus der Sicht des EG-Rechts, in: *Reichelt, Gerte* (Hrsg.), Internationaler Kulturgüterschutz, Wien 1992, S. 97–102.

Taylor, Roger/Wakeling, Edward (Hrsg.), Lewis Carroll, Photographer, Princeton 2002.

The lost Totem, Time vom 5. November 1973, S. 61–62.

Thode, Henry, Acht Vorträge über norddeutsche Malerei, Heidelberg 1905.

Thorn, Bettina, Internationaler Kulturgüterschutz nach der UNIDROIT-Konvention, Berlin 2005.

Tieck, Ludwig, Franz Sternbalds Wanderungen, Studienausgabe, bibliographisch ergänzter Nachdruck der 1. Aufl., Stuttgart 1994.

Turner, Stefan, Die Zuordnung beweglicher Kulturgüter im Völkerrecht, in: *Fiedler, Wilfried* (Hrsg.), Internationaler Kulturgüterschutz und die deutsche Frage, Berlin 1991, S. 19–108.

Turner, Stefan, Das Restitutionsrecht des Staates nach illegaler Ausfuhr von Kulturgütern, Eigentumsordnung und völkerrechtliche Zuordnung, Berlin 2002.

Uhl, Antje-Katrin, Der Handel mit Kunstwerken im europäischen Binnenmarkt, Freier Warenverkehr versus nationaler Kulturgutschutz, Berlin 1993.

Ulmar, Susanne Barbara, Rechtsverkehr und Handel mit Kulturgütern aus Italien, Unter Berücksichtigung europarechtlicher und internationalrechtlicher Aspekte, Baden-Baden 2005.

Vitali, Christoph (Hrsg.), Ernste Spiele, Stuttgart 1995.

Wackenroder, Wilhelm Heinrich, Ehrengedächtnis unseres ehrenwerten Ahnherrn Albrecht Dürers, in: Werke und Briefe, Berlin 1938, S. 57–66.

Waldherr, Gerhard, Hoffnungslos reich, brand eins 2006, S. 138–149.

Walter, Bernhard, Rückführung von Kulturgut im internationalen Recht, Bremen 1988.

Wang, Vivien, Whose Responsebility? The Waverley-System Past and Present, IJCP 2008, S. 227–269.

Warnke, Martin, Spätmittelalter und frühe Neuzeit, 1400–1750, München 2003.

Weber, Marc, Unveräußerliches Kulturgut im nationalen und internationalen Rechtsverkehr, Berlin 2002.

Weidner, Amalie, Kulturgüter als res extra commercium im internationalen Sachenrecht, Berlin 2001.

Westphalen, Graf Friedrich von (Hrsg.), Lebendiges Recht, Heidelberg 1995.

Wildung, Dietrich/Wullen, Moritz (Hrsg.), Hieroglyphen!, Der Mythos der Bilderschrift von Nofretete bis Andy Warhol, Ausstellungskatalog Berlin, Köln 2005.

Williams, Sharon Anne, The International and National Protection of Movable Cultural Property, Dobbs Ferry 1978.

Winckelmann, Johann Joachim, Geschichte der Kunst des Altertums, Wien 1934.

Winckelmann, Johann Joachim, Gedanken über die Nachahmung der griechischen Werke in der Malerei und der Bildhauerkunst, Baden-Baden, Straßburg 1962.

Wölfflin, Heinrich, Kunstgeschichtliche Grundbegriffe, Das Problem der Stilentwicklung in der neueren Kunst, München 1917.

Wölfflin, Heinrich, Die Bamberger Apokalypse, Eine Reichenauer Handschrift vom Jahre 1000, 2. Aufl., München 1921.

Wölfflin, Heinrich, Gedanken zur Kunstgeschichte, Gedrucktes und Ungedrucktes, Basel 1941.

Wundt, Wilhelm, Völkerpsychologie, Eine Untersuchung der Entwicklungsgesetze von Sprache, Mythos und Sitte, Leipzig 1908.

Wyss, Martin Philipp, Kultur als eine Dimension der Völkerrechtsordnung, Vom Kulturgüterschutz zur internationalen kulturellen Kooperation, Zürich 1992.

Zschiedrich, Klaus/Hoffmann, Eva, Völkerrechtlicher Schutz der Kulturgüter vor Wegnahme und illegaler Verbringung ins Ausland, NJ 1984, S. 86–88.

FSC
www.fsc.org
MIX
Papier | Fördert gute Waldnutzung
FSC® C083411

Kolibri 360 GmbH
Ferdinand-Jühlke-Straße 7
99095 Erfurt, Deutschland
produktsicherheit@kolibri360.de